क़फ़न : एक पुन:पाठ

सम्पादक

पल्लव

लोकभारती प्रकाशन

पहली मंजिल, दरबारी बिल्डिंग, महात्मा गाँधी मार्ग, इलाहाबाद-1

लोकभारती प्रकाशन
पहली मंजिल, दरबारी बिल्डिंग, महात्मा गाँधी मार्ग
इलाहाबाद-211 001
वेबसाइट : www.lokbhartiprakashan.com
ईमेल : info@lokbhartiprakashan.com
शाखाएँ : 1-बी, नेताजी सुभाष मार्ग, दरियागंज
नयी दिल्ली-110 002
अशोक राजपथ, साइंस कॉलेज के सामने
पटना-800 006 (बिहार)
36-ए, शेक्सपियर सरणी
कोलकाता-700 017

पहला संस्करण : 2014

इण्डियन प्रेस प्रा. लि.
इलाहाबाद द्वारा मुद्रित

Kaphan : Ek Punah Path
by Pallav

ISBN : 978-81-8031-952-5

मूल्य : ₹ 250.00

मेरे लिए 'कफ़न' का अर्थ खोलनेवाले
श्री हिमांशु पंड्या
को सादर
समर्पण!

अनुक्रम

भूमिका

कफ़न हिन्दी की सबसे विवादित कहानी है। सन् 1936 ईस्वी में प्रकाशन के बाद इन सत्तर वर्षों में उस पर अनगिनत आरोप-प्रत्यारोप हुए। दलित रचनाकारों को यह कहानी दलित-विरोधी लगती है तो कई प्रगतिशील मार्क्सवादी भी इसे स्वीकार नहीं कर पाते। कहानी को समझने का कोई मार्ग अगर है तो वह कहानी से ही होकर जाता है, इसलिए ज़रूरी है कि कहानी को फिर पढ़ा जाये।

कहानी शुरू हो रही है—झोंपड़े के द्वार पर बुझे हुए अलाव से, जहाँ घीसू और माधव चुपचाप बैठे हैं, अन्दर बुधिया प्रसव-वेदना से पछाड़ खा रही है। जाड़े की रात, सन्नाटे में डूबी प्रकृति, अन्धकार में लीन गाँव...ये पहले पैरेग्राफ़ के बिम्ब हैं। बाप-बेटे में संवाद होता है। फिर प्रेमचन्द इनका परिचय देते हैं। परिचय यह है कि दोनों अव्वल दर्जे के कामचोर थे, नालायक़ और बुरे। लेकिन यह भी कह रहे हैं 'अगर दोनों साधु होते, तो उन्हें सन्तोष और धैर्य के लिए संयम और नियम की बिलकुल ज़रूरत न होती। यह तो इनकी प्रकृति थी।' फिर दोनों के संवाद हैं, जिनका कुल मिलाकर आशय यह है कि कोई भूने आलू खाना छोड़ भीतर नहीं जाना चाहता, जहाँ बुधिया कराह रही है। फिर प्रेमचन्द बताते हैं कि 'जिस समाज में रात-दिन मेहनत करनेवालों की हालत उनकी हालत से कुछ बहुत अच्छी न थी और किसानों के मुक़ाबले वे लोग, जो किसानों की दुर्बलताओं से लाभ उठाना जानते थे, कहीं ज़्यादा सम्पन्न थे, वहाँ इस तरह की मनोवृत्ति का पैदा हो जाना कोई अचरज की बात न थी।' आगे यह भी जोड़ते हैं कि घीसू किसानों से ज़्यादा विचारवान् था और किसानों के विचारशून्य समूह में शामिल होने के बदले बैठकबाज़ों की कुत्सित मण्डली में जा मिला था। दोनों जलते-जलते आलू खा रहे थे, क्योंकि कल से कुछ नहीं खाया था अर्थात् पिछले चार समय से रोटी नाम के पदार्थ को छूने का सौभाग्य उन्हें नहीं मिला था, अभी भी नहीं, तभी जबानें जलने, हलक और तालू जलने, आँसू निकल पड़ने के बावजूद वे जल्द-जल्द निगले जा रहे थे। अब यहाँ आगे फिर बातचीत है, बात है भोजन की।

'वह भोज नहीं भूलता! तब से फिर उस तरह का खाना और भरपेट नहीं मिला।' यह घीसू का कथन है, जिसके जीवन की स्मरणीय घटना भरपेट भोजन थी। माधव का यहाँ मन्त्रमुग्ध होकर सुनना बताता है कि उसके जीवन में फिलहाल ऐसी कोई घटना अब तक नहीं आयी। दोनों आलू खाकर सो गये और बुधिया कराहती रही। सुबह बुधिया की मृत्यु से कहानी में ऐक्शन शुरू होता है, दोनों रोते-पीटते हैं। ज़मींदार,

बनिये-महाजन सबसे चन्दा माँगते हैं ताकि कफ़न का इन्तज़ाम हो सके और दोनों कफ़न लेने शहर चले जाते हैं। वहाँ कफ़न देखते-पसन्द करते न जाने किस दैवी प्रेरणा से शराबख़ाने तक पहुँच जाते हैं और एक बोतल लेकर पीने लगते हैं—खाते हैं। नशा चढ़ता जाता है और उनकी बातचीत भी। वे सांसारिक बातों से होते-होते परलोक-आत्मा-परमात्मा तक पहुँचते हैं और फिर अन्त में घीसू कहता है—मरते-मरते वह हमारी ज़िन्दगी की सबसे बड़ी लालसा पूरी कर गयी। माधव रोता है, चीख़ता है और फिर दोनो गाने लगते हैं—'ठगिनी क्यों नैना झमकावे।' कहानी भी ख़त्म् हो जाती है, लेकिन ढेर सवाल छोड़कर।

सवाल कई हैं। क्या प्रेमचन्द इन पात्रों की बुराई करना चाहते हैं? क्या ये बुरे पात्र हैं? क्या प्रारम्भ में 'चमारों का कुनबा था और सारे गाँव में बदनाम!' लिखने से कहानी दलित-विरोधी हो जाती है? क्या घीसू और माधव लुम्पेन हैं? क्या जाति छिपाने की चीज़ होती है? क्या वर्ग ही बताया जाये, जाति नहीं? क्या प्रेमचन्द यह कहना चाह रहे हैं कि ये लोग होते ही ऐसे हैं?

दरअस्ल सबसे पहली बात यह स्पष्ट कर लेनी चाहिए कि घीसू और माधव ग़रीब हैं और ग़रीबी से बड़ी कोई सज़ा नहीं। अब फिर देखें पूरी कहानी को। क्या यह कहानी ग़रीब-विरोधी है? बुधिया को आलोचकों ने असली सर्वहारा कहा है, ठीक है, लेकिन घीसू और माधव कोई बुधिया से पृथक् नहीं हैं। चार समय से रोटी का मुँह भी न देखनेवाले घीसू-माधव जलते-जलते आलू खा रहे हैं—क्या यह करुण दृश्य नहीं है? बुधिया की चीत्कार घीसू-माधव को बेचैन न कर रही हो ऐसा नहीं है, लेकिन पेट की आग सबसे बड़ी आग है। दरअस्ल यह 'स्वत्व' छिन जाने का दृश्य है। भीख माँग रहा आदमी अपना स्वत्व खो देता है और वह माँगने में ख़ुद को गलाता जाता है। 'अँधेरे में' कविता के प्रसंग में नामवर सिंह ने इसे विस्तार से समझाया है। नामवर सिंह ने मार्क्स के हवाले से 'री इफ़िकेशन' की चर्चा करते हुए लिखा है 'री इफ़िकेशन जिस लैटिन शब्द 'रेइस' से बना है उसका एक अर्थ सम्पत्ति भी होता है, इसलिए चाहें तो उसे संस्कृत 'रै' के सहारे हिन्दी में 'रैकरण' भी कह सकते हैं। (कविता के नये प्रतिमान, नामवर सिंह, पृ. 245) आगे और स्पष्ट करते हुए नामवर जी बताते हैं कि 'मार्क्स की दृष्टि में अलगाव और रैकरण पूँजीवादी व्यवस्था के सबसे बड़े अभिशाप हैं। इसमें मज़दूर अपनी उपज से ही अलग नहीं होता, बल्कि अपने-आपसे ही अलग हो जाता है और वह इस प्रक्रिया में मानव स्वत्व के साथ ही मानव सम्भावनाओं से वंचित रह जाता है। मार्क्स के अनुसार इस अलगाव से समाज का कोई वर्ग अछूता नहीं रहता—यहाँ तक की स्वयं पूँजीपति भी इसका स्वीकार होता है और वह भी अपनी मानवीयता खोकर एक जड़ धन-पशु में बदल जाता है।' (कविता के नये प्रतिमान, नामवर सिंह, पृ. 245)

तो फिर से सवालों पर आ जायें। क्या प्रेमचन्द वाक़ई इन पात्रों की बुराई कर रहे हैं? ये बुरे पात्र हैं? गन्दगी को न देखने से गन्दगी खत्म नहीं हो जाती। दूसरी बात यह है कि गन्दगी का चित्रण किसलिए किया गया है—गुदगुदी के लिए या सवाल पैदा करने के लिए। इन पात्रों को देखकर मन में सवाल ही उत्पन्न होते हैं। प्रेमचन्द लगातार यही चाहते थे। 'हमारी कसौटी पर वही साहित्य खरा उतरेगा, जिसमें उच्च चिन्तन हो, स्वाधीनता का भाव हो, सौन्दर्य का सार हो, सृजन की आत्मा हो, जीवन की सच्चाइयों का प्रकाश हो—जो हममें गति, संघर्ष और बेचैनी पैदा करे, सुलाये नहीं, क्योंकि अब और ज़्यादा सोना मृत्यु का लक्षण है।' तो कफ़न बेचैन करती है, जीवन की सच्चाइयाँ सामने लाती है—क्रूर और कड़ी सच्चाइयाँ। याद करते हैं 'सद्‌गति' में दुखी चमार की मौत। पण्डित घासीराम का दुखी की लाश के पैर में फन्दा डालकर गाँव के बाहर छोड़ आना। सर्वहारा की अकाल मृत्यु पर अगर 'सद्‌गति' क्रूर बिम्ब है तो 'कफ़न' सर्वहारा की तरफ़ से सद्‌गति का प्रतिकार। इस प्रतिकार में नियति का क्रूर व्यंग्य मिलकर यथार्थ की अपूर्व सृष्टि कर देता है। प्रेमचन्द क़तई असावधान नहीं हैं। वे जानते हैं कि परम्परा में क्या ग्राह्य है और क्या त्याज्य। घीसू-माधव नशे में भी गाते हैं तो कबीर का पद। कर्मकाण्डों का ऐसा साफ़-साफ़ विरोध कैसे आ जाता है? दरअस्ल 'सद्‌गति' में विडम्बना हमारे प्रत्यक्ष थी और हमें उच्च वर्ण का व्यक्ति खलनायक के रूप में मिल गया था इसलिए 'सद्‌गति' प्रगतिशील कहानी नज़र आयी और जब यह विडम्बना सर्वहारा के रूप में सामने आयी तो हमें असुविधा होने लगी। यहीं दलित आरोप का समाधान भी है। दलितों के लिए अपनी जाति बताना अपनी लड़ाई का हिस्सा है, अस्मिता का प्रश्न है। प्रेमचन्द अगर 'चमारों का कुनबा था और सारे गाँव में बदनाम' न लिखते तो ग़रीबी का यह भयावह दृश्य साकार हो सकता था? ग़रीब कौन है? क्या पण्डित घासीराम ग़रीब हो सकते हैं? क्या ज़मींदार साहब ग़रीब हो सकते थे? अगर कहानी ग़रीब-विरोधी नहीं है तो दलित-विरोधी भी नहीं है। जहाँ व्यक्ति 'जड़ पशु' बन गया है वहाँ इससे बड़ी विडम्बना और क्या हो सकती है। फिर एक और दृश्य याद करें। जैसे ही घीसू और माधव के हाथ पैसा आया, अतिरिक्त पैसा आया, उन्होंने तुरन्त दे दिया। वे यह जानते हैं कि यही पाँच रुपये पहले मिलते, तो कुछ दवा-दारू कर लेते। स्वाद और कष्ट उनके लिए महत्त्वपूर्ण नहीं है—पापी पेट की आग को जैसे-तैसे भी बुझा लेना उनके लिए सबसे ज़रूरी है। क्या घीसू-माधव लुम्पेन हो सकते हैं? लुम्पेन वही हो सकता है जो गुण्डई कर सके, जिसमें ताक़त हो—घीसू-माधव सर्वहारा लुम्पेन नहीं अपितु 'अपने-आपसे अलग हो चुके' अथवा 'मानव सम्भावनाओं से वंचित' सर्वहारा हैं। परजीवी कहकर घीसू-माधव को 'टाइप' बना देना भी उचित नहीं है, क्योंकि स्वत्व छिन जाने की प्रक्रिया ने उन्हें मानव सम्भावनाओं से वंचित कर दिया है, अमानवीय बना दिया है। 'टाइप' कह देने से ये लोग होते ही ऐसे हैं जैसा सरलीकरण हो जाता है और सरलीकरण यहाँ नहीं है। यहाँ एक ऐसी बेचैनी है जिसकी तलाश मुक्ति की अस्ल तलाश है।

जिन दिनों मैं शोध में लगा था और साथ-साथ नयी पुरानी कहानियाँ पढ़ रहा था तब मेरा ध्यान गया कि हिन्दी की सबसे चर्चित और विवादित कहानी होने पर भी इस पर कोई लम्बी-मुकम्मल बहस नहीं है। यह भी कहना आवश्यक है कि सैकड़ों विश्वविद्यालयों में पढ़ाए जाने पर भी ऐसा कोई अध्ययन इस कहानी पर नहीं मिलता जिसमें तमाम दृष्टियों से लोगों ने विचार किया हो। अस्सी के दशक में 'आलोचना' और 'सारिका' में रमेश उपाध्याय और रवीन्द्र वर्मा ने इस कहानी पर बहस की थी। इसके अलावा हमारे बड़े कथाकारों अमरकान्त, भीष्म साहनी, ओमप्रकाश वाल्मीकि के साथ बड़े आलोचकों यथा शिवकुमार मिश्र, रामचन्द्र तिवारी, नन्दकिशोर नवल, सुरेन्द्र चौधरी, बच्चन सिंह, परमानन्द श्रीवास्तव, शम्भुनाथ और वीर भारत तलवार ने भी इस कहानी पर बात करना जरूरी समझा। खोजने पर कुछ और आलेख भी मिले लेकिन इन चुने हुए आलेखों से कहानी पर एक गम्भीर चर्चा हो जाती है। सुधा बी. और वाल्मीकि जी ने क्रमशः स्त्री और दलित अस्मिता के सन्दर्भों में कहानी को देखा है। यहाँ कथाकार अब्दुल बिस्मिल्लाह का आभार आवश्यक है जिन्होंने इस कहानी के उर्दू-हिन्दी पाठों के भेद पर गम्भीर आलेख लिखा था।

आशा है पाठकों को किताब कुछ उपयोगी मालूम हो सकेगी।

—पल्लव

मूलपाठ

कफ़न

(1)

झोंपड़े के दरवाज़े पर बाप और बेटा दोनों एक बुझे हुए अलाव के सामने ख़ामोश बैठे हुए थे और अन्दर बेटे की नौजवान बीवी बुधिया दर्दे-ज़ह[1] से पछाड़ें खा रही थी और रह-रह-कर उसके मुँह से ऐसी दिलख़राश सदा[2] निकलती थी कि दोनों कलेजा थाम लेते थे। जाड़ों की रात थी, फ़िज़ा[3] सन्नाटे में ग़र्क़[4]। सारा गाँव तारीकी में जज़्ब[5] हो गया था।

घीसू ने कहा—मालूम होता है बचेगी नहीं। सारा दिन तड़पते हो गया। जा देख तो आ।

माधो दर्दनाक लहजे में बोला—मरना ही है तो जल्दी मर क्यों नहीं जाती। देख कर क्या करूँ!

''तू बड़ा बेदरद है बे! साल भर जिसके साथ जिन्दगानी का सुख भोगा उसी के साथ इतनी बेवफ़ाई।''

''तो मुझसे तो उसका तड़पना और हाथ-पाँव पटकना नहीं देखा जाता।''

चमारों का कुनबा था और सारे गाँव में बदनाम। घीसू एक दिन काम करता तो तीन दिन आराम। माधो इतना कामचोर था कि घण्टा भर काम करता तो घण्टे भर चिलम पीता। इसलिए इन्हें कोई रखता ही न था। घर में मुट्ठी भर अनाज भी मौज़ूद हो तो इनके लिए काम करने की क़सम थी। जब दो-एक फ़ाके हो जाते तो घीसू दरख़्तों पर चढ़कर लकड़ियाँ तोड़ लाता और माधो बाज़ार से बेंच लाता। और जब तक वह पैसे रहते दोनों इधर-उधर मारे-मारे फिरते। जब फ़ाक़े की नौबत आ जाती तो फिर लकड़ियाँ तोड़ते, या कोई मज़दूरी तलाश करते। गाँव में काम की कमी न थी। काश्तकारों का गाँव था। मेहनती आदमी के लिए पचास काम थे। मगर इन दोनों को लोग उसी वक़्त बुलाते जब दो आदमियों से एक का काम लेकर भी क़नाअत[6] कर लेने के सिवा और कोई चारः न होता। काश दोनों साधू होते तो इन्हें क़नाअत और तवक्कुल[7] के लिए ज़ब्ते-नफ़्स[8] की मुतलक़[9] ज़रूरत न होती। यह इनकी ख़ल्क़ी सिफ़त[10] थी। अजीब ज़िन्दगी थी इनकी। घर में मिट्टी के दो-चार बरतनों के सिवा

कोई असासः[11] नहीं। फटे चीथड़ों से अपनी उरियानी[12] को ढाँके हुए दुनिया की फ़िक्रों से आज़ाद। क़र्ज़ से लदे हुए। गालियाँ भी खाते, मार भी खाते, मगर कोई ग़म नहीं। मिस्कीन[13] इतने कि वसूली की मुतलक़ उम्मीद न होने पर लोग इन्हें कुछ-न-कुछ क़र्ज़ दे देते थे। मटर या आलू की फ़सल में खेतों से मटर या आलू उखाड़ लाते और भून-भूनकर खा लेते। या दस-पाँच ऊख तोड़ लाते और रात को चूसते। घीसू ने इसी ज़ाहिदाना[14] अन्दाज से साठ साल की उम्र काट दी। और माधो भी सआदतमन्द[15] बेटे की तरह बाप के नक़्शे-क़दम पर चल रहा था। बल्कि उसका नाम और भी रौशन कर रहा था। उस वक़्त भी दोनों अलाव के सामने बैठे आलू भून रहे थे जो किसी के खेत से खोद लाये थे। घीसू की बीवी का तो मुद्दत हुई इन्तक़ाल हो गया था। माधो की शादी पिछले साल हुई थी। जब से यह औरत आयी थी उसने इस ख़ानदान में तमद्दुन[16] की बुनियाद डाली थी। पिसाई करके, घास छीलकर, वह सेर भर आटे का इन्तज़ाम कर लेती थी और इन दोनों बेग़ैरतों[17] का दोज़ख़ भरती रहती थी। जब से वह आयी ये दोनों और भी आरामतलब और आलसी हो गये थे। बल्कि कुछ अकड़ने भी लगे थे। कोई काम करने को बुलाता तो बेनियाज़ी[18] की शान से दोगुनी मज़दूरी माँगते। वही औरत आज सुबह से दर्दे-ज़ह से मर रही थी और ये दोनों शायद इसी इन्तज़ार में थे कि वह मर जाये तो आराम से सोयें।

घीसू ने आलू निकालकर छीलते हुए कहा—जाकर देख तो क्या हालत है उसकी। चुड़ैल का फिसाद होगा और क्या। यहाँ तो ओझा भी एक रुपया माँगता है। किसके घर से आये।

माधो को अन्देशा था कि वह कोठरी में गया तो घीसू आलुओं का बड़ा हिस्सा साफ़ कर देगा। बोला—मुझे वहाँ डर लगता है।

"डर किस बात का है। मैं तो यहाँ हूँ ही।"

"तो तुम्हीं जाकर देखो न।"

"मेरी औरत जब मरी थी तो मैं तीन दिन उसके पास से हिला भी नहीं। और फिर मुझसे लजायेगी कि नहीं, कभी उसका मुँह नहीं देखा। आज उसका उघरा हुआ बदन देखूँ! उसे तन की सुध भी तो न होगी। मुझे देख लेगी तो खुलकर हाथ-पाँव भी न पटक सकेगी।"

"मैं सोचता हूँ कोई बाल-बच्चा हो गया तो क्या होगा! सोंठ, गुड़, तेल, कुछ भी तो नहीं है घर में।"

"सब-कुछ आ जायेगा। भगवान् बच्चा दें तो। जो लोग अभी एक पैसा नहीं दे रहे हैं वही तब बुलाकर देंगे। मेरे नौ लड़के हुए। घर में कभी कुछ न था। मगर इसी तरह हर बार काम चल गया।"

जिस समाज में रात-दिन मेहनत करनेवालों की हालत उनकी हालत से कुछ बहुत अच्छी न थी, और किसानों के मुक़ाबले में वो लोग जो किसानों की कमज़ोरियों से फ़ायदा उठाना जानते थे, कहीं ज़्यादा फ़ारगुलबाल[19] थे, वहाँ इस क़िस्म की ज़हनीयत

का पैदा हो जाना कोई तअज्जुब की बात न थी। हम तो कहेंगे घीसू किसानों के मुक़ाबले में ज़ियादः बारीकबीं[20] था और किसानों की तही दिमाग़ जमीअत[21] में शामिल होने के बदले शातिरों की फ़ित्नः परदाज़[22] जमाअत में शामिल हो गया था। हाँ उसमें ये सलाहियत न थी कि शातिरों के आईने-ओ-आदाब[23] की पाबन्दी भी करता। इसलिए जहाँ उसकी जमाअत के और लोग गाँव के सरग़नः और मुखिया बने हुए थे, उस पर सारा गाँव अंगुश्तनुमाई[24] करता था। फिर भी उसे ये तस्कीन[25] तो थी ही कि अगर वो ख़स्तःहाल है तो कम-से-कम उसे किसानों की-सी जिगरतोड़ मेहनत तो नहीं करनी पड़ती। और उसकी सादगी और बेज़ुबानी से दूसरे बेजा फ़ायदा तो नहीं उठाते।

दोनों आलू निकाल-निकालकर जलते-जलते खाने लगे। कल से कुछ नहीं खाया था। इतना सब्र न था कि उन्हें ठण्डा हो जाने दें। कई बार दोनों की ज़ुबानें जल गयीं। छिल जाने पर आलू का बैरूनी[26] हिस्सा तो बहुत ज़ियादः गर्म न मालूम होता, लेकिन दाँतों के तले पड़ते ही अन्दर का हिस्सा ज़ुबान और हलक़ और तालू को जला देता था और उस अंगारे को मुँह में रखने से ज़ियादः ख़ैरियत इसी में थी कि वह अन्दर पहुँच जाये। वहाँ उसे ठण्डा करने के लिए काफ़ी सामान थे। इसलिए दोनों जल्द-जल्द निगल जाते। हालाँकि इस कोशिश में उनकी आँखों से आँसू निकल आते।

घीसू को उस वक़्त ठाकुर की बरात याद आयी जिसमें बीस साल पहले वह गया था। उस दावत में उसे जो सैरी[27] नसीब हुई थी वह उसकी ज़िन्दगी में एक यादगार वाक़या थी और आज भी उसकी याद ताज़ा थी। बोला—वह भोज नहीं भूलता। तब से फिर उस तरह का खाना और भरपेट नहीं मिला। लड़कीवालों ने सबको पूड़ियाँ खिलायी थीं। सबको। छोटे-बड़े सबने पूड़ियाँ खायीं। और असली घी की। चटनी, रायता, तीन तरह के सूखे साग, एक रसेदार तरकारी, दही, चटनी, मिठाई। अब क्या बताऊँ कि उस भोज में कितना सवाद मिला। कोई रोक नहीं थी। जो चीज़ चाहो माँगो और जितना चाहो खाओ। लोगों ने ऐसा खाया, ऐसा खाया कि किसी से पानी न पिया गया। मगर परोसनेवाले हैं कि सामने गरम-गरम, गोल-गोल, महकती हुई कचौड़ियाँ डाले देते हैं। मना करते हैं कि नहीं चाहिए, पत्तल को हाथ से रोके हुए हैं, मगर वो हैं कि दिये जाते हैं। और जब सबने मुँह धो लिया तो एक-एक बीड़ा पान भी मिला। मगर मुझे पान लेने की कहाँ सुध थी। खड़ा न हुआ जाता था। चटपट जाकर अपने कम्बल पर लेट गया। ऐसा दरियादिल था वो ठाकुर।

माधो ने इन तकल्लुफ़ात[28] का मज़ा लेते हुए कहा—"अब हमें कोई ऐसा भोज खिलाता!"

"अब कोई क्या खिलायेगा। वो जमाना दूसरा था। अब तो सबको क़िफायत सूझती है। सादी-ब्याह में मत खरच करो, किरिया करम में मत खरच करो। पूछो, गरीबों का माल बटोर-बटोरकर कहाँ रखोगे? बटोरने में तो कमी नहीं है, हाँ खर्च में किफाइत सूझती है।"

"तुमने बीस एक पूड़ियाँ खायी होंगी।"

"बीस से ज्यादा खायी थीं।"

"मैं पचास खा जाता।"

"पचास से कम मैंने भी न खायी होंगी। अच्छा पट्ठा था। तू उसका आधा भी नहीं है।"

आलू खाकर दोनों ने पानी पिया और वहीं अलाव के सामने अपनी धोतियाँ ओढ़कर पाँव पेट में डाले सो रहे। जैसे दो बड़े-बड़े अज़दहे[29] गेंडुलियाँ मारे पड़े हों।

और बुधिया अभी तक कराह रही थी।

(2)

सुबह को माधो ने कोठरी में जाकर देखा तो उसकी बीवी ठण्डी हो गयी थी। उसके मुँह पर मक्खियाँ भिनक रही थीं। पथरायी हुई आँखें ऊपर टँगी हुई थीं। सारा जिस्म ख़ाक में लत-पत हो रहा था। उसके पेट में बच्चा मर गया था।

माधो भागा हुआ घीसू के पास आया। फिर दोनों ज़ोर-ज़ोर से हाय-हाय करने और छाती पीटने लगे।

पड़ोसवाले ने ये आहो-जारी[30] सुनी तो दौड़ते हुए आये और रस्मे-क़दीम[31] के मुताबिक ग़मज़दों की तशफ़्फ़ी[32] करने लगे।

मगर ज़ियादः रोने-धोने का मौक़ा न था। कफ़न की और लकड़ी की फ़िक्र करनी थी। घर में तो पैसा इस तरह ग़ायब था जैसे चील के घोंसले में मांस।

बाप-बेटे रोते हुए गाँव के ज़मींदार के पास गये। वो इन दोनों की सूरत से नफ़रत करते थे। कई बार इन्हें अपने हाथों पीट चुके थे। चोरी की इल्लत[33] में, वादे पर काम पर न आने की इल्लत में। पूछा—क्या है बे घिसुआ, रोता क्यों है। अब तो तेरी सूरत ही नहीं नज़र आती। अब मालूम होता है, तुम इस गाँव में रहना नहीं चाहते।

घीसू ने ज़मीन पर सर रखकर, आँखों में आँसू भरे हुए कहा—"सरकार, बड़ी बिपत में हूँ। माधो की घरवाली रात गुजर गयी। दिनभर तड़पती रही सरकार! आधी रात तक हम दोनों उसके सिरहाने बैठे रहे। दवा-दारू जो कुछ हो सका, सब किया। मुदा वो हमें दगा दे गयी। अब कोई एक रोटी देनेवाला नहीं रहा मालिक। तबाह हो गये। घर उजड़ गया। आपका गुलाम हूँ। अब आपके सिवा उसकी मिट्टी कौन पार लगायेगा। हमारे हाथ में तो जो कुछ था, वह सब दवा-दारू में उठ गया। सरकार ही की दया होगी तो उसकी मिट्टी उठेगी। आपके सिवा और किसके द्वार पर जाऊँ।"

ज़मींदार साहब रहमदिल आदमी थे। मगर घीसू पर रहम करना काले कम्बल पर रंग चढ़ाना था। जी में तो आया कह दें, "चल दूर हो यहाँ से। लाश घर में रखकर सड़ा। यूँ तो बुलाने से भी नहीं आता, आज जब ग़रज़ पड़ी तो आकर ख़ुशामद कर रहा है। हरामख़ोर कहीं का। बदमाश।" मगर ये गुस्से या इन्तक़ाम का मौक़ा न था।

तौअन-व-करहन[34] दो रुपये निकालकर फेंक दिये। मगर तशफ़्फ़ी का एक कलमः भी मुँह से न निकाला। उसकी तरफ़ ताका तक नहीं। गोया सर का बोझ उतारा हो। जब ज़मींदार साहब ने दो रुपये दिये तो गाँव के बनिये-महाजनों को इन्कार की जुरअत[35] क्योंकर होती। घीसू ज़मींदार के नाम का ढिंढोरा पीटना जानता था। किसी ने दो आने दिये, किसी ने चार आने। एक घण्टे में घीसू के पास पाँच रुपये की माक़ूल रक़म जमा हो गयी। किसी ने ग़ल्ला दे दिया, किसी ने लकड़ी। और दोपहर को घीसू और माधो बाज़ार से कफ़न लाने चले। इधर लोग बाँस-वाँस काटने लगे।

गाँव की रक़ीक़ुल्क़ल्ब[36] औरतें आ-आकर लाश को देखती थीं, और उसकी बेबसी पर दो बूँद आँसू गिराकर चली जाती थीं।

(३)

बाज़ार में पहुँचकर घीसू बोला—लकड़ी तो उसे जलाने भर को मिल गयी है। क्यों माधो?

माधो बोला—"हाँ लकड़ी तो बहुत है। अब कफ़न चाहिए।"

"तो कोई हलका-सा कफन ले लें।"

"हाँ और क्या। लास उठते-उठते रात हो जायेगी। रात को कफन कौन देखता है।"

"कैसा बुरा रिवाज है कि जिसे जीते जी तन ढाँकने को चीथड़ा भी न मिले उसे मरने पर नया कफ़न चाहिए।"

"कफ़न लास के साथ जल ही तो जाता है।"

"और क्या रखा रहता है। यही पाँच रुपये पहले मिलते तो कुछ दवा-दारू करते।"

दोनों एक-दूसरे के दिल का माजरा मा'नवी[37] तौर पर समझ रहे थे। बाज़ार में इधर-उधर घूमते रहे। यहाँ तक कि शाम हो गयी। दोनों इत्तेफ़ाक़ या अमदन[38] एक शराबख़ाने के सामने आ पहुँचे। और गोया किसी तयशुदा फ़ैसले के मुताबिक़ अन्दर गये। वहाँ ज़रा देर तक दोनों तज़बज़ब[39] की हालत में खड़े रहे। फिर घीसू ने एक बोतल शराब ली। कुछ गज़क। और दोनों बरामदे में बैठकर पीने लगे।

कई कुज्जियाँ पैहम[40] पीने के बाद दोनों सरूर में आ गये।

घीसू बोला—"कफ़न लगाने से क्या मिलता। आख़िर जल ही तो जाता। कुछ बहू के साथ तो न जाता।"

माधो आसमान की तरफ़ देखकर बोला गोया फ़रिश्तों को अपनी मासूमियत का यक़ीन दिला रहा हो—"दुनिया का दस्तूर है। यही लोग बाम्हनों को हज्जारों रुपये क्यों दे देते हैं। कौन देखता है परलोक में मिलता है या नहीं।"

"बड़े आदमियों के पास धन है फूँकें। हमारे पास फूँकने को क्या है।"

"लेकिन लोगों को जवाब क्या दोगे। लोग पूछेंगे नहीं कफन कहाँ है।"

घीसू हँसा—"कह देंगे रुपये कमर से खिसक गये। बहुत ढूँढ़ा मिले नहीं।"

माधो भी हँसा—ग़ैरमुतवक़्क़ा[41] ख़ुशनसीबी पर, क़ुदरत को इस तरह शिकस्त देने पर। बोला—बड़ी अच्छी थी बिचारी। मरा भी तो खूब खिला-पिलाकर।

आधी बोतल से ज़ियादः खत्म हो गयी। घीसू ने दो सेर पूड़ियाँ मँगवायीं, गोश्त और सालन और चटपटी कलेजियाँ और तली हुई मछलियाँ। शराबख़ाने के सामने ही दूकान थी। माधो लपककर दो पत्तलों में सारी चीज़ें ले आया। पूरे डेढ़ रुपये ख़र्च हो गये। सिर्फ़ थोड़े-से पैसे बच रहे।

दोनों उस वक़्त इस शान से बैठे हुए पूड़ियाँ खा रहे थे जैसे जंगल में कोई शेर अपना शिकार उड़ा रहा हो। न जवाबदेही का ख़ौफ़ था, न बदनामी की फ़िक्र। ज़ौफ़[42] के इन मराहिल[43] को उन्होंने बहुत पहले तय कर लिया था। घीसू फ़लसफ़ियाना अन्दाज़ से बोला—हमारी आतमा परसन्न हो रही है तो क्या उसे पुन्न न होगा?

माधो ने फ़र्क़े—अक़ीदत[44] झुकाकर तस्दीक़[45] की—ज़रूर से जरूर होगा। भगवान्, तुम अन्तरजामी (अलीम) हो। उसे बैकुण्ठ ले जाना। हम दोनों हिरदय से उसे दुआ दे रहे हैं। आज जो भोजन मिला वो कभी उमर भर न मिला था।

एक लम्हे बाद माधो के दिल में एक तशवीश[46] पैदा हुई। बोला—क्यों दादा, हम लोग भी तो वहाँ एक-न-एक दिन जायेंगे ही।

घीसू ने इस तिफ़लाना[47] सवाल का कोई जवाब न दिया। माधो की तरफ पुरमलामत[48] अन्दाज़ से देखा।

"जो वहाँ हम लोगों से वो पूछे कि तुमने हमें कफ़न क्यों नहीं दिया तो क्या कहोगे।"

"कहेंगे तुम्हारा सिर।"

"पूछेगी तो ज़रूर।"

"तू कैसे जानता है उसे कफ़न न मिलेगा? तू मुझे ऐसा गधा समझता है। मैं साठ साल दुनिया में क्या घास खोदता रहा हूँ। उसको कफ़न मिलेगा और उससे बहुत अच्छा मिलेगा जो हम देते।"

माधो को यक़ीन न आया। बोला—कौन देगा? रुपये तो तुमने चट कर दिये।

घीसू तेज़ हो गया—मैं कहता हूँ उसे कफ़न मिलेगा। तू मानता क्यों नहीं?

"कौन देगा। बताते क्यों नहीं?"

"वही लोग देंगे जिन्होंने अब की दिया। हाँ वो रुपये हमारे हाथ न आयेंगे। और अगर किसी तरह आ जायेंगे तो फिर हम इसी तरह यहाँ बैठे पियेंगे और कफ़न तीसरी बार मिलेगा।"

जूँ जूँ अँधेरा बढ़ता था और सितारों की चमक तेज़ होती थी, मयख़ाने की रौनक़ भी बढ़ती जाती थी। कोई गाता था, कोई बहकता था, कोई अपने रफ़ीक[49] के गले

लिपटा जाता था, कोई अपने दोस्त के मुँह में साग़र[50] लगाये देता था। वहाँ की फ़िज़ा में सरूर था। हवा में नशा। कितने तो चुल्लू में उल्लू हो जाते हैं। यहाँ आते थे सिर्फ़ खुद फ़रामोशी[51] का मज़ा लेने के लिए। शराब से ज़ियादः यहाँ की हवा में मसरूर[52] होते थे। ज़ीस्त[53] की बला यहाँ खैंच लाती थी। और कुछ देर के लिए वो भूल जाते थे कि वो ज़िन्दा हैं, या मुर्दा हैं, या ज़िन्दादरगोर[54] हैं।

और ये दोनों बाप-बेटे अब भी मज़े ले-लेकर चुस्कियाँ ले रहे थे। सबकी निगाहें इनकी तरफ़ जमी हुई थीं। कितने ख़ुशनसीब हैं दोनों। पूरी बोतल बीच में है।

खाने से फ़ारिग़ होकर माधो ने बची हुई पूड़ियों का पत्तल उठाकर एक भिखारी को दे दिया जो खड़ा इनकी तरफ़ गुरसिनः[55] निगाहों से देख रहा था और 'देने' के ग़रूर और मसर्रत[56] और वलवलः[57] का अपनी ज़िन्दगी में पहली बार एहसास किया।

घीसू ने कहा—ले जा। खूब खा और असीरबाद दे। जिसकी कमाई है वो तो मर गयी, मगर तेरा असीरबाद उसे ज़रूर पहुँच जायेगा। रोएँ-रोएँ से असीरबाद दे। बड़ी गाढ़ी कमाई के पैसे हैं।

माधो ने फिर आसमान की ओर देखकर कहा—वो बैकुण्ठ में जायेगी दादा। बैकुण्ठ की रानी बनेगी।

घीसू खड़ा हो गया और जैसे मसर्रत की लहरों में तैरता हुआ बोला—"हाँ बेटा, बैकुण्ठ में जायेगी। किसी को सताया नहीं। किसी को दबाया नहीं। मरते-मरते हमारी जिन्दगी की सबसे बड़ी लालसा पूरी कर गयी। वो न बैकुण्ठ में जायेगी तो क्या ये मोटे-मोटे लोग जायेंगे जो गरीबों को दोनों हाथ से लूटते हैं और अपने पाप को धोने के लिए गंगा में जाते हैं और मन्दिरों में जल चढ़ाते हैं।

ये खुशऐतमादी[58] का रंग भी बदला। तलव्वुने-नश्शः[59] की ख़ासियत है। यास[60] और ग़म का दौरा हुआ। माधो बोला—मगर दादा—बिचारी ने जिन्दगी में बड़ा दुःख भोगा। मरी भी तो कितना दुःख झेलकर।

वो आँखों पर हाथ रखकर रोने लगा।

घीसू ने समझाया—क्यों रोता है बेटा। खुस हो कि वो मायाजाल से मुक्त हो गयी। जंजाल से छूट गयी। बड़ी भागवान थी जो इतनी जल्दी मायामोह के बन्धन तोड़ दिये।

और दोनों वहीं खड़े होकर गाने लगे—

ठगिनी क्यों नैना झमकावै—ठगिनी...

सारा मयख़ाना महूवे-तमाशा[61] था और ये दोनों मयकश मख़मूरे-महूवीयत[62] के आलम में गाये जाते थे। फिर दोनों नाचने लगे। उछले भी, कूदे भी, गिरे भी, मटके भी, भाव भी बताये और आख़िर नशे से बदमस्त होकर वहीं गिर पड़े।

सन्दर्भ-सूची

1. प्रसव-पीड़ा, 2. दिल को चीर देनेवाली आवाज, 3. वातावरण, 4. डूबा हुआ, 5. निमग्न, 6. सन्तोष, 7. भरोसा (आध्यात्मिक), 8. इन्द्रियों पर नियन्त्रण, 9. तनिक भी, 10. नैसर्गिक गुण, 11. सामान, 12. नग्नता,

13. निरीह, 14. साधु-सन्त, 15. सुशील, 16. संस्कृति, 17. निर्लज्जों, 18. उदासीनता, 19. दायित्व-मुक्त, 20. सूक्ष्मदृष्टिवाला, 21. मन्दबुद्धि लोगों का झुण्ड, 22. खुराफ़ात करनेवालों, 23. विधान एवं आचरण, 24. अँगुली उठाना, 25. आश्वस्ति, 26. ऊपरी, बाहरी, 27. तृप्ति, 28. आदर-सत्कार, 29. अजगर, 30. विलाप, 31. पुराने रिवाज़, 32. सान्त्वना, 33. बुरी आदत, 34. इच्छा या अनिच्छा से, 35. साहस, 36. भावुक, सहृदय, 37. निहितार्थ, 38. जान-बूझकर, 39. असमंजस, 40. निरन्तर, 41. अनपेक्षित, 42. दुर्बलता, 43. सोपान, 44. श्रद्धापूर्ण मस्तक, 45. पुष्टि, 46. आशंका, 47. बचकाना, 48. भर्त्सनापूर्ण, 49. साथी, 50. प्याला, 51. आत्म विस्मृति, 52. मदमस्त, 53. जीवन, 54. जीते जी मृत, 55. भूखी, 56. ख़ुशी, 57. उत्साह, 58. आत्मविश्वास, 59. नशे में बहका हुआ, 60. निराशा, 61. तमाशे में निमग्न, 62. निमग्नता की खुमारी।

लिप्यन्तरण : अब्दुल बिस्मिल्लाह

•

उर्दू और हिन्दी पाठ का फ़र्क़

अब्दुल बिस्मिल्लाह

'कफ़न' प्रेमचन्द की अन्तिम कहानी है। यह कहानी उन्होंने मूलतः उर्दू में लिखी थी। वह भी, किसी की फ़रमाइश पर। इस कहानी का क़िस्सा यह है कि सन् 1935 के ज़माने में प्रेमचन्द का दिल्ली आना हुआ। यहाँ वो जामिआ मिल्लिया इस्लामिया में ठहरे थे। तब जामिआ मिल्लिया इस्लामिया क़रौलबाग़ में किराये के कुछेक मकानों में हुआ करती थी। जामिआ में उनके ठहरने का बायस भी सम्भवतः महात्मा गाँधी जी रहे होंगे; क्योंकि जामिआ से उनका हार्दिक लगाव था और प्रेमचन्द का गाँधी-प्रेम तो जगजाहिर है ही। तब वे वर्धा से ही दिल्ली आये थे। जामिआ मिल्लिया इस्लामिया अपनी स्थापना के तीसरे वर्ष यानी सन् 1923 से ही उर्दू की एक मासिक पत्रिका 'जामिआ' का प्रकाशन कर रही थी। उन दिनों 'जामिआ' के सम्पादक द्वय डॉ. सैयद आबिद हुसैन, एम. ए., पी-एच. डी. और प्रो. मो. आकिल एम. ए. थे। आकिल साहब ने अपनी सारी जायदाद जामिआ को दे दी थी। इसीलिए जामिआ ने उनकी सेवानिवृत्ति के बाद भी आजीवन उनके रहन-सहन का प्रबन्ध किया। प्रेमचन्द से प्रो. आकिल ने ही आग्रह किया था कि वे 'जामिआ' पत्रिका के लिए अपनी एक कहानी देकर ही बनारस के लिए प्रस्थान करें। प्रेमचन्द ने उसी रात यह कहानी लिखी और प्रो. आकिल को इसे सौंपकर बनारस चले गये।

यह सूचना इन पंक्तियों के लेखक को प्रो. आकिल से मिली है। जिन दिनों इन पंक्तियों का लेखक जामिआ में आया, प्रो. आकिल जीवित थे।

‘कफ़न’ शीर्षक से यह उर्दू कहानी ‘जामिआ’ पत्रिका के दिसम्बर, 1935 के अंक में प्रकाशित हो गयी। बनारस पहुँचने के उपरान्त प्रेमचन्द अस्वस्थ हो गये और लगभग छह-सात महीने बाद अगस्त, 1936 में उनका देहान्त हो गया। लेकिन इस कहानी का हिन्दी रूप तो अप्रैल, 1936 के ‘चाँद’ में प्रकाशित हो गया था। फिर, क्या प्रेमचन्द का ध्यान इस पर नहीं गया? या लगभग हड़बड़ी में लिखी गयी अपनी मूल उर्दू कहानी उन्हें पूर्णतया याद न थी। या फिर प्रेमचन्द का ‘अपनी कहानी का यह हिन्दीकरण स्वीकृत था’ बहरहाल बात कुछ भी हो, वास्तविकता यही है कि प्रेमचन्द ने ‘कफ़न’ शीर्षक अपनी अन्तिम कहानी मूलतः उर्दू में लिखी थी और कालान्तर में वह हिन्दी भाषा में अनूदित हुई, ‘अनूदित’ शब्द को रेखांकित करने का उद्‌देश्य स्पष्ट है। प्रेमचन्द ने अपना अधिकांश साहित्य उर्दू में ही लिखा; उनमें से कुछ को उन्होंने स्वयं हिन्दी में रूपान्तरित किया, कुछ को नये सिरे से हिन्दी में लिखा, जैसे ‘शतरंज के खिलाड़ी’ और अनेक रचनाओं को अपने मित्रों से हिन्दी में रूपान्तरित कराया। (एक सूचना के अनुसार उनके कानुपर-प्रवास के दौरान फतेहपुर ज़िले के हथगाँव निवासी मुन्शी इक़बाल वर्मा ‘सहर’ हदगामी उनकी रचनाओं का हिन्दीकरण प्रस्तुत किया करते थे।)

जहाँ तक ‘कफ़न’ कहानी का सवाल है, इसके उर्दू रूप और हिन्दी रूप को तुलनात्मक दृष्टि से देखने पर यह बात स्पष्टतः उजागर होती है कि—

(क) स्वयं प्रेमचन्द ने इसका हिन्दीकरण नहीं किया।

(ख) प्रेमचन्द ने इसे ‘शतरंज के खिलाड़ी’ की भाँति अलग से भी नहीं लिखा।

(ग) इस कहानी का अनुवाद करने का प्रयत्न किया गया है। और वह भी किसी अनाड़ी अनुवादक द्वारा।

(घ) उर्दू ‘कफ़न’ और हिन्दी ‘कफ़न’ में अनेकशः भिन्नताएँ हैं।

कोई भी रचना जब एक भाषा से किसी दूसरी भाषा में रूपान्तरित होती है तो उसमें ‘गड़बड़ियों’ का होना अवश्यम्भावी-सा हो जाता है। लेकिन उर्दू और हिन्दी—ये दोनों भाषाएँ ऐसी नहीं हैं। इन पर वह क़ायदा लागू नहीं होता है। ख़ासकर ऐसी स्थिति में, जबकि विद्वानों का एक वर्ग ‘उर्दू’ को ‘हिन्दी’ की ही एक शैली मानता रहा है। अधिकांश अनुवादों में भी इसीलिए लिप्यन्तरण की पद्धति ही अपनायी जाती रही है। मगर, आश्चर्य कि उर्दू ‘कफ़न’ और हिन्दी ‘कफ़न’ में जो अन्तर है, वह ‘हिमालय ब्लण्डर’ की कोटि में आता है। उक्त अन्तर के मुख्य बिन्दु निम्नवत् हैं :

1. असंगत अनुवाद
2. अनावश्यक अनुवाद
3. उर्दू पाठ एवं हिन्दी पाठ में अन्तर
4. अर्थ का अनर्थ
5. उर्दू पाठ का लोप
6. हिन्दी पाठ में अतिरेक
7. शुद्धीकरण का महादोष

अब क्रमशः प्रत्येक बिन्दु के आधार पर इस कहानी को समझने की कोशिश की जानी चाहिए।

असंगत अनुवाद

अनुवाद ने इस कहानी में ऐसे-ऐसे असंगत अनुवाद किये हैं :

(क) फ़िज़ा = प्रकृति। जबकि फ़िज़ा का अर्थ है वातावरण। इसी कहानी में आगे चलकर अनुवादक ने 'फ़िज़ा' शब्द का अनुवाद 'वातावरण' किया है।

(ख) जज़्ब = लय। जबकि होना चाहिए था विलीन, या फिर निमग्न। 'लय' से संगीत की लय का भ्रम होता है।

(ग) ज़ाहिदाना अन्दाज़ = आकाशवृत्ति। ये दोनों ही शब्द विरोधाभासी हैं। ज़ाहिदाना अन्दाज़ का तात्पर्य है 'साधु-संन्यासियों की शैली में' और 'आकाशवृत्ति' का तात्पर्य है 'इधर-उधर से लूट-पाटकर या माँग-जाँच कर'।

(घ) रस्मे-क़दीम = पुरानी मर्यादा। यह ग़लत है। सही अर्थ है—पुराने रीति-रिवाज़।

(ङ) ग़मज़दों = अभागों। सही अर्थ है दुखियारों।

(च) इल्लत में = करने के लिए। सही अर्थ है बुरी आदत के लिए। इल्लत शब्द का ही संक्षिप्त रूप है 'लत'।

(छ) इन्तकाम = दण्ड। वस्तुतः इन्तकाम शब्द का अर्थ है 'बदला लेना'।

(ज) इत्तेफ़ाक़ से या अमदन = न जाने किस दैवी प्रेरणा से। जबकि इसका अर्थ है संयोगवश या फिर जान-बूझकर।

(झ) किसी तयशुदा फ़ैसले के मुताबिक़ = किसी पूर्व निश्चित व्यवस्था से। स्पष्ट है कि यह रूपान्तरण ग़लत है।

(ञ) गोया फ़रिश्तों को अपनी मासूमियत का यक़ीन दिला रहा हो = मानो देवताओं को अपनी निष्पापता का साक्षी बना रहा हो। (ख़ुदा जाने प्रेमचन्द ऐसी हिन्दी जानते भी थे या नहीं।)

(ट) जौफ़ के इन मराहिल को = इन सब भावनाओं को। ज़ौफ़ का अर्थ है दुर्बलता। दुर्बलता चारित्रिक भी हो सकती है। सन्दर्भ है; दोनों इस वक़्त शान से बैठे पूड़ियाँ खा रहे थे...न जवाबदेही का ख़ौफ़ था, न बदनामी की फ़िक्र।—इसके बाद होना चाहिए था कि चारित्रिक दुर्बलताओं के ये सोपान वे पहले ही तय कर चुके थे। जबकि अनुवादक ने लिखा है : 'इन सब भावनाओं को उन्होंने बहुत पहले ही जीत लिया था।'

(ठ) तिफ़लाना सवाल = भोले-भाले सवाल। जबकि सही अर्थ है—बचकाना सवाल।

(ड) कितने ख़ुशनसीब हैं दोनों = दोनों कितने भाग्य के बली हैं। यहाँ हिन्दी की वाक्य-संरचना ही गड़बड़ है।

(ढ) खाने से फ़ारिग होकर = भरपेट खाकर।

(ण) सारा मयख़ाना मह्वे-तमाशा था = पियक्कड़ों की आँखें इनकी ओर लगी हुई थीं।

अनावश्यक अनुवाद

'कफ़न' के हिन्दी रूप में अनावश्यक अनुवाद के उदाहरण अधिक नहीं हैं; लेकिन हैं। जैसे : उर्दू के 'नौजवान' को हिन्दी में 'जवान' कर दिया गया है। 'महकती हुई' को 'सुवासित' बना दिया गया है। मज़े की बात यह है कि यह शब्द घीसू के संवाद में है। जबकि इसी संवाद के अन्तिम हिस्से में 'दरियादिल' शब्द को 'दिल दरियाब' में बदलकर यह सिद्ध करने की कोशिश भी हुई है कि घीसू जैसा पात्र 'दरियादिल' जैसा शुद्ध शब्द नहीं बोल सकता।

उर्दू पाठ एवं हिन्दी पाठ में अन्तर

इस बिन्दु को निम्नलिखित उदाहरणों से समझा जा सकता है :

(क) उर्दू 'कफ़न' में बुधिया के लिए घीसू का कथन है : सारा दिन तड़पते हो गया। हिन्दी 'कफ़न' में है : सारा दिन दौड़ते हो गया। इस वाक्य से क्या तात्पर्य निकलता है, पता नहीं। सारा दिन कौन दौड़ता रहा?

(ख) उर्दू 'कफ़न' में घीसू का संवाद है : साल भर जिसके साथ जिन्दगानी का सुख भोगा। हिन्दी में इसकी जगह है : सुख-चैन से रहा।

(ग) उर्दू 'कफ़न' के माधो 'घण्टा भर काम करता तो घण्टे भर चिलम पीता।' और हिन्दी में वह 'आध घण्टे काम करता...।'

(घ) उर्दू में घीसू और माधो की कामचोरी के कारण 'उन्हें कोई रखता ही न था।' और हिन्दी में है : 'उन्हें कहीं मज़दूरी नहीं मिलती थी।'

(ङ) उर्दू 'कफ़न' में बुधिया 'दिनभर तड़पती रही', जबकि हिन्दी में वह 'रातभर तड़पती रही।' हालाँकि बुधिया 'रात को गुज़र गयी' थी।

(च) उर्दू में घीसू कहता है : आधी रात तक हम दोनों उसके सिरहाने बैठे रहे। और हिन्दी में वह कहता है : हम दोनों उसके सिरहाने बैठे रहे। 'आधी रात तक' में यह ध्वनित है कि बुधिया आधी रात के आसपास गुज़र गयी, हिन्दी के संवाद से कुछ भी स्पष्ट नहीं होता।

(छ) उर्दू 'कफ़न' में है : किसी ने ग़ल्ला दे दिया, किसी ने लकड़ी, जबकि हन्दी में है : कहीं से नाज मिल गया कहीं से लकड़ी।

(ज) उर्दू 'कफ़न' में घीसू शराब के साथ खाने के लिए 'गोश्त और सालन की चटपटी कलेजियाँ और तली हुई मछलियाँ' मँगाता है, जबकि हिन्दीवाला घीसू 'चटनी, अचार, कलेजियों' से ही सन्तुष्ट हो जाता है। यहाँ यह बात

समझ में नहीं आती कि शराब पीनेवाला व्यक्ति चटनी और अचार क्यों चाटेगा?

(झ) उर्दू 'कफ़न' में माधो 'सारी चीज़ें' ले आता है और हिन्दी में 'सारे सामान।'

(ञ) उर्दू में 'घीसू तेज़ हो गया' और हिन्दी में 'गर्म होकर बोला।'

(ट) उर्दू में शराबख़ाने के अन्दर 'कोई बहकता था।' जबकि हिन्दी में 'कोई डींग मारता था।'

(ठ) उर्दू में शराबियों से सम्बन्धित प्रेमचन्द ने एक जबर्दस्त वाक्य लिखा है : 'कितने तो चुल्लू में उल्लू हो जाते हैं।' हिन्दी में यह इस तरह बदला हुआ है : 'कितने तो यहाँ आकर एक चुल्लू में मस्त हो जाते थे'। 'चुल्लू में उल्लू' होने वाला मुहावरा यहाँ बुरी तरह तहस-नहस हो गया है।

अर्थ का अनर्थ

एक भाषा से दूसरी भाषा में रूपान्तरण की प्रक्रिया में बहुत-कुछ फेरबदल की आवश्यकता पड़ती है, लेकिन इसका यह मतलब नहीं होता कि अर्थ का अनर्थ कर दिया जाये। खेद है, कि 'कफ़न' जैसी कहानी के साथ यही सलूक हुआ है। उदाहरण द्रष्टव्य है :

(क) उर्दू 'कफ़न' में घीसू का संवाद है : 'मेरे नौ लड़के हुए। घर में कभी कुछ न था। मगर इसी तरह हर बार काम चल गया।' यहाँ 'इसी तरह काम चल जाने' का ध्वन्यार्थ है : 'जो लोग अभी तक एक पैसा नहीं दे रहे हैं, वही तब बुलाकर देंगे।' प्रश्न उठता है, क्यों? उत्तर है, क्योंकि उन्हें मालूम है कि जिस बच्चे ने जन्म लिया है, वह उनका भावी मजूर है। लेकिन हिन्दी 'कफ़न' के संवाद में यह ध्वनि नहीं है। क्योंकि हिन्दीवाले घीसू का काम 'इसी तरह' नहीं चला, बल्कि 'भगवान् ने किसी तरह बेड़ा पार ही लगाया।' उर्दू 'कफ़न' में ज़मींदार और साहूकार स्वार्थवश सहायता करते हैं, हिन्दी में सारा श्रेय भगवान को चला जाता है।

(ख) उर्दू 'कफ़न' में माधो का संवाद है : 'अब हमें कोई ऐसा भोज खिलाता।' इस वाक्य में पूर्व वर्णित व्यंजनों को न खा सकने का दुःख स्पष्ट है। काश, कोई खिलाता। यह जुम्ला एक प्रकार की लालच, एक प्रकार की अतृप्ति और एक प्रकार की बेचारगी को उजागर करता है। मगर हिन्दी 'कफ़न' का वाक्य एकदम साधारण और सपाट हो गया है। वह वाक्य इस तरह है : 'अब हमें कोई ऐसा भोज नहीं खिलाता।' यहाँ 'नहीं' का प्रयोग एक भ्रम भी उत्पन्न करता है, कि पहले ऐसा भोज माधो भी खा चुका है।

(ग) उर्दू 'कफ़न' में माधो के संवाद का एक हिस्सा है : 'मरी भी कितना दुःख झेलकर।' इस वाक्य से यह ध्वनित होता है कि बुधिया ने ज़िन्दगी में भी दुःख झेला। और मरते समय भी दुःख झेला। हिन्दी 'कफ़न' के वाक्य में

यह ध्वनि नहीं है। माधव (माधो नहीं) कहता है : 'कितना दुःख झेलकर मरी।' इस वाक्य से मृत्युकाल का दुःख व्यंजित नहीं होता।

उर्दू पाठ का लोप

अनुवादक का काम है अनुवाद करना, न कि स्रोत भाषा के पाठ को गायब कर देना। स्वयं लेखक ही यदि अपनी रचना का किसी अन्य भाषा में रूपान्तरण करे तो यह जायज है, मगर इस कहानी में जो परिवर्तन हुए हैं, वे कल्पनातीत हैं। उदाहरण द्रष्टव्य हैं :

(क) उर्दू 'कफ़न' का एक अंश इस प्रकार है : 'जब से ये औरत आयी थी... **पिसाई करके, घास छीलकर वह सेर भर आटे का इन्तज़ाम कर लेती थी।'** रेखांकित अंश हिन्दी 'कफ़न' में ग़ायब हैं। जबकि यह अंश बुधिया के चरित्र को सशक्त बनाता है।

(ख) घीसू का एक संवाद है : 'यहाँ तो ओझा भी एक रुपया माँगता है, **किसके घर से आये।'** रेखांकित अंश हिन्दी 'कफ़न' में नहीं है। इस अंश में घीसू की चिन्ता और मजबूरी—दोनों ही भाव निहित हैं।

(ग) उर्दू 'कफ़न' के ज़मींदार के जी में आया, कह दें 'चल दूर हो यहाँ से। **लाश घर में रखकर सड़ा।** यूँ तों बुलाने से भी नहीं आता...। रेखांकित वाक्य हिन्दी 'कफ़न' में नहीं है। जबकि यह अंश ज़मींदार की क्रूरता को उजागर करता है।

(घ) उर्दू 'कफ़न' का यह वाक्य द्रष्टव्य है : 'माधो भी हँसा। इस ग़ैर-मुतवक़्क़ा ख़ुशनसीबी पर, **कुदरत को इस तरह शिकस्त देने पर।'** हिन्दी 'कफ़न' में यह अंश इस प्रकार है : 'माधव भी हँसा। इस अनपेक्षित सौभाग्य पर।' बस। रेखांकित अंश से 'ईश्वरीय कारनामे की पराजय' का जो बोध होता है, उससे हिन्दी 'कफ़न' वंचित रह गया।

(ङ) उर्दू 'कफ़न' में घीसू का एक संवाद इस तरह है : 'वही लोग देंगे, जिन्होंने अबकी दिया। हाँ वो रुपये हमारे हाथ न आयेंगे। **और अगर किसी तरह आ जायें तो फिर हम इसी तरह यहाँ बैठे पियेंगे। और कफ़न तीसरी बार मिलेगा।'**

हिन्दी 'कफ़न' में रेखांकित अंश नहीं है। जबकि यह अंश शराब के नशे में डूबे हुए एक पात्र का यथार्थपरक चित्रण प्रस्तुत करता है।

(च) उर्दू 'कफ़न' में घीसू कहता है, 'उसको कफ़न मिलेगा और उससे बहुत अच्छा मिलेगा जो हम देते।' हिन्दी 'कफ़न' में कहा गया है—'उसको कफ़न मिलेगा और बहुत अच्छा मिलेगा।' उर्दू पाठ में 'जो हम देते' जुम्ले से जो व्यंजनार्थ निकलता है, वह हिन्दी में लुप्त है।

(छ) उर्दू 'कफ़न' के अनुसार शराबख़ाने में आनेवाले लोगों से जुड़े जिन कारणों की बात कही गयी है, उनमें से एक कारण यह भी है : 'यहाँ आते थे सिर्फ़ ख़ुदफ़रामोशी का मज़ा लेने के लिए।' हिन्दी 'कफ़न' में यह कारण अनुपस्थित है। हालाँकि ख़ुदफ़रामोशी अर्थात् 'आत्मविस्मृति' एक महत्त्वपूर्ण कारण है, शराब के नशे में डूबे हुए लोगों के सन्दर्भ में।

हिन्दी पाठ में अतिरेक

'कफ़न' कहानी को हिन्दी में रूपान्तरित करने की प्रक्रिया में न केवल उपर्युक्त असावधानियाँ बरती गयी हैं, बल्कि कहीं-कहीं 'अतिरेक' भी किया गया है। अर्थात् मूल उर्दू 'कफ़न' में जो नहीं है वह हिन्दी 'कफ़न' में ठँसा हुआ है। उदाहरणार्थ :

(क) उर्दू 'कफ़न' में कफ़न ख़रीदने के लिए घीसू-माधो 'बाज़ार में इधर-उधर घूमते रहे। यहाँ तक कि शाम हो गयी।' जबकि हिन्दी 'कफ़न' में 'कभी इस बज़ाज की दूकान पर, कभी उसकी दूकान पर। तरह-तरह के कपड़े, रेशमी और सूती देखे; मगर कुछ जँचा नहीं।'

कहानी की संरचना को देखते हुए यह अंश अत्यन्त स्वाभाविक प्रतीत होता है किन्तु अफ़सोस कि उर्दू 'कफ़न' में प्रेमचन्द ने यह नहीं लिखा है।

(ख) उर्दू 'कफ़न' में है : 'फिर घीसू ने एक बोतल शराब ली, कुछ गज़क।' हिन्दी 'कफ़न' में इसके स्थान पर यह वाक्य है : 'फिर घीसू ने गद्दी के सामने जाकर कहा—"साह जी एक बोतल हमें भी देना।" इसके बाद कुछ चिखौना आया; तली हुई मछली आयी।'

इस परिवर्तन का मन्तव्य समझ में नहीं आता।

(ग) उर्दू 'कफ़न' में है : 'घीसू हँसा, कह देंगे रुपये कमर से खिसक गये, बहुत ढूँढ़ा, मिले नहीं।' जबकि हिन्दी 'कफ़न' में इसके आगे भी वह बोलता है : **'लोगों को विश्वास न आयेगा, लेकिन फिर वही रुपये देंगे।'** इस रेखांकित अंश को जोड़ने के पीछे क्या उद्देश्य था, पता नहीं।

(घ) उर्दू 'कफ़न' में है : 'घीसू ने इस तिफ़लाना (बचकाना) सवाल का कोई जवाब न दिया। **माधो की तरफ़ पुरमलामत अन्दाज़ से देखा।'**

हिन्दी 'कफ़न' में रेखांकित वाक्य के स्थान पर यह वाक्य मिलता है : 'वह परलोक की बातें सोचकर आनन्द में बाधा न डालना चाहता था।'

उर्दू 'कफ़न' का जुम्ला, 'माधो की तरफ़ पुरमलामत अन्दाज़ में देखा।' बेटे के प्रति बाप के घृणापूर्वक व्यवहार को व्यक्त करता है, जबकि हिन्दी का संवाद मात्र घीसू के भौतिक आनन्द को ही प्रकट कर पाता है, जो कि एकदम अस्वाभाविक है और निरर्थक भी।

(ङ) उर्दू 'कफ़न' के अन्त में घीसू और माधो की जो कैफ़ियत बयान की गयी है, उसके अनुसार उन्होंने 'भाव भी बताये' और आख़िरश नशे से बदमस्त होकर वहीं गिर पड़े। जबकि हिन्दी के 'कफ़न' में उन्होंने न सिर्फ़ 'भाव बताये', बल्कि 'अभिनय भी किये।' अनुवादक महोदय शायद यह नहीं जानते थे कि 'भाव बताना' और 'अभिनय करना' लगभग एक जैसे क्रियाव्यापार हैं।

शुद्धीकरण का महादोष

उर्दू 'कफ़न' में घीसू और माधो के संवाद लिखते समय प्रेमचन्द इतने सतर्क थे कि कहीं भी उन्होंने शब्दों के शुद्ध रूप नहीं लिखे हैं। शब्दों का जो उच्चारण गाँव का अपढ़ आदमी करता है, प्रेमचन्द ने उसी उच्चारण के शब्द लिखे हैं। यहाँ तक कि कहानी का शीर्षक भले ही 'कफ़न' हो, घीसू और माधो अपने संवादों में इस शब्द को 'कफ़न' बोलते हैं। प्रेमचन्द वहाँ काफ़, फ़े, नून वर्ष न लिखकर काफ़, 'पे', दुचश्मी हे, नून लिखा है। यही नहीं, उन्होंने 'बेवफाई' में 'फ़े' की जगह 'पे' एवं 'दुचश्मी हे', 'जमाना' में 'ज़े' की जगह 'ज़ीम', 'क़िफायत' में 'फ़े' की जगह 'पे' एवं 'दुचश्मीहे', 'खरच' में 'ख़े' की जगह 'काफ़' एवं 'दुचश्मीहे' और 'ज़्यादा' में 'ज़े' की जगह 'जीम' वर्ण लिखा है। लेकिन हिन्दी में ऐसे सारे शब्द शुद्धीकृत हो गये हैं। खुद 'माधो' हिन्दी में माधव हो गया है। यद्यपि उर्दू में 'माधो' और 'माधव' शब्द एक ही प्रकार से लिखे जाते हैं, फिर भी ऐसा लगता है कि प्रेमचन्द ने इस पात्र का नाम 'माधो' ही लिखा होगा, 'माधव' नहीं। इसी तरह उर्दू में 'बेदर्द' और 'बेदरद' एक ही तरह से लिखे जाते हैं, मगर यह नहीं लगता कि प्रेमचन्द ने घीसू से यह कहलाया होगा : 'तू बड़ा बेदर्द है बे?' (हिन्दी) बल्कि प्रेमचन्द के घीसू ने कहा होगा : 'तू बड़ा बेदरद है बे?' इस तरह के अन्य उदाहरण निम्नवत् हैं–

उर्दू	**हिन्दी**
सादी	शादी
मुदा	मगर
लास	लाश
अन्तरजामी	अन्तर्यामी
असीरबाद	आशीर्वाद
बिचारी	बेचारी
खुस	ख़ुश
भागवान	भाग्यवान्

यही नहीं, कुछ शब्दों के साथ तो अजीब-सा खिलवाड़ किया गया है। जैसे : 'ताज़ा' के स्थान पर 'ताज़ी'। यह परिवर्तन उसी तरह का है जैसे कोई मृत स्त्री के लिए 'मुर्दी' शब्द का प्रयोग करे। अगर यह शब्द (ताज़ी) किसी के संवाद का होता तो चल जाता, मगर यह तो प्रेमचन्द का शब्द है।

ख़ैर अनुवादक महोदय को इस काम के लिए तो धन्यवाद देना ही चाहिए कि प्रेमचन्द जी हड़बड़ी में जो गड़बड़ियाँ कर गये थे, उन्हें उन्होंने सुधार दिया है। जैसे : उर्दू 'कफ़न' में है : 'माधो दर्दनाक लहज़े में बोला, 'मरना ही है तो जल्दी मर क्यों नहीं जाती।' हिन्दी 'कफ़न' में यह वाक्य माधो 'चिढ़कर' बोलता है। माधो के उक्त कथन के सन्दर्भ में 'दर्दनाक लहजे' की अपेक्षा 'चिढ़कर' ज़्यादा सार्थक है। इसी तरह उर्दू 'कफ़न' में घीसू का संवाद है : 'जो लोग अभी एक पैसा नहीं दे रहे हैं, वही तब बुलाकर देंगे।' हिन्दी 'कफ़न' में यह संवाद इस प्रकार है : 'जो लोग अभी एक पैसा नहीं दे रहे हैं, वे ही कल बुलाकर रुपये देंगे।' हिन्दी 'कफ़न' का यह संवाद सटीक है।

उर्दू 'कफ़न' में है : '...घीसू दरख़्तों पर चढ़कर लकड़ियाँ तोड़ लाता और माधो बाज़ार से बेच लाता।' 'बाज़ार से बेच लाता' जुम्ला अटपटा है। हिन्दी का 'बाज़ार में बेच आता' एकदम सही है।

उर्दू 'कफ़न' में है : 'वसूली की मुतलक़ उम्मीद न होने पर लोग इन्हें कुछ-न-कुछ क़र्ज़ दे देते थे।' हिन्दी में 'न होने पर' के बाद जो 'भी' लगाया है, वह अत्यावश्यक था। इसी तरह उर्दू के 'भून-भूनकर खा लेते' को 'भून-भानकर खा लेते' करके अनुवादक ने अपनी सूझ का परिचय भी दिया है।

इस प्रकार के अन्य छोटे-मोटे संशोधन भी इस कहानी के हिन्दी रूप में हैं जो कहानी के पाठ को सहज बनाते हैं।

लेकिन कुल मिलाकर निष्कर्ष यही निकलता है कि अनुवादक महोदय ने प्रेमचन्द को नहीं समझा था। अगर समझा होता तो 'आत्मा' के स्थान पर 'आतमा', 'प्रसन्न' के स्थान पर 'परसन्न', 'हृदय' के स्थान पर 'हिरदय' आदि लिखता। घीसू के एक संवाद में 'चटनी' शब्द दो बार आया है, उसे संशोधित करके एक बार कर देता। और सबसे बड़ी बात यह है कि, वह 'मयख़ाना' के लिए कम-से-कम 'मधुशाला' शब्द का प्रयोग नहीं करता। वैसे, ऐसा प्रतीत होता है कि 'मधुशाला' शब्द के प्रयोग के पीछे बच्चन जी की 'मधुशाला' ही रही होगी; जो सन् 1935 में ही प्रकाशित हुई थी और तब तक वह अत्यन्त लोकप्रिय हो चुकी थी। लेकिन अच्छा अनुवादक 'मयख़ाना' को 'हौली' या 'ठेका' लिखता, 'मधुशाला' नहीं।

पुनश्च : यह अत्यन्त आवश्यक है कि प्रेमचन्द की प्रत्येक रचना का अध्ययन पाठालोचन के सिद्धान्त पर हो।

•

कफ़न : कैसा है हमारा समाज?

अमरकान्त

'कफ़न' कहानी पर कुछ लिखने से पहले कई बातें याद आ रही हैं। जिन दिनों मैं इलाहाबाद के एक दैनिक पत्र में काम करता था, एक शाम को समाचार-सम्पादक ने हम लोगों के कक्ष में आकर 'कफ़न' कहानी का प्लॉट सुनाना शुरू किया। कहानी सुनाते समय उनकी हँसी का अन्त नहीं था। मुझे अचम्भा इस बात पर हुआ कि उन्होंने जो कुछ कहा, उससे लगा कि 'कफ़न' हास्य रस की एक बड़ी मज़ेदार कहानी है।

बाद में 'कफ़न' के बारे में यह भी सुनने को मिला कि साहित्य का उद्देश्य उदात्त, महान्, शुभ एवं कल्याणकारी होता है। एक महान् साहित्यकार अपनी रचनाओं में मानवता के गीत गाता है। वह अपने साहित्य में मानव-मूल्यों को प्रतिष्ठित करता है। प्रेमचन्द द्वितीय कोटि के कथाकार हैं, उनकी कहानियाँ संकीर्णता की कहानियाँ हैं। जिस परिवेश को उन्होंने चुना है, वह अच्छे साहित्य के लिए उपयुक्त नहीं है।

प्रेमचन्द शताब्दी-वर्ष में प्रेमचन्द पर कुछ व्यक्तिगत ढंग के भी आरोप लगाये गये हैं। उर्दू में तो एक अच्छी-ख़ासी बहस चली है। प्रेमचन्द फ़िरक़ापरस्त थे। उनके जिगरी दोस्तों में कोई मुसलमान क्यों नहीं था? वह उर्दू से हिन्दी में क्यों आये? और न मालूम क्या-क्या? किसी लेखक के बारे में इस तरह की बहसें और आरोप दिलचस्प होते हैं, जो उस लेखक की जीवन्तता के परिचायक हैं। निवेदन केवल इतना ही है कि किसी रचनाकार पर निर्णय उसकी रचनाओं के आधार पर ही दिया जाना चाहिए।

प्रेमचन्द की कहानी 'कफ़न' सन् 1936 में छपी। यह उस समय लिखी गयी, जब कांग्रेस ने पूर्ण स्वतन्त्रता और आर्थिक आज़ादी का उद्देश्य स्वीकार कर लिया था। इस कहानी में प्रेमचन्द आर्थिक आज़ादी का पूरा खाका खींचने में सफल हुए हैं। आज़ादी के प्रति भावुकतापूर्ण व रूमानी लगाव से हमें वास्तविक आज़ादी नहीं मिल सकती। हमें ज़मीन पर उतरना होगा और वास्तविकता को सही-सही समझना होगा, तभी हम आज़ादी का सही-सही अर्थ भी समझ सकेंगे।

प्रेमचन्द ने इस कहानी में हासिल करने के लिए सही मुहावरों की रचना की है, जो एक महान् उपलब्धि है। उन्होंने मानवीय करुणा, मानवीय गरिमा, मानवीय स्वतन्त्रता सम्बन्धी धारणाओं, मान्यताओं एवं दृष्टिकोण की नयी व्याख्या प्रस्तुत की है। प्रेमचन्द की इस कहानी से हमें संवेदना के धरातल पर अपने देश व समाज, उसके ढाँचे व इतिहास को समझने में पूरी-पूरी मदद मिलती है। यह कहानी इतिहासबोध एवं भाव-बोध में परिवर्तन के लिए संघर्ष की चेतना से भी हमें सम्पन्न करती है। प्रेमचन्द ने 'कफ़न' के द्वारा हमारे साहित्य को चेतना के उस स्तर पर पहुँचा दिया है, जहाँ से पीछे देखना तो सम्भव है ही नहीं, उलटे साहित्य सम्बन्धी सम्पूर्ण धरणाओं, मान्यताओं एवं दृष्टिकोण में बदलाव आ गया है।

'कफ़न' में जिस समाज का चित्र पेश किया गया है उसके सम्बन्ध में शुरू में ही दो बातें कही जा सकती हैं। एक तो सदियों से हमारे समाज का ढाँचा क़रीब-क़रीब ऐसा ही रहा है, दूसरी बात यह है कि इस समाज के आधारभूत ढाँचे में अब भी कोई बदलाव नहीं आया है।

कैसा है यह समाज?

मोटे तौर पर इस समाज में तीन वर्ग दिखायी देते हैं। एक तो रात-दिन जी-तोड़ मेहनत करनेवाले किसानों का वर्ग है। दूसरे वर्ग के लोग किसानों की दुर्बलताओं का लाभ उठाकर अधिक सम्पन्न हो गये हैं। तीसरा वर्ग घीसू या माधव-जैसे लोगों का है, जो अछूत हैं।

स्पष्ट है कि यह क्रूर सामन्ती समाज है, जिसमें परिश्रम का कोई मूल्य नहीं, बल्कि परिश्रम दूसरे के फ़ायदे के लिए किया जाता है। जी-तोड़ मेहनत करनेवाले ये किसान निरीह और सरल हैं, इसलिए दूसरे आसानी से उनकी इस दुर्बलता से लाभ उठा लेते हैं। निरीहता व सरलता शोषण को बनाये रखने के लिए ज़रूरी हैं। ये किसान संख्या में तो काफ़ी हैं, पर वे 'विचार-शून्य समूह' के अलावा कुछ भी नहीं। विचारशून्य क्यों? बात यह है कि इस समाज में शोषण का तन्त्र इतना कठोर व निर्मम है कि विचार-शून्यता उसका लाज़िमी परिणाम है। विचारों से ही मनुष्य, मनुष्य बनता है। बिना विचारों का मनुष्य पशु के समान है। यदि इस समाज में असंख्य मेहनतकश लोगों को मनुष्य की तरह ज़िन्दा रहने दिया जाता तो उनमें विचार होता। और जब विचार होता तो उन्हें यह भी एहसास होता कि उनका शोषण हो रहा है। तब वे एकजुट होकर स्वाभिमानी मनुष्य की तरह जीवन व्यतीत करने की कोशिश करते।

मेहनतकश किसानों के अलावा अछूतों का भी एक वर्ग है, जिसके प्रतिनिधि घीसू व माधव हैं, जी-तोड़ मेहनत करने पर भी किसानों की दशा घीसू व माधव से अच्छी नहीं। उनके घर में मिट्टी के दो-चार बर्तन हैं। वे फटे चीथड़ों से अपनी नग्नता को ढके हुए हैं। क़र्ज़ से लदे हुए लेकिन चिन्ताओं से मुक्त। गालियाँ और मार खाते लेकिन कोई ग़म नहीं। दीन इतने कि वसूली की आशा न रहते हुए भी लोग उन्हें कुछ-न-कुछ दे ही देते। यदि वे साधु होते तो उन्हें सन्तोष व धैर्य के लिए संयम व नियम की बिलकुल ज़रूरत न होती। हाँ, हमारे समाज ने विवश शोषित लोगों की एक भारी फौज खड़ी कर रखी है। हर सामाजिक प्राणी को सन्तोष व धैर्य के लिए नियम-संयम की ज़रूरत होती है। घीसू-माधव जैसे लोगों के पास सन्तोष व धैर्य के लिए कुछ भी नहीं। वे समाज-बहिष्कृत हैं, समाज के नियम व संयम के क़ानून उनके लिए नहीं हैं। उनको मार-मारकर वहाँ खदेड़ दिया गया है, जहाँ परावलम्बी बनने के लिए वे मजबूर हैं और मार खाना, गाली सुनना, क़र्ज़ से लदे रहकर भी चिन्तामुक्त रहना उनकी मजबूरी बन गयी है। सदियों से घीसू-माधव के कुनबे को इस दुर्गति को अंगीकार करने का अभ्यास है और निरन्तर अभ्यास ही दूसरी प्रकृति बन जाता है।

हमारे समाज को भी दया करने का अभ्यास है। उच्चता के एहसास के लिए समाज में ऐसे लोगों का अस्तित्व ज़रूरी है, जिन पर दया-माया की जा सके। हम दया कर सकें और दूसरे उस दया पर ख़ुशी-ख़ुशी निर्भर रह सकें, यही है हमारी महान् नैतिकता, महान् करुणा, महान् दया, महान् मानवीय प्रतिष्ठा जिस पर हम शहादत के अन्दाज़ में गर्व किया करते हैं।

इस समाज के लोगों का विश्वास है कि दया-माया ऐसी चीज़ है, जिसकी वजह से भगवान् पापों को क्षमा कर देते हैं और परोपकार करनेवालों को स्वर्ग में जगह दे देते हैं। ग़ौर करें कि माधव की स्त्री प्रसव-वेदना से छटपटा रही है। माधव को चिन्ता होती है कि अगर बच्चा हो गया तो क्या होगा? घर में तो कुछ भी नहीं। घीसू उसे कुछ आश्वासन देता है।

यह समाज अपनी उच्चता के अहंकार में परम सन्तुष्ट है कि असंख्य लोग उसकी प्रजा और ग़ुलाम हैं, जो उसकी दया-माया पर निर्भर हैं। समाज इन ग़ुलामों को न ठीक से जीने देता है, न ठीक से मरने देता है। मरने इसलिए नहीं देता कि उसका ज़िन्दा रहना उसकी उच्चता बनाये रखने के लिए ज़रूरी है। और ठीक से ज़िन्दा रहने देने का मतलब है मनुष्यता व तज्जन्य स्वाभिमान के जीवन की ओर लौटना। शोषक समाज के लिए मानवीय चेतना व मानवीय स्वाभिमान एक ख़तरनाक चीज़ है। इस चेतना को पैदा न होने दो। लोगों की आत्मा को, उनके स्वाभिमान को, उनकी मनुष्यता को इस तरह कुचल डालो कि उनको एहसास ही न हो पाये कि वे मनुष्य हैं, बल्कि उनकी हालत जानवरों की तरह हो जाये।

इस क्रूर सामन्ती समाज का शासक है—साम्राज्यवाद की छाया में फलने-फूलनेवाला ज़मींदार वर्ग। उसका साथ देते हैं बनिया-महाजन, धर्माचार्य तथा अन्य उच्चवर्गीय लोग। जब माधव की स्त्री मर गयी तो लोगों की दया के प्रति आश्वस्त रहनेवाला घीसू मदद के लिए ज़मींदार के पास पहुँचता है। ज़मींदार उसकी ओर दो रुपये फेंक देता है। जब ज़मींदार ने रुपये दे दिये तो गाँव के बनिया-महाजन कैसे पीछे रहते? क्योंकि ज़मींदार जिसको चाहे उजाड़ सकता है। घीसू इसे जानता है, इसीलिए वह ज़मींदार की दुहाई देकर लाभ उठाता है।

लेकिन कफ़न का पैसा मिलने पर वे दोनों बहानेबाज़ी का तर्क देते हुए शराबख़ाने की ओर चल देते हैं। ऐसा सुनहरा अवसर जो उन्हें मुश्किल से मिला है। ऊँचे गुणों, उसूलों व नियमों से उन्हें क्या सरोकार? वे सब तो उस उच्च समाज के लिए हैं, जिसके पास इतनी सुख-सुविधाएँ हैं कि उनमें से कुछ त्याग करके वे महानता को अनुभव कर सकते हैं। उनके पास क्या है? वे जानते हैं कि वे समाज पर निर्भर हैं। और समाज भी उनकी विपन्नता व भिखमंगई से परम सन्तुष्ट है। फिर क्या वे उस समाज से आशा नहीं कर सकते कि वह हर हालात में उनके या उनके बीवी-बच्चों के लिए कफ़न का इन्तज़ाम करेगा? नहीं, नहीं, कफ़न ज़रूर मिलेगा, फिर मिलेगा, बार-बार मिलेगा।

•

समाज ने ज़िन्दगी भर नंगा रखा, भूखा रखा, जब दवा-दारू की ज़रूरत थी तो उसकी व्यवस्था न की, यहाँ तक कि झाड़-फूँक के लिए भी पैसा नसीब न हुआ, जिससे कम-से-कम सन्तोष तो हो जाता—लेकिन उस समाज की आत्मा मर नहीं गयी है, उसमें पर्याप्त धार्मिक भावना है। धार्मिक संस्कारों के प्रति हमारा समाज सजग है। वह लाश को नंगी हालत में कभी भी नहीं ले जाने देगा। उसके लिए कफ़न का इन्तज़ाम अवश्य करेगा।

दरअसल, 'कफ़न' एक स्तर पर क्रूर सामन्ती शोषण का प्रतीक है तो दूसरे स्तर पर वह उसके अन्तर्विरोध को भी प्रकट करता है। हमारे समाज में जो वैषम्य है, उसका ऐसा संवेदनात्मक चित्रण इसके पहले और बाद में भी किसी लेखक ने प्रस्तुत नहीं किया। अन्तर्विरोध को समझे बग़ैर सच्चाई को समझा नहीं जा सकता। प्रेमचन्द ने सामन्ती समाज के अन्तर्विरोधों का इस तरह चित्रण किया है कि हमारी सहानुभूति मेहनतकश किसानों तथा अछूत वर्ग के लोगों के साथ हो जाती है। इसीलिए यह शोषण के विरुद्ध संघर्ष की चेतना की कहानी भी बन जाती है। संघर्ष की चेतना कैसे? इसका एक उदाहरण प्रस्तुत करना उचित होगा। समाज ने दया करके उन्हें कफ़न के जो पैसे दिये, उनसे वे कफ़न नही ख़रीदते बल्कि शराब पी जाते हैं। समाज के इस महान् पुण्य की अवहेलना करके वे मस्ती की दुनिया में डूब जाते हैं। यह मस्ती उन्हें दार्शनिक बना देती है। इस दार्शनिकता के मूड में वे स्वर्ग-नरक का विवेचन करते हैं। नशे में झूठा-से-झूठा आदमी सच बोलने लगता है। वास्तविक जीवन में घीसू व माधव लात-जूता खाते हैं। लेकिन नशे में सच्चाई उनके मुँह से निकलने लगती है। आख़िर स्वर्ग का कौन हक़दार है? माधव की औरत ने न किसी को सताया, न दबाया, मरकर भी उसने घीसू-माधव को एक ऐसा मौक़ा दिया कि उन्होंने डटकर पूड़ियाँ खायीं, शराब पी तथा वे सब सुख-दुःख भूल गये। स्वर्ग की हक़दार वही हो सकती है। स्वर्ग क्या ग़रीबों को दोनों हाथों से लूटनेवाले जायेंगे? इस लूट के बल पर वे ख़ूब मोटे हो गये हैं और अपने-आपको भूलने के लिए धार्मिक कृत्य करते हैं।

यही है विरोध चेतना की चिनगारी जो शोषण के पहाड़ के नीचे दबी ग़रीबों की आत्मा में कहीं धीमे-धीमे जल रही है, जो घीसू के मुँह से सच्चाई के रूप में निकलकर चमक उठती है। इस चिनगारी के ऊपर से शोषण व अन्याय की राख के पहाड़ को हटाना पड़ेगा, फिर इस चेतना की चिनगारी को सुलझाना पड़ेगा। और जब मेहनतकश किसानों तथा घीसू-माधव जैसे लोगों के दिलों में ग़रीबी, शोषण व अन्याय से मुक्ति की आग निरन्तर जलने लगेगी, तभी यह अन्यायी व्यवस्था समाप्त हो सकेगी और एक ऐसे समाज की व्यवस्था क़ायम की जा सकेगी, जिसमें शोषण नहीं होगा। इस तरह 'कफ़न' देश की राजनीतिक, सामाजिक, आर्थिक एवं सांस्कृतिक आज़ादी तथा मानवीय मूल्यों, मानवीय प्रतिष्ठा, मानवीय गरिमा तथा धर्म आदि को देखने की एक सर्वथा नयी दृष्टि और नयी परिभाषा देती है। यह नयी दृष्टि और नयी परिभाषा व

अन्याय का विरोध कर न्याय, समता व मानवीय भाईचारे की नयी व्यवस्था क़ायम कर सकेगी। असंख्य लोगों की आर्थिक आज़ादी के बिना न्याय व समता की व्यवस्था क़ायम नहीं की जा सकती, इसलिए यह कहानी हमारी आर्थिक आज़ादी के ढाँचे—उसके व्यापक क्षेत्र को भी परिभाषित करती है। इस आज़ादी की 'नींव' है—मेहनतकश और अछूत लोगों की एकता व मुक्ति। इनके उत्थान और इन्हीं के चतुर्मुखी विकास के आधार पर निर्मित हमारी राजनीतिक, सामाजिक, आर्थिक व सांस्कृतिक आज़ादी सार्थक हो सकती है। इनको छोड़कर आज़ादी की कोई भी कल्पना संकीर्ण, बेमानी और अन्ततः शोषण के वर्तमान तन्त्र को बनाये रखने के समान होगी।

'कफ़न' साम्राज्यवाद, सामन्तवाद व हर प्रकार के शोषण के चरित्र को खोलने व उसका प्रतिकार तथा विरोध करनेवाली ऐसी सशक्त कृति है, जो आगे भी हमारी यात्रा के मार्ग को उजागर करती है और उस मार्ग पर चलने के लिए देश को नयी चेतना व नये मुहावरों से लैस करती है। व्यापक मानव-प्रेम व मानवीय भाईचारे के प्रति आस्था के बिना ऐसी कहानी लिखी ही नहीं जा सकती।

('सारिका' के 16 जुलाई, 1980 के अंक में प्रकाशित)

•

'कफ़न' : आर्थिक चेतना के जटिल आयाम

भीष्म साहनी

बहुत दिन तक 'कफ़न' मुझे अच्छी नहीं लगी। मैं इसे प्रेमचन्द की प्रतिनिधि कहानियों में नहीं मानता था। यार-दोस्त जब उसकी तारीफ़ करते तो मैं चुप रहता, पर मुझे उनका उत्साह अखरता था। मैं अक्सर उसे 'झूठी आधुनिकता' का ही लक्षण मानता, क्योंकि सभी तरह की नकारात्मकता आधुनिक मानी जाने लगी थी। इस पर प्रेमचन्द ने अपनी इस कहानी का कहीं ज़िक्र नहीं किया था। एक जगह पर प्रेमचन्द ने अपनी सर्वप्रिय बारह कहानियाँ गिनायी हैं, और उनमें यह कहानी शामिल नहीं है। यह भी मेरे लिये इस बात का प्रमाण था कि प्रेमचन्द स्वयं इसका ऊँचा मूल्य नहीं आँकते थे। ज़माना था—आज भी है—जब दोस्तों को जीवन के भयावह, रोमांचकारी, वीभत्स चित्र ज़्यादा पसन्द हैं। उनकी नज़र में आशापूर्ण दृष्टिकोण साहित्य में दकियानूसीपन की निशानी है, टूटे हुए मनुष्य का चरित्र आधुनिक है, आदि-आदि। मैं सोचता था कि 'कफ़न' की वाहवाही इस कारण अधिक है कि वह 'आधुनिकता' के मानदण्डों के ज़्यादा अनुकूल बैठती है। और चूँकि वह प्रेमचन्द की क़लम से निकली थी इसलिए उसे आधुनिक लेखन की एक अच्छी मिसाल के रूप में भी प्रस्तुत किया जा सकता था। इस तरह की टिप्पणियाँ भी पढ़ने को मिलतीं कि 'कफ़न' तक पहुँचते-पहुँचते प्रेमचन्द अपनी थोथी आदर्शवादिता से मुक्ति पा चुके थे और अपनी

कहानियों में नग्न यथार्थ को प्रस्तुत करने लगे थे। इस तरह की टिप्पणियाँ तो और भी ज़्यादा मुझे अखरा करती थीं, मानो 'कफ़न' और ऐसी ही दो-एक 'नग्न यथार्थ' की कहानियों को छोड़कर प्रेमचन्द की शेष लगभग तीन सौ कहानियों का कोई मूल्य न हो।

पर सच यह था कि मैंने यह कहानी बहुत बरस पहले पढ़ी थी, और एक ही बार पढ़ी थी। बाद में इसकी चर्चा ही सुनता और करता रहा था। ऐसा अक्सर होता है। सन् '40 में पढ़ी रचना पर हम सन् '80 में बड़े जोश-ख़रोश के साथ बहस करते हैं। बेशक, हर सशक्त कहानी अपना प्रभाव छोड़ जाती है, वर्षों तक वह प्रभाव बना रहता है, लेकिन यह ज़रूरी नहीं कि वह कहानी का यथोचित प्रभाव ही हो। मेरे अधकचरे युवा मस्तिष्क ने घीसू और माधव की अमानुषिकता का प्रभाव तो ग्रहण कर लिया था, लेकिन वह उन मूल तत्त्वों को समझने में असमर्थ रहा था जिनकी रोशनी में ही उनकी अमानुषिकता समझ में आती है।

जब कहानी पढ़ी थी तो घीसू और माधव बड़े घृणास्पद जीव लगे थे, सहानुभूति के स्थान पर उनके प्रति मन में घृणा जागी थी, उनकी स्वार्थपरता, नीचता आदि के कारण। माधव की पत्नी के मर जाने पर गहरा सदमा हुआ था। और मन ने कहा था, ऐसे चरित्रों को दिखाने में क्या तुक है जो इतने गिरे हुए हैं। आख़िर क्यों? किस उद्देश्य से प्रेमचन्द ने इनके बारे में कहानी लिख डाली है, जबकि प्रेमचन्द के दिल में वंचित अपहृत लोगों के प्रति गहरा संवेदन पाया जाता है जबकि उनके उत्पीड़न से भरे अन्धकारमय जीवन में यदि उन्हें कहीं प्रकाश की लौ नज़र आती है तो इस मानवीयता में, कहीं-न-कहीं उनमें टिमटिमाती रहती है, कहीं भूखे पेट रहकर भी अपना कौर बाँटकर खाने में, कहीं उनकी सत्यप्रियता के रूप में झलकती है और वे मानवेतर व्यवहार तक कर जाते हैं। पर यहाँ माधव और घीसू से ज़्यादा नीच कौन होगा? लगता था प्रेमचन्द ने एक ऐसा कथानक और एक ऐसी स्थिति चुनी थी जो उनकी सामान्य दृष्टि से बिलकुल मेल नहीं खाती थी, जिसमें मनुष्य की मानवीयता उजागर न होकर उसकी पाशविकता सामने आयी है। इसीलिए न यथार्थ के नाम पर ही यह कहानी मुझे रुचती थी, और न चरित्र-चित्रण के धरातल पर ही।

पर अब मैं अपनी राय बदलने पर बाध्य हुआ हूँ और शर्मिन्दा महसूस करता हूँ कि इतनी उत्कृष्ट रचना को अपनी नासमझी के कारण नकारता रहा हूँ।

घीसू और माधव का व्यवहार तो घृणास्पद है ही। पर क्या कहानी के अन्त तक पहुँचते-पहुँचते हमारी दृष्टि उनके प्रति वही बनी रहती है जो कहानी के आरम्भ में थी, जब झोंपड़ी के अन्दर माधव की पत्नी प्रसव-पीड़ा में छटपटा रही थी और बाहर बाप-बेटा भुने हुए आलू खाने में मस्त थे?

प्रेमचन्द की सबसे दर्दनाक कहानियाँ वे हैं जो भूख, प्यास और ठिठुरन आदि के इर्द-गिर्द बुनी गयी हैं, जीवन की अति साधारण माँगों के परिप्रेक्ष्य में वे इन्सान को

जिन्दगी और मौत से जूझता हुआ दिखाते हैं, उनके जीवन की दारुण स्थिति इन्हीं पर केन्द्रित होकर सामने आती है। इन विषयों पर वही आदमी कहानी लिख सकता है जिसने अभाव में वर्षों तक जूझते रहनेवाले इन्सानों को देखा हो और उनकी पीड़ा जानी हो। लगता है ग़रीब की दुनिया में सब-कुछ गौण है, प्रसूति में चिल्लाने और अन्त में दम तोड़ जानेवाली पत्नी गौण है, पिता-पुत्र और पति-पत्नी का रिश्ता भी गौण है, भुने हुए दो आलू सबसे अधिक महत्त्व रखते हैं। यह वह दुनिया है जहाँ भूख ने सभी मूल्यों को असंगत बना दिया है। इस वातावरण में उतरने पर प्रेमचन्द पाते हैं कि भद्र समाज में पाये जानेवाले मूल्यों का यहाँ कोई अर्थ नहीं रह गया है। 'ठाकुर का कुआँ' में जोखू की पत्नी डरी-सहमी औरत है, पर 'कफ़न' का घीसू अपना डर, अपनी शर्म-हया को तिलाञ्जलि दे चुका है, वह जानता है कि उसकी दुनिया सांस्कृतिक मूल्यों पर नहीं, केवल दो जून की रोटी पर चलती है। और उसे बेटे के मुँह में से छीनकर खा लेना, उसकी मरती पत्नी की ओर पीठ फेरकर भी खा लेना असंगत नहीं जान पड़ता। इसमें कुछ भी अटपटा नहीं है।

प्रेमचन्द इन बाप-बेटा के निठल्लेपन, बेहयाई, अकर्मण्यता पर बहुत-कुछ लिखते हैं। सारे गाँव में इन पर कोई विश्वास नहीं करता, पर एक जगह पर आकर वह कहते हैं कि इनमें काम करने की इच्छा मर गयी है क्योंकि इन्होंने देख लिया है कि काम करनेवाले भी इन्हीं की तरह खाली पेट ही जी रहे हैं। यहाँ आकर प्रेमचन्द हमारे समाज की उस मूल विसंगति को निरावृत करते हैं जिसके परिप्रेक्ष्य में हम इन दो पात्रों के व्यवहार और चरित्र को एक दूसरे ही रूप में देखने और समझने लगते हैं। कहानी के मूल में वह सामाजिक विसंगति है जो न केवल इन दो पात्रों के बल्कि गाँव में रहनेवाले अमीर-ग़रीब सभी के जीवन के पट खोलने लगती है।

"एक ऐसे समाज में जहाँ दिन-रात पसीना बहानेवालों की स्थिति इनसे बेहतर नहीं, और किसानों के मुकाबले में वे लोग जो किसानों की दुर्बलताओं से लाभ उठाना जानते थे, कहीं ज़्यादा सम्पन्न थे, वहाँ इस तरह की मनोवृत्ति का पैदा हो जाना कोई अचरज की बात न थी।"

एक ऐसे समाज में जहाँ मेहनत करो तो भी भूखों मरो, और न मेहनत करो तो भी भूखों मरो, वहाँ मेहनत न करना, लम्बे पड़े रहना एक तरह की गहरी सूझ का ही परिचायक है। और प्रेमचन्द तो कहते हैं कि घीसू तो किसानों की तुलना में ज़्यादा चुस्त था क्योंकि वह ख़ाली हाथ रहनेवाले मेहनतकशों की पाँत में शामिल होने के बजाय "बैठकबाज़ों की कुत्सित मण्डली में जा मिला था।" ये बैठकबाज़ गाँव के धनी लोग थे जो घीसू की भाँति निठल्ले पड़े रहते थे लेकिन इस कारण कि "किसानों की दुर्बलताओं से लाभ उठाना जानते थे...गाँव के सरगना और मुखिया बने हुए थे।"

इस एक टिप्पणी से प्रेमचन्द अपनी कहानी का प्रयोजन स्पष्ट कर देते हैं और घीसू और माधव की मनःस्थिति को भी। घीसू और माधव को कम-से-कम इस बात

का सन्तोष तो है कि वे अन्य किसानों की तरह खेती पर अपनी हड्डियाँ नहीं तोड़ते, और चतुर धनी उनके सीधेपन का लाभ तो नहीं उठाते, बल्कि उल्टे वे सभी का शोषण करते हैं, जैसे-तैसे उनसे पैसे ऐंठ लेते हैं। जब माधव पूछता है :

"मैं सोचता हूँ, कोई बाल-बच्चा हुआ तो क्या होगा? सोंठ, गुड़, तेल कुछ भी तो नहीं है घर में।"

तो घीसू जवाब देता है :

"सब-कुछ आ जायेगा।...जो लोग अभी एक पैसा नहीं दे रहे हैं वे ही कल बुलाकर रुपये देंगे। मेरे नौ लड़के हुए, घर में कभी कुछ न था, मगर भगवान् ने किसी-न-किसी तरह बेड़ा पार ही लगाया।"

साठ वर्ष की उम्र तक पहुँचते-पहुँचते, घीसू ने अपने समाज को समझ लिया है, उसकी अकर्मण्यता के पीछे उसका आलसीपन ही नहीं, बल्कि एक दार्शनिक सूझ भी है, और यही दार्शनिक सूझ उसे जगह-जगह पर बड़ी पैनी टिप्पणी करने पर बाध्य करती है।

माधव की पत्नी मर जाती है और ये दोनों कफ़न जुटा पाने के लिए बाज़ार में पैसे माँगने निकलते हैं, और जब पाँच रुपये की रक़म बटोर लेते हैं तो घीसू कहता है :

"कैसा बुरा रिवाज़ है कि जिसे जीते-जी तन ढकने को चीथड़ा भी न मिले, उसे मरने पर नया कफ़न चाहिए।"

यह भी सामाजिक स्थिति का विडम्बनापूर्ण कटु सत्य ही है।

इस सामाजिक परिप्रेक्ष्य में घीसू और माधव इतने घृणास्पद नहीं लगते। हम उनकी स्थिति को समझ जाते हैं और हमारा ग़ुस्सा उनसे हटकर उस सामाजिक पद्धति के प्रति बढ़ने लगता है जो अच्छे-भले मनुष्यों को गिरावट के इस धरातल तक पहुँचा देती है।

इसके बाद, धीरे-धीरे दिल में गहरा दर्द भी उठने लगता है। घीसू ने बीस वर्ष पहले एक बार भरपेट भोजन किया था, कि आज तक वैसा भोजन वह फिर से नहीं कर पाया, जब खा चुकने पर उससे 'खड़ा नहीं हुआ जाता था और वह चटपट जाकर अपने कम्बल पर लेट गया था। कहानी फिर मानवीय सद्भावना की पटरी पर आ जाती है। घीसू साठ साल का होने को आया, पर इस लम्बी जीवन-यात्रा में भरपेट भोजन कर पाने के अवसर गिने-चुने ही थे। इस भोज की चर्चा घीसू और माधो के प्रति एक प्रकार की करुणा जगाती है। साथ ही उस साामाजिक विडम्बना पर भी चोट करती है जहाँ अकर्मण्य, निठल्ले ज़मींदार ही ऐसे भोज भी जुटा पाते हैं।

बाप उस भोज का क़िस्सा सुनाता है जो ठाकुर की बरात के समय बीस साल पहले हुआ था और जिसमें उसने डटकर भोजन किया था। उसने तो बीस साल पहले भरपेट भोजन किया था, पर उसके बेटे माधव पर क्या बीत रही है? जो दत्तचित्त उसका क़िस्सा सुन रहा है, वह बाप से पूछता है :

"तुमने बीस एक पूरियाँ खायी होंगी?"

"बीस से ज़्यादा खायी होंगी।"

"मैं पचास खा जाता।"

और इसके फ़ौरन ही बाद लेखक हमें उनकी तत्कालीन स्थिति पर लौटा लाता है :

"आलू खाकर दोनों ने पानी पिया और अलाव के सामने अपनी धोतियाँ ओढ़कर पाँव पेट में डाले सो रहे।...और बुधिया अभी तक कराह रही थी।"

कुण्ठित, निराश, पतित लोगों की कहानी पढ़कर मन पर नकारात्मक-सा प्रभाव होता है, कुछ त्रास का, कुछ सामाजिक जीवन की भयावहता का। लेकिन 'कफ़न' पढ़ते हुए मात्र यही प्रभाव नहीं होता। दिल दर्द से भर उठता है।

मांस-मछली और शराब के सेवन के बाद इनकी इन्सानियत जाग उठती है। यों तो पहले भी बुधिया के प्रति इनकी भावना अच्छी थी, जैसे-तैसे जोड़-तोड़ करके उनके जीवन में व्यवस्था लाने में उसकी कोशिशों को स्वीकार करते थे। लेखक भी इसी आशय की टिप्पणी यदा-कदा करता है :

"जब से यह औरत आयी थी, उसने इस खानदान में व्यवस्था की नींव डाली और इन दोनों बेग़ैरतों का दोज़ख़ भरती रही थी।"

एकाध बार घीसू इस बात का भी संकेत करता है कि अगर जेब में पैसे होते तो शायद वे उसे इस तरह मरने नहीं देते, उसका कुछ इलाज करते :

"यही पाँच रुपये पहले मिलते तो कुछ दवा-दारू कर लेते।"

हालाँकि घीसू की ज़बान पर विश्वास नहीं होता, पैसे हाथ में आने पर तो वह ज़रूर मांस-मछली की ओर ही मुँह करता।

पर शराब पीकर उनकी दबी-कुचलती इन्सानी हमदर्दी ज़रूर जाग उठती है। और वे बुधिया के प्रति आभार का भाव बार-बार व्यक्त करने लगते हैं :

"बड़ी अच्छी थी बेचारी। मरी तो ख़ूब खिला-पिलाकर।"

कहानी का यह स्थल लेखक की महान् सर्जनात्मक कल्पनाशक्ति से हमें प्रभावित किये बिना नहीं रहता।

वह, इतनी अच्छी कि ख़ुद मरकर भी हमें भरपेट खाना खिला गयी।

इसके कुछ ही देर बाद घीसू दार्शनिक भाव से बोला :

"हमारी आत्मा प्रसन्न हो रही है तो क्या उसे पुन्न न होगा?"

जीवन में तो वे उसे सुख नहीं दे पाये, पर मृत्यु के बाद वे उसके सुख की ही कामना करते हैं।

वे इस भरपेट भोजन के लिए इतने कृतज्ञ हैं कि माधव श्रद्धा से सिर झुकाकर प्रार्थना करता है :

''भगवान् तुम अन्तर्यामी हो, उसे बैकुण्ठ ले जाना। हम दोनों हृदय से आशीर्वाद दे रहे हैं। आज जो भोजन मिला, वह उम्र-भर कभी न मिला था।''

इन पात्रों की अमानुषिकता कहीं पीछे छूट जाती है और भावनात्मक स्तर पर कहानी में नये-नये आयाम जुड़ने लगते हैं। वह नयी-नयी बुलन्दियाँ छूने लगती हैं। इन दोनों का व्यवहार तो बहुत बुरा था, पर इनकी इन्सानियत अभी मरी नहीं है, न ही महसूस करने की इनकी क्षमता। केवल विडम्बना यह है कि शराब पीकर ही ये लोग इन्सान बन पाते हैं।

भरपेट भोजन के बाद वे कुछ पूरियाँ और बची-खुची मछली पास में खड़े एक भिखारी को बड़ी दरियादिली से दे देते हैं। और वे जीवन में पहली बार ''देने के गौरव, आनन्द और उल्लास का अनुभव करते हैं।''

''ले जा, ख़ूब खा और आशीर्वाद दे, जिसकी कमाई है वह तो मर गयी, मगर तेरा आशीर्वाद उसे ज़रूर पहुँचेगा। रोएँ-रोएँ से आशीर्वाद दो। बड़ी गाढ़ी कमाई के पैसे हैं।''

माधव ने फिर आसमान की तरफ़ देखकर कहा, ''वह बैकुण्ठ में जायेगी दादा, बैकुण्ठ की रानी बनेगी।''

''हाँ बेटा, बैकुण्ठ में जायेगी, किसी को सताया नहीं, किसी को दबाया नहीं। मरते-मरते हमारी ज़िन्दगी की सबसे बड़ी लालसा पूरी कर गयी।''

नरक में तो केवल औरों को सताने-दबानेवाले लोग जाते हैं ''जो ग़रीबों को दोनों हाथों से लूटते हैं और अपने पाप को धोने के लिए गंगा में नहाते हैं और मन्दिरों में जल चढ़ाते हैं।

पर जब नशे के असर में माधव यह याद करके कि, 'उस बेचारी ने जिन्दगी में बड़ा दुःख भोगा, कितना दुःख झेलकर मरी' रोने लगा तो उसके पिता ने ढाढ़स बँधाते हुए कहा :

''क्यों रोता है बेटा, ख़ुश हो कि वह माया-जाल से मुक्त हो गयी। जंजाल से छूट गयी। बड़ी भाग्यवान् थी कि इतनी जल्दी माया-मोह के बन्धन तोड़ दिये।''

घीसू ठीक ही कहता है। बुधिया ज़िन्दा रहती तो सारा जीवन तिल-तिल कर ही बिताती। ख़ुशकिस्मत थी जो जल्दी ही इस यातनापूर्ण जीवन से मुक्ति पा गयी।

बुधिया से जुड़ा हुआ यह स्थल कहानी में गहरी मानवीयता और सद्भावना भर देता है और बुधिया एक देवी-सी जान पड़ने लगती है। उसने अपने अल्प जीवन में केवल दिया ही, माँगा कुछ नहीं, और जो मरकर भी इनकी सेवा करती रही—इन्हें भरपेट भोजन जुटा गयी। इनकी दृष्टि में, भूखे पेट बुधिया उपेक्षित है, पर भरपेट 'बैकुण्ठ की रानी' है। और वे स्वयं भूखे पेट जानवर हैं, और भरपेट नशा कर चुकने पर इन्सान बन जाते हैं, उनकी मानवीयता जाग उठती है।

इस तरह घीसू और माधव के माध्यम से लेखक सामाजिक जीवन की विसंगतियों और विडम्बनाओं को, परत-दर-परत, उघाड़ता चला जाता है और इन नकारात्मक पात्रों को आधार-रूप मानकर उस समाज का पूरा विश्लेषण कर देता है जो इस प्रकार के पात्रों को जन्म देता है। लेखक का कमाल इसी में है कि इतने अमानुषिक पात्रों को लेकर वह गहरी मानवीय भावनाओं से भरी कहानी लिखने में समर्थ हुआ है। यह कहानी प्रेमचन्द की इस सामाजिक मान्यता को प्रमाणित करने का विलक्षण उदाहरण है कि इन्सान का चरित्र उसके सामाजिक परिवेश की उपज होता है।

कहानी में कहीं कोई बिखराव नहीं, कोई ढीलापन नहीं। हर मोड़ पर नये-नये आयाम जुड़ते हैं, जहाँ एक ओर सामाजिक परिप्रेक्ष्य खुलता और ज़्यादा साफ़ होता जाता है, वहाँ कहानी उत्तरोत्तर पैनी होती चली जाती है, उसकी चुभन ज़्यादा तेज़ होती चली जाती है। कहानी में पात्रों का हृदय-परिवर्तन नहीं होता, 'बुरे' लोग 'अच्छे' नहीं बन जाते, केवल हमें बुरे लोग कम बुरे नज़र आने लगते हैं। जो कहानी दो पात्रों से शुरू हुई थी वह समाज के व्यापक परिप्रेक्ष्य को उघाड़कर समाप्त होती है, लेकिन कहानी के केन्द्र में फिर भी वे दोनों बाप-बेटे ही खड़े हैं। यह मात्र उन्हीं की कहानी न रहते हुए भी उन्हीं की कहानी है।

लगता है कहानी एक साँस में लिखी गयी थी, क्योंकि जिस जज़्बे से लिखी जाने लगी थी वह कहीं टूटता नहीं, बल्कि एक वाक्य दूसरे वाक्य को सुझाता है, एक प्रसंग दूसरे प्रसंग का रास्ता खोलता चला जाता है, कहानी अपने-आप आगे बढ़ती चली जाती है। लगता है लिखते समय प्रेमचन्द का दिल इतना भरा हुआ था कि उनकी क़लम कहीं थमी नहीं, बस, लिखती ही चली गयी। [1980]

•

प्रेमचन्द की विवादास्पद कहानी : 'कफ़न'

नन्दकिशोर नवल

'कफ़न' प्रेमचन्द की सर्वश्रेष्ठ कहानी ही नहीं है, यह उनकी सर्वाधिक विवादास्पद कहानी भी है। इसे लेकर ग़ैरप्रगतिशील लेखकों और विद्वानों में ही नहीं, प्रगतिशील लेखकों और विद्वानों में भी तरह-तरह के मत देखने को मिलते हैं। समकालीन ग़ैरप्रगतिशील लेखकों के एक प्रतिनिधि राजेन्द्र यादव ने लिखा है : " 'कफ़न' और 'पूस की रात' की तारीफ़ करते समय क्या हमने कभी यह भी सोचने की ज़रूरत महसूस की कि हृदय-परिवर्तन का आदर्शवाद छोड़कर प्रेमचन्द हृदय-स्तब्धता या विजड़ित-संवेदना के बिन्दु पर साँस तोड़ते हैं? इसे मैंने कभी डिक्लासिफ़िकेशन (अवर्गीकरण) की प्रक्रिया में डिह्यूमैनाइज (अमानवीकरण) होना कहा था। आज लगता है कि यह स्तब्ध-संवेदना की वैसी ही स्थगित स्थिति है जैसे फ़िल्म में फ्रीज-दृश्य, यानी

बात चाहे 'नमक का दारोग़ा', 'बड़े घर की बेटी', 'शंखनाद' के हृदय-परिवर्तन की हो या 'कफ़न' और 'पूस की रात' की स्तब्ध-संवेदना (स्टुपिफिकेशन) की—प्रेमचन्द एक बिन्दु के बाद अपने को विचित्र अन्धी गली में पाते हैं।" (प्रेमचन्द की विरासत, पृ. 86-87) **बलराज साहनी** प्रगतिशील झुकाववाले लेखक माने जाते रहे हैं। उन्होंने भी एक स्थल पर 'कफ़न' के सम्बन्ध में प्रतिकूल विचार ही व्यक्त किये हैं। उनका कहना है : " 'कफ़न' प्रेमचन्द की एक गौण कहानी है, जिसमें उन्होंने पहली बार अपने देश के मनुष्यों को ऐसे ढंग से पेश किया है जिससे भारत-निन्दक मिस मेयो के नक़्शेक़दम पर चलनेवाले साम्राज्य-समर्थक अंग्रेज़, अमरीका और पश्चिमी लेखकों के बयानों का समर्थन मिलता है।" (नयी कहानियाँ, नवम्बर, 1965) अभी-अभी 'दस्तावेज' का प्रेमचन्द-विशेषांक आया है, जिसमें मध्यमार्गी आलोचक **डॉ. बच्चन सिंह** ने 'कफ़न' के बारे में यह लिखते हुए कि "जो लोग इसे प्रगतिवादी कहानी सिद्ध कर देते हैं वे भी मूल्यांकन को कम गुमराह नहीं करते", इसे आधुनिकता-बोध यानी व्यर्थता-बोध की कहानी बतलाया है। (अप्रैल-जुलाई, 1980) दूसरी ओर **पं. नन्ददुलारे वाजपेयी** और **डा. नामवरसिंह** जैसे आलोचक हैं, जो 'कफ़न' के सम्बन्ध में एकदम भिन्न मत रखते हैं। वाजपेयी जी ने अपना आलोचक-जीवन आचार्य रामचंन्द्र शुक्ल और प्रेमचन्द के उग्र विरोध से शुरू किया था, लेकिन आगे चलकर उन्होंने साहित्य-सम्बन्धी अपने दृष्टिकोण को बहुत-कुछ सन्तुलित किया। उन्होंने 'कफ़न' कहानी का विश्लेषण संक्षेप में इस रूप में किया है : " 'कफ़न' कहानी की विशेषता यह है कि इसमें मनोवैज्ञानिक चित्रण के साथ एक कठोर सामाजिक वास्तविकता भी चित्रित हुई है। बल्कि यह कहना चाहिए कि सामाजिक चित्रण के अन्तर्गत ही मनोवैज्ञानिक छाया-चित्र उपस्थित हुए हैं। घीसू और माधव का चोरी के आलू खाना—उस समय जब माधव की स्त्री प्रसव-वेदना से मरणासन्न हो रही है, और दुबारा उन दोनों का शराब की दूकान पर ताड़ी पीना—उस पैसे से, जो कफ़न के लिए चन्दे में मिले हैं, अत्यन्त मर्मपूर्ण जीवन-परिस्थिति के द्योतक हैं। यह चित्रण मनोविज्ञान के लिए मनोविज्ञान का चित्रण नहीं है, बल्कि जीवन की वास्तविकता का चित्र है। इसी कारण यह चित्र इतना मार्मिक हो सका है। घीसू और माधव अपने समस्त अवगुणों और दोषों के रहते हुए भी हमारी सहानुभूति से वंचित नहीं होते। पाठक का सारा ध्यान समाज के उस प्रपीड़न की ओर खिंच जाता है, जिसके परिणामस्वरूप घीसू और माधव हैं।" (प्रेमचन्द : चिन्तन और कला, सं. डॉ. इन्द्रनाथ मदान, पृ. 131-32) डॉ. नामवरसिंह मार्क्सवादी आलोचक हैं। उनका कहना है कि प्रेमचन्द की 'गोदान' और 'कफ़न'—जैसी अन्तिम दिनों की कृतियों में उनके यथार्थवाद का परिष्कृत रूप देखने को मिलता है। (मार्च, 1980 में दिल्ली में आयोजित प्रेमचन्द-सम्बन्धी अन्तरराष्ट्रीय संगोष्ठी में पठित 'ए ब्रीफ नोट ऑन नॉवेल एण्ड रियलिज्म' शीर्षक आलेख) फरवरी, 1980 में उन्होंने पटना में प्रेमचन्द-सम्बन्धी जो व्याख्यान दिये, उनमें उन्होंने स्पष्ट शब्दों में कहा कि " 'कफ़न' को निराशा की कहानी समझना भूल होगी, वह शोषण के प्रति विद्रोह की

कहानी है।" (पदक्षेप, मार्च, 1980) इस मतवैभिन्य को देखते हुए यह जानने की इच्छा स्वाभाविक है कि वस्तुतः 'कफ़न' कहानी का प्रतिपाद्य क्या है?

राजेन्द्र यादव के इस कथन का कि 'कफ़न' में प्रेमचन्द "हृदय-स्तब्धता या विजड़ित-संवेदना के बिन्दु पर साँस तोड़ते हैं" और "एक बिन्दु के बाद अपने को विचित्र अन्धी गली में पाते हैं" यह मतलब है कि परिस्थिति घोर निराशाजनक है, मनुष्य को स्तब्ध और जड़ बना देनेवाली, और प्रेमचन्द के पास उससे निकलने का रास्ता नहीं है। यहाँ हम राजेन्द्र यादव का ध्यान 'कफ़न' कहानी के उस अंश की ओर आकृष्ट करना चाहेंगे, जिसमें प्रेमचन्द कहते हैं : "जिस समाज में रात-दिन मेहनत करनेवालों की हालत उनकी (घीसू और माधव की) हालत से बहुत-कुछ अच्छी न थी, और किसानों के मुक़ाबले में वे लोग, जो किसानों की दुर्बलताओं से लाभ उठाना जानते थे, कहीं ज़्यादा सम्पन्न थे, वहाँ इस तरह की मनोवृत्ति का पैदा हो जाना कोई अचरज की बात न थी।" ये बातें सामन्ती भूमि-व्यवस्था की ओर संकेत करती हैं और हमारे मन में उसके प्रति विरोध जगाती हैं। जैसे-जैसे घीसू और माधव का अमानवीकृत रूप हमारे सामने आता है, वैसे-वैसे सामन्ती भूमि-व्यवस्था का घृणित रूप स्पष्ट हो जाता है और हमारा विरोध-भाव विद्रोह-भाव में बदलता जाता है। ऐसी स्थिति में यह समझना कि प्रेमचन्द को आगे का रास्ता नहीं सूझ रहा था, पूरी तरह से ग़लत है। क्या 'आगे का रास्ता' दिखलाने के लिए कहानी की संरचना से अलग अन्त में चिप्पी की तरह उससे लगे हुए आदर्श का होना ज़रूरी है? यथार्थ-बोध के साथ-साथ 'कफ़न'-जैसी कहानियों में प्रेमचन्द की कला भी परिपक्वता को प्राप्त कर रही थी। यह ताज्जुब की ही बात है कि आज के प्रतिष्ठित कथाकार भी प्रेमचन्द की कला के उस रूप को नहीं समझ पाते। यह भी सम्भव है कि वे उसे समझकर भी ग़लत व्याख्या के सहारे अपने हक़ में उसका इस्तेमाल करने का प्रयास करते हों। 'कफ़न' में चूँकि सरल रूप में प्रगतिशील सिद्धान्तों का विनियोग नहीं हुआ है, बलराज साहनी ने एकबारगी ही उसे प्रगति-विरोधी कहानी घोषित कर दिया है। इतना ही नहीं, उन्होंने उक्त कहानी में प्रेमचन्द के चित्रण को राष्ट्रीय सम्मान का प्रश्न बना दिया है और कहा है कि उसमें भारतीय जनों को जिस रूप में प्रस्तुत किया गया है उससे भारतनिन्दक विदेशियों को बल प्राप्त होगा। यहाँ प्रश्न उठता है कि 'कफ़न' के प्रसंग में कौन-सी बात विचारणीय हो सकती है—भारत-निन्दा और भारत-स्तुति या सामाजिक यथार्थ का साक्षात्कार? दूसरे, भारत-प्रेम किसमें है—भारत के यथार्थ पर पर्दा डालने में या उसे दिखलाकर उसे बदलने की प्रेरणा देने में? हम समझते हैं कि 'कफ़न' में प्रेमचन्द ने यथार्थवादी साहित्यकार के लिए जो सही रास्ता है वही अपनाया है और उसमें उन्होंने अपने जिस उत्कट भारत-प्रेम का परिचय दिया है, वह अन्यत्र दुर्लभ है। संसार के सभी महान् यथार्थवादी साहित्यकारों ने अपने-अपने देश के सामाजिक यथार्थ का निर्ममतापूर्ण ढंग से चित्रण किया है। निश्चय ही उसके पीछे उनका उद्देश्य अपने देश के निन्दकों को

मसाला देना नहीं, बल्कि अपने देश को उस स्थिति से उबारना रहा है। उनकी पद्धति को ऊपर से देखकर उन पर कोई फ़ैसला देना ग़लत होगा। ज्ञातव्य यह है कि वह पद्धति वे अपने उद्देश्य में और सफल होने के लिए ही अपनाते हैं। मार्क्सवादी सौन्दर्यशास्त्रियों की यह दृढ़ मान्यता है कि यथार्थ के सच्चाई और विविधता से युक्त प्रस्तुतीकरण की जगह कोई आदर्शात्मक दृष्टान्त नहीं ले सकता। यदि ऐसा हुआ तो निश्चित ही उससे कलात्मक सच्चाई क्षतिग्रस्त होगी और कला का जो सामाजिक प्रभाव होता है, उसमें कमी आयेगी।

यह सही है कि अलगाव (Alienation) बड़े पैमाने पर पूँजीवादी व्यवस्था में होता है, पर वह सामन्ती व्यवस्था में भी अनुपस्थित नहीं रहता। उसका सम्बन्ध वस्तुतः व्यक्तिगत सम्पत्ति और विरोधपूर्ण श्रम-विभाजन से है। वर्ग-भेदवाले समाज में, जिसमें एक वर्ग दूसरे वर्ग के श्रम के फल को हथिया लेता है, अलगाव की भावना का फैलना लाजिमी है। अलगाव की यह भावना श्रमिकों में शारीरिक और नैतिक गिरावट लाती है और उनके जीवन के वास्तविक सम्बन्धों को विकृत बना देती है। 'कफ़न' कहानी में प्रेमचन्द सामन्ती व्यवस्था के अलगाव और उसके परिणाम का चित्रण करते हैं। अलगाव के अनेक परिणाम हो सकते हैं। वे उनमें से एक परिणाम—अमानवीकरण—को लेते हैं और उसे घीसू और माधव के माध्यम से प्रस्तुत करते हैं। डॉ. बच्चन सिंह ने 'कफ़न' कहानी के विश्लेषण के क्रम में अलगाव की चर्चा ठीक की है, लेकिन उनका यह कहना सही नहीं है कि यह कहानी व्यर्थता-बोध थी और इसलिए आधुनिकता-बोध की कहानी है। पूरी कहानी में घीसू और माधव कहीं अपने को व्यर्थ नहीं समझते और शुरू से अन्त तक अमानवीकृत रूप में अपने को जीवित रखने का प्रयास करते हैं। उनके सारे सम्बन्ध विकृत हो गये हैं, उदाहरणार्थ पिता-पुत्र का सम्बन्ध, पति-पत्नी का सम्बन्ध, श्वसुर-पुत्रवधू का सम्बन्ध, ग्रामीणों के साथ उनका सम्बन्ध आदि, पर वे उन्हें चलाते रहना चाहते हैं, जीवन से ऊबकर आत्महत्या कर लेना नहीं चाहते, जो कि व्यर्थता-बोध की चरम परिणति है। डॉ. सिंह ने जिस आधुनिकता-बोध पर बल दिया है, वह क्या है? उनका यह आधुनिकता-बोध आधुनिकतावादवाला आधुनिकता-बोध है, जिसमें जीवन-स्थितियों को बदलने की कोई चाह नहीं होती और जो इतिहास-बोध से पूर्णतः शून्य होने के कारण निराशा और अनास्था का प्रचारक होता है। प्रेमचन्द 'कफ़न' में अलगावजनित अमानवीकरण का चित्रण करते हैं, पर आधुनिकता-बोध का शिकार होकर वे निराशा और अनास्था का प्रचार नहीं करते। ऊपर 'कफ़न' कहानी से जो अंश उद्धृत किया गया है, उससे यह स्पष्ट है कि वे ख़ास दृष्टि-बिन्दु से सामन्ती व्यवस्था में चलनेवाली अमानवीकरण की प्रक्रिया को देखते हैं और उसे समाप्त करने के लिए सामन्ती उत्पादन-सम्बन्ध को बदलने की प्रेरणा देते हैं। ऐसी स्थिति में 'कफ़न' को आधुनिकता-बोध की कहानी कहना पूरी तरह से ग़लत है। यह आधुनिकतावाद के प्रभाव में आधुनिकता-बोध को एक मूल्य मानकर प्रेमचन्द पर उसे आरोपित करना है। इससे आलोचक का गौरव बढ़े तो बढ़े, प्रेमचन्द का गौरव नहीं बढ़ता है। राजेन्द्र यादव ने तो यहाँ तक लिख दिया है कि 'कफ़न'-जैसी कहानियों

में प्रेमचन्द अपना 'अवर्गीकरण' करते-करते अपने 'अमानवीकरण' तक पहुँच गये हैं। यह कौन-सी समझ है? क्या अलगाव का चित्रण ख़ुद अलगाव-बोध से ग्रस्त होना है? क्या अमानवीकरण का चित्रण करना ख़ुद अमानवीकृत होना है? 'कफ़न' के साक्ष्य से प्रेमचन्द पर इसका इलजाम क़तई नहीं लगाया जा सकता, क्योंकि इस कहानी में उनके दृष्टि-बिन्दु एकदम स्पष्ट हैं। वे सही जगह पर खड़े होकर घीसू और माधव की गतिविधियों का निरीक्षण करते हैं और उनके अमानवीकरण के मूल कारण की ओर संकेत करते हुए उसे ख़त्म करने के लिए चलनेवाले संघर्ष में एक लेखक के रूप में अपना योगदान देते हैं।

मानना पड़ेगा कि पं. नन्ददुलारे वाजपेयी ने 'कफ़न' को उपर्युक्त लेखकों और विद्वानों की तुलना में ज़्यादा बेहतर ढंग से समझा है। उन्होंने 'कफ़न' के ऊपर उद्धृत अंश पर ध्यान दिया है और उसमें आनेवाले 'मनोवृत्ति' शब्द के अर्थ को ठीक-ठीक समझा है। इस शब्द के कारण ही उन्होंने इस कहानी को 'राजनीति और समाज-सम्बन्धी' कहानियों के खाने में न रखकर 'मनोविज्ञान-सम्बन्धी' कहानियों के खाने में रखा है, लेकिन उनकी पैनी दृष्टि से इस कहानी में चित्रित 'सामाजिक वास्तविकता' ओझल नहीं रह सकी है। उनका यह कथन ध्यातव्य है : "'कफ़न' कहानी की वास्तविकता यह है कि इसमें मनोवैज्ञानिक चित्रण के साथ एक कठोर सामाजिक वास्तविकता भी चित्रित हुई है।" वे प्रेमचन्द के कथा-साहित्य में चित्रित मनोविज्ञान के स्वरूप से परिचित हैं, इसलिए जानते हैं कि उनमें मनोवैज्ञानिक चित्रण सामाजिक-आर्थिक स्थितियों से स्वतन्त्र रूप में नहीं आता। इसी कारण उन्होंने अगला वाक्य यह लिखा है, जो कि काफ़ी महत्त्वपूर्ण है : "बल्कि यह कहना चाहिए कि सामाजिक चित्रण के अन्तर्गत ही मनोवैज्ञानिक छाया-चित्र उपस्थित हुए हैं।"' 'कफ़न' के प्रभाव के सम्बन्ध में वाजपेयी जी का कहना है : "पाठक का सारा ध्यान समाज के उस प्रपीड़न की ओर खिंच जाता है, जिसके परिणामस्वरूप घीसू और माधव, घीसू और माधव हैं।" कहने की आवश्यकता नहीं कि 'कफ़न' कहानी के प्रतिपाद्य को वाजपेयी जी ने बिलकुल ठीक-ठीक समझा है और विदग्धतापूर्वक उस प्रभाव का संकेत किया है, जो कि यह कहानी वस्तुतः पाठकों पर डालती है। डॉ. नामवरसिंह ने यह कहकर कि इस कहानी को "निराशा की कहानी समझना भूल होगी, वह शोषण के प्रति विद्रोह की कहानी है", उसके प्रतिपाद्य को पूर्णतया स्पष्ट कर दिया है।

'कफ़न' की अन्यतम विशेषता यह है कि इसमें प्रेमचन्द ने घीसू और माधव के रूप में दो साँचे में ढले हुए अमानवीकृत चरित्र नहीं प्रस्तुत कर दिये हैं। इन दोनों के चरित्रों पर ग़ौर करने से यह स्पष्ट हो जाता है कि वे अत्यन्त सजीव और यथार्थ चरित्र हैं। प्रेमचन्द ने यथार्थ की पूरी जटिलता के साथ इन चरित्रों का अंकन किया है। कहानी के आरम्भ में ही उन्होंने लिखा है : "रह-रहकर उसके (बुधिया के) मुँह से ऐसी दिल हिला देनेवाली आवाज़ निकलती थी, कि दोनों कलेजा थाम लेते थे।" बुधिया की तेज कराह से घीसू और माधव का कलेजा थाम लेना इस बात का सबूत है कि वे

अमानवीकृत हो गये थे, पर उनकी मानवीय संवेदना पूरी तरह से समाप्त नहीं हुई थी। साधनहीनता और निरुपायता के कारण वह केवल जड़ हो गयी थी। घीसू अपने शोषण को अच्छी तरह से समझता था। वह माधव से कहता है : "अब तो सबको क़िफायत सूझती है। सादी-ब्याह में खर्च मत करो, क्रिया-कर्म में खर्च मत करो। पूछो, गरीबों का माल बटोर-बटोरकर कहाँ रखोगे? बटोरने में तो कमी नहीं है। हाँ, खर्च में क़िफायत सूझती है।" उसे इस बात का सन्तोष भी था कि वह अभावग्रस्त है, पर दूसरे उसका शोषण तो नहीं करते। प्रेमचन्द के शब्दों में, "उसे यह तसकीन तो थी ही कि अगर वह फटेहाल है तो कम-से-कम उसे किसानों की-सी जाँ-तोड़ मेहनत तो नहीं करनी पड़ती, और उसकी सरलता और निरीहता से दूसरे लोग बेजा फ़ायदा तो नहीं उठाते।" घीसू और माधव दोनों को धार्मिक रीति और सामाजिक वस्तुस्थिति इन दोनों के अन्तर्विरोध का भी एहसास है। इसका पता उन दोनों की उस समय की बातचीत से चलता है, जब वे कफ़न ख़रीदने के लिए बाज़ार पहुँचते हैं। घीसू कहता है कि "कैसा बुरा रिवाज़ है कि जीते जी तन ढाँकने को चीथड़ा भी न मिले, उसे मरने पर नया कफ़न चाहिए।" इस पर माधव यह टिप्पणी करता है कि "कफ़न लाश के साथ जल ही तो जाता है।" घीसू पुनः कहता है : "और क्या रखा रहता है? यहाँ पाँच रुपये पहले मिलते, तो कुछ दवा-दारू कर लेते।" वे उन रुपयों से बुधिया के लिए दवा लाने की ग़लती कभी नहीं करते, पर उनकी यह बातचीत उक्त अन्तर्विरोध से उनकी अभिज्ञता सूचित करती है। इसी तरह जब माधव ने भरपेट खाकर बची हुई पूड़ियों का पत्तल उठाकर एक भिखारी को दे दिया, "देने के गौरव, आनन्द और उल्लास का अपने जीवन में पहली बार अनुभव किया।" इसका मतलब यह है कि उनमें सचेतनता अभी किसी-न-किसी मात्रा में शेष थी।

दूसरी ओर हम देखते हैं कि घीसू और माधव केवल अमानवीकृत यानी मानवीय संवेदना से शून्य ही नहीं हैं, उनके साथ और बातें भी हैं, उनके चरित्र में और विशेषताएँ भी हैं। घीसू के कहने पर जब प्रसव-पीड़ा से तड़पती बुधिया को देखने के लिए माधव नहीं जाता, तो वह उससे कहता है : "तू बड़ा बेदर्द है बे। साल-भर जिसके साथ सुख-चैन से रहा, उसी के साथ इतनी बेवफाई।" ये पुत्र-पिता और श्वसुर-पुत्र-वधू के सम्बन्ध हैं, जिनकी शालीनता घीसू के जीवन से समाप्त हो गयी है। घीसू और माधव इन दोनों में जीवन की कोई ललक नहीं थी, इसलिए उनमें 'असन्तोष' की भावना नहीं थी। प्रेमचन्द ने लिखा है कि "अगर दोनों साधु होते, तो उन्हें सन्तोष और धैर्य के लिए, संयम और नियम की बिलकुल ज़रूरत न होती।" इस सबका परिणाम यह हुआ था कि वे पहले दर्जे के निकम्मे हो गये थे। "घीसू एक दिन काम करता तो तीन दिन आराम। माधव इतना कामचोर था कि आध घण्टे काम करता तो घण्टे भर चिलम पीता। इसलिए उन्हें कहीं मज़दूरी नहीं मिलती थी। घर में मुट्ठी-भर भी अनाज़ मौजूद हो, तो उनके लिए काम करने की क़सम थी। जब दो-चार फ़ाके हो जाते तो घीसू पेड़ पर चढ़कर लकड़ियाँ तोड़ लाता और माधव बाजार से बेच लाता। और जब तक वह

पैसे रहते, दोनों इधर-उधर मारे-मारे फिरते। गाँव में काम की कमी न थी। किसानों का गाँव था, मेहनती आदमी के लिए पचास काम थे। मगर इन दोनों को लोग उस वक़्त बुलाते, जब दो आदमियों से एक ही का काम पाकर भी सन्तोष कर लेने के सिवा और कोई चारा न होता।'' इस निकम्मेपन के कारण दोनों क़र्ज़खोर और चोर भी हो गये थे। आत्मसम्मान की भावना को उन्होंने दफ़ना दिया था और लोक की चिन्ता से पूरी तरह छुट्टी पा ली थी। ''संसार की चिन्ताओं से मुक्त! क़र्ज़ से लदे हुए। गालियाँ भी खाते, मार भी खाते, मगर कोई भी ग़म नहीं।...मटर, आलू की फसल में दूसरों के खेतों से मटर या आलू को उखाड़ लाते और भून-भानकर खा लेते या दस-पाँच ऊख उखाड़ लाते और रात को चूसते।'' वे झूठे भी इतने थे कि बुधिया के मरने के बाद ज़मींदार के यहाँ जाकर घीसू ने ज़मीन पर सिर रखकर आँखों में आँसू भरे हुए कहा—''सरकार! बड़ी विपत्ति में हैं। माधव की घरवाली रात को गुजर गयी। रात भर तड़पती रही सरकार! हम दोनों उसके सिरहाने बैठे रहे। दवा-दारू जो कुछ हो सका, सब-कुछ किया, मुदा बहू हमें दगा दे गयी।'' प्रेमचन्द ने घीसू और माधव के मनोविज्ञान की अद्भुत परख का परिचय वहाँ दिया है, जहाँ लिखा है कि ''जबसे वह (बुधिया) आयी, यह दोनों और भी आलसी और आरामतलब हो गये थे। बल्कि कुछ अकड़ने भी लगे थे, कोई कार्य करने को बुलाता, तो निर्व्याज भाव से दुगुनी मजदूरी माँगते।'' ये दोनों किस हद तक अमानवीकृत हो गये थे इसका संकेत प्रेमचन्द ने कहानी के शुरू में ही वहाँ पर दिया है, जहाँ ''यह दोनों शायद इसी इन्तजार में थे कि वह मर जाये, तो आराम से सोयें'' और जहाँ ''माधव को भय था, कि वह कोठरी में गया, तो घीसू आलुओं का बड़ा भाग साफ़ कर देगा।'' इस अमानवीकरण की चरम सीमा कफ़न के पैसे से दोनों के बैठकर तली हुई मछलियों के साथ 'शान्तिपूर्वक' दारू पीने में प्रकट होती है।

इस विवरण से यह स्पष्ट है कि वस्तुतः प्रेमचन्द ने घीसू और माधव के रूप में सरल ढंग से दो अमानवीकृत चरित्र नहीं प्रस्तुत कर दिये हैं, बल्कि मानव-चरित्र की पूरी जटिलता में प्रवेश करते हुए उन्होंने ये त्रासद चरित्र गढ़े हैं। इनके प्रभावशाली होने का यही कारण है।

'कफ़न' के सम्बन्ध में एक बात यह भी कही जाती है कि इसमें जिस घटना का वर्णन किया गया है, यह यथार्थ नहीं है, यानी समाज में ऐसा नहीं देखा जाता कि कोई कफ़न के लिए चन्दे से प्राप्त पैसों से दारू पी जाये। समझा जाता है कि आदमी कितना भी गिरा हुआ क्यों न हो, वह इस हद तक नहीं जा सकता है और जायेगा भी तो वह सामान्य सच्चाई न होगी। यहाँ यह ज्ञातव्य है कि 'कफ़न' में प्रेमचन्द ने कल्पना से काम लिया है और घीसू और माधव का चित्रण किंचित् अतिरंजित रूप में किया है, लेकिन इससे कहानी का यथार्थ क्षतिग्रस्त नहीं हुआ है, बल्कि वह और उभरकर सामने आया है। कल्पना और कल्पना तथा अतिरंजना और अतिरंजना में फ़र्क़ होता है। प्रेमचन्द अपनी आरम्भिक कहानियों में कभी-कभी शुद्ध कल्पना के सहारे उसका

अन्तिम अंश रचा करते थे। 'कफ़न' का अन्त वैसी कल्पना से नहीं रचा गया। यहाँ कल्पना का उपयोग उस भयावह यथार्थ को पकड़ने के लिए किया गया है, जो शुद्ध यथार्थवादी विधि से किसी तरह पकड़ में नहीं आ सकता था। असल चीज़ कल्पना या अतिरंजना नहीं, बल्कि यथार्थ का सार-तत्त्व है। यदि साहित्य में उसे उद्‌घाटित किया जा सका है, तो फिर यह बात गौण है कि उसकी विधि क्या रही है। लूकाच ने लिखा है कि मार्क्सवादी सौन्दर्यशास्त्र उस प्रकृतिवादी सूक्ष्म और विस्तृत चित्रण को, जिसमें सारभूत गतिशील सामाजिक शक्तियों की अभिव्यक्ति नहीं होती है, अस्वीकार करता है, लेकिन हॉफमान और बालजाक की ऐन्द्रजालिक कथाओं को यथार्थवादी साहित्य की सर्वोच्च उपलब्धि मानता है, क्योंकि उनमें इन्द्रजाल के ही माध्यम से उक्त सारभूत शक्तियों को प्रकट किया गया है। 'कफ़न' के घीसू और माधव निश्चय ही किसी हद तक काल्पनिक और अतिरंजित चरित्र हैं, पर उनके माध्यम से अत्यन्त सशक्त रूप में इस सच्चाई का उद्‌घाटन हुआ है कि मनुष्य की जीवन-दशा सामाजिक-आर्थिक कारणों से निर्धारित होती है। इसी सच्चाई के उद्‌घाटन में 'कफ़न' की यथार्थ-दृष्टि और कहानी-कला की प्रौढ़ता निहित है।

•

यह किसका कफ़न है?

डॉ. बच्चन सिंह

सैमुअल बेकेट बहुत कम बोलता था। फिर भी एक दिन उसने ब्रिटिश नाटककार हेराल्ड पिण्टर से कहा—'मेरी किसी भी कृति का कोई रूप नहीं है।' पिण्टर तुरन्त बोला—'यह क़तई सच नहीं है। मनुष्य ने इस दुनिया में जो विकृति फैला रखी है, उस पर तुमने एक व्यवस्था और रूप को प्रतिष्ठित किया है।' बेकेट थोड़ा रुका। उसे एक अस्पताल याद आया। वहाँ एक व्यक्ति गले के कैन्सर से जूझ रहा था, तड़प रहा था। बेकेट बुदबुदाया—'चारों ओर फैली चुप्पी में मैं निरन्तर उसकी चीख़ सुनता रहा—सुनता रहा। मेरी कृतियों का यही एकमात्र रूप है और यही एकमात्र वस्तु (काण्टेण्ट) है।'

—शामलाल, ए हण्ड्रेड इनकाउण्टर्स

कफ़न में निरन्तर बुधिया की प्रसव-पीड़ा, चीख़, कराह, बेचैनी बजती रहती है। यदि पाठक बहरा नहीं है तो कहानी की बुनावट और बनावट में उसे सुनता रहता है। कफ़न की यह एकमात्र वस्तु है और एकमात्र रूप है। हिन्दी आलोचना का दुर्भाग्य है कि आलोचक उसके विन्यास से बाहर जाकर उस पर समाजशास्त्र थोपता रहता है। साहित्य की सर्जनात्मकता से उसका कोई सरोकार नहीं रहता। वस्तुतः इस सरोकार के भीतर से ही विविध क्षेत्रों के ज्ञान के अन्तःसम्बन्धों की तलाश होनी चाहिए। ये अन्तःसम्बन्ध केवल साहित्य में ही होते हैं। इसीलिए स्वयं कार्ल मार्क्स बालजाक पर

एक पुस्तक लिखना चाहता था। किन्तु अनेकानेक व्यस्तताओं और भाग-दौड़ के कारण नहीं लिख सका। प्रेमचन्द के साहित्य के सर्जनात्मक पक्ष से आँखें मूँदकर कोई उनमें गाँधीवाद ढूँढ़ लेता है तो कोई मार्क्सवाद या समाजवाद। दलितों के मुन्शी या लेखपाल डॉ. धर्मवीर ने इसे दलितों से अलग करके सामन्तों के नाम इन्दराज कर रखा है। मूलतः इसी कहानी के आधार पर 'प्रेमचन्द सामन्त का मुन्शी' एक किताब ही लिख मारी है। इस किताब के बहाने प्रेमचन्द को सामन्तों का मुन्शी तो नहीं सिद्ध किया जा सका, उनका चरित्र-हनन ज़रूर किया गया है।

'कफ़न' प्रेमचन्द के कथा-साहित्य का शीर्ष है। यहाँ तक पहुँचने में प्रेमचन्द को लम्बा फ़ासला तय करना पड़ा। दास्तानों से चलकर आर्यसमाज की सुधारवादी डगर और गाँधीवाद, सत्याग्रह, लगानबन्दी, हृदय-परिवर्तन और आश्रमों की स्थापना के बीहड़ मार्ग को लाँघते-फलाँगते अपनी निजी सोच के गन्तव्य पर पहुँच सके हैं। 'गोदान' में तो वे रोमाण्टिकता से मुक्त नहीं हो पाते। मालती-मेहता का प्रसंग गोदान का बॉलीवुड है। किन्तु कफ़न रोमांच विरहित जीवन का एक ठोस मेटाफेरिक नाट्यबिम्ब है। साहित्य को मार्क्सवाद से नत्थी करना उन्हें मान्य नहीं था। प्रगतिशील लेखक संघ के पहले अधिवेशन (1936) की अध्यक्षता करते हुए उन्होंने कहा था कि साहित्य स्वभाव से ही प्रगतिशील होता है। वाल्टर बेंजामिन आधे मन से ही मार्क्सवादी था। उसे आज की यातनाओं के चित्रण से परहेज़ नहीं था, क्योंकि वह समाज की तह की सच्चाई थी। लेकिन वह निराशा के सामने घुटने टेकने को तब तक तैयार न था जब तक वह ज़िन्दगी को अलविदा न कह दे। खेद है कि इतने बड़े मेधावी और प्रबुद्ध चिन्तक को नाजियों से डर था। उसने आत्महत्या कर ली। भारत में साम्राज्यवादी शासन था, फासीवादी नहीं। अन्यथा प्रेमचन्द का क्या होता, कहा नहीं जा सकता। प्रेमचन्द ने जीवन से अलविदा कभी नहीं कहा। कफ़न के बुझे हुए अलाव में चिनगारी बची हुई है।

प्रेमचन्द धीरे-धीरे अपने को बदल रहे थे। 'कफ़न' में तो उनकी भाषा बदली हुई है, मुहावरे बदले हुए हैं। थीम भी एकदम भिन्न है—न सुधारवादी, न आश्रमवादी। एक शोषित तबके का 'डी-ह्यूमनाइज़्ड' ठाठ। शैली में विसंगति और विडम्बना का गहरा पुट है। यों तो इसका रंग 'शतरंज के खिलाड़ी' में भी है। खिलाड़ी की विडम्बना थके-हारे सामन्ती समाज की है और 'कफ़न' की सही अर्थों में सर्वहारा की। अपनी परवर्ती रचनाओं में उनके हीरो एण्टी हीरो हो गये हैं। इस सन्दर्भ में रंगभूमि के सूरदास और गोदान के हीरो को याद किया जा सकता है। कफ़न के घीसू-माधव तो चोटी के एण्टी हीरो हैं। वे कथित यथार्थ और व्यवस्था के विरुद्ध खड़े हैं। देश का भविष्य इन्हीं एण्टी हीरो पर निर्भर है। दूसरे शब्दों में ये ही एण्टी हीरो भविष्य के हीरो हैं।

कहा जाता है कि महाभारत पढ़ने के पूर्व 'शान्तिपर्व' पढ़ लेना चाहिए। उसी तरह 'कफ़न' पढ़ने के पूर्व 'महाजनी सभ्यता' लेख पढ़ना आवश्यक है। यदि 'महाजनी

सभ्यता' को थोड़ा और फैला दिया जाये तो इसकी झलक या इसका विकास भूमण्डलीकरण, बाज़ारवाद, उदारवाद में दिखायी देगा।

'कफ़न' उनकी अन्तिम कहानी है—'सड़ा सेब' को छोड़कर। यह किसका कफ़न है? स्वयं प्रेमचन्द का? इसी वर्ष उनकी मृत्यु हो जाती है—कि उनके पूर्व आदर्शों, मान्यताओं, विश्वासों, आस्थाओं का? कि बुधिया और शोषक व्यवस्था का? एक-न-एक दिन तो इस व्यवस्था को भी मरना ही है। प्रेमचन्द ने कफ़न तैयार कर रखा है।

'चमारों का एक कुनबा था और सारे गाँव में बदनाम। घीसू एक दिन काम करता और तीन दिन आराम। माधव इतना कामचोर था कि आधे घण्टे काम करता तो घण्टे भर चिलम पीता। इसलिए इन्हें कहीं मज़दूरी नहीं मिलती थी। घर में मुट्ठी भर अनाज मौजूद हो तो उनके लिए काम करने की क़सम थी। जब दो-चार फ़ाक़े हो जाते, तो घीसू पेड़ पर चढ़कर लकड़ियाँ तोड़ लाता और माधव बाज़ार में बेच आता तथा जब तक पैसे रहते, दोनों इधर-उधर मारे-मारे फिरते।'

प्रश्न उठता है कि यह किसने किया? पिकासो की 'ग्वेर्यनिका' की याद आ जाती है। एक गेस्टापो ने पिकासो से पूछा, "ऐसा किसने किया?" पिकासो का छोटा-सा उत्तर था, "तुमने किया।" यही प्रश्न अगर 'कफ़न' को लेकर पूछा जाता तो शायद प्रेमचन्द का उत्तर होता, महाजनी सभ्यता ने। इसका ट्रेस आगे की पंक्तियों में मिल जाता है—"घर में मिट्टी के दो-चार बर्तनों के सिवा कोई सम्पत्ति नहीं। फटे चीथड़े से अपनी नग्नता को ढके हुए जीते जाते थे। संसार की चिन्ताओं से मुक्त। क़र्ज़ से लदे हुए। गालियाँ भी खाते, मार भी खाते मगर कोई ग़म नहीं।"

उर्दू में लिखी गयी कहानी का हिन्दी अनुवाद कहीं अच्छा है तो कहीं ख़राब। उर्दू कहानी के 'कफ़न' के कुछ वाक्यों को हिन्दी के 'कफ़न' में छोड़ दिया गया है। जाफ़र रज़ा का कहना है कि हिन्दीवाले उर्दू के प्रेमचन्द को नहीं जानते हैं और उर्दूवाले हिन्दी के प्रेमचन्द को। दोनों प्रेमचन्दों को जाने बिना प्रेमचन्द का सही मूल्यांकन नहीं हो सकता। उर्दू के कुछ शब्दों का हिन्दी में सही अनुवाद नहीं हो सका है। उर्दू में लिखी एक कहानी का शीर्षक है—'दूध की क़ीमत'। इसका हिन्दी अनुवाद है—'दूध का दाम'। अनुवाद कहानी की व्यंजकता को ही नष्ट कर देता है। इससे साफ़ है कि स्वयं प्रेमचन्द ने अनुवाद नहीं किया है। 'दाम' मुहावरा नहीं बन पाता। यदि उर्दू की कहानियों को नागरी में छाप दिया जाये तो बहुत-सी ग़लतफ़हमियाँ दूर हो सकती हैं।

'कफ़न' के बारे में अब भी कम ग़लतियाँ नहीं हो रही हैं। दलितों ने उनकी मुख़ालिफ़त के लिए एक मोर्चा खोल रखा है। हाल में ही डॉ. धर्मवीर की एक पुस्तक छपी है—'प्रेमचन्द : सामन्त का मुन्शी'। शायद दलित आलोचना का मॉडल। इस पुस्तक में ज़्यादातर 'कफ़न' कहानी का ज़िक्र आया है। धर्मवीर दो बातों से बेहद ख़फ़ा हैं : 'चमार' शब्द के प्रयोग पर और ज़मींदार को 'दयालु' कहने पर। 'चमार' शब्द एक ऐसे वर्ग का सूचक था जो सर्वाधिक शोषित और अपमानित था। प्रेमचन्द ऐसे ही वर्ग

के पक्षधर थे। इसका उल्लेख उन्होंने बार-बार किया है। उनको क्या पता कि आगे चलकर एक वर्ग-विशेष इसे पेटेण्ट करा लेगा और यह '36' से लागू होगा। धर्मवीर को ऐतिहासिक परिवेश से भी कोई मतलब नहीं है। सम्भवतः वे हरियाणा के रहनेवाले हैं। उत्तर भारत में ज़मींदार दयालु भी थे। हारे-गाढ़े दलितों की मदद भी करते थे। इस कहानी के मूल पाठ में अपना पाठ ठूँसकर उन्होंने इसका जो कुपाठ तैयार किया है, उससे कहानी विकृत हो उठी है।

वे लिखते हैं—''चमारों के बारे में लिखी गयी प्रेमचन्द की बहुचर्चित कहानी 'कफ़न' में सच का एक बटा नौ भाग ही कहा गया है। 'कफ़न' का आठ बटा नौ भाग अनकहा रह गया है, जो प्रेमचन्द के पेट में है। केवल साहित्य की दलित समीक्षा उस पूरे आइसबर्ग को बाहर लायेगी।'' साहित्य सर्जनात्मक साहित्य की भाषा जितना कहती है, उससे अधिक अनकहा छोड़ देती है। किन्तु अनकहे का ट्रेस भाषा में ही रहता है। डी. कान्स्ट्रक्शन इसी अनकहे की खोज है, अपने यहाँ यही व्यंजना-व्यापार है। लेकिन धर्मवीर पाठवादी आलोचना को कुपाठवादी बनाकर दलित साहित्य का अद्भुत अपूर्व सौन्दर्यशास्त्र गढ़ रहे हैं। वे प्रेमचन्द को कहानी लिखना सिखा रहे हैं—''सारी कहानी नये सिरे से स्पष्ट हो जाती, यदि प्रेमचन्द इस कहानी की आख़िरी लाइन में दलित जीवन का यह सच लिख देते कि बुधिया गाँव के ज़मींदार के लौंडे से गर्भवती थी। उसने बुधिया से खेत में बलात्कार किया था। तब शब्द दीपक की तरह जल उठते और सब-कुछ समझ में आ जाता।'' यह है आइसबर्ग का आठ बटा नौ। सब-कुछ दीपक की तरह प्रकाशित हो जाने पर कहानी का दीपक बुझा जाता। यह है धर्मवीर का सेन्स ऑफ एण्डिंग। प्रेमचन्द पाठक की बुद्धि के लिए भी छोड़ देते हैं। यदि पाठक बुद्धि को ही छोड़ दे तो प्रेमचन्द क्या करें? धर्मवीर के लिए दलित की मूल समस्या बलात्कार है। उनको मालूम होना चाहिए कि यह समस्या आज की उपभोक्तावादी सभ्यता की है।

धर्मवीर ने 'कफ़न' की संरचनागत एक त्रुटि को उद्धृत किया है। 'जिसे समाज में...उठाते हैं।' यह त्रुटि प्रेमचन्द की प्रत्येक कृति में मिल जायेगी। कथा कहते-कहते प्रेमचन्द पाठकों से अपनी ओर से भी कुछ कहने लगते हैं। गोया प्रेमचन्द के स्पष्टीकरण के अभाव में प्रेमचन्द का मन्तव्य पाठक न समझ सकेगा। संस्कृत काव्यशास्त्र में इसी को 'स्व शब्द वाच्य दोष' कहा गया है। किन्तु इसका उल्लेख बहुत-से आलोचकों ने किया है और उसी अंश को उद्धृत किया है जिसे धर्मवीर उद्धृत करते हैं। यह उनकी मौलिक खोज नहीं।

'कफ़न' को पुनः अन्वेषित करने के लिए डॉ. मदान और जैनेन्द्र के नाम लिखे गये उनके पत्रों का उल्लेख ज़रूरी है। उनके आलोक में 'कफ़न' के पुनरान्वेषण में मदद मिलेगी। मदान को उन्होंने सन् '34 में लिखा था और जैनेन्द्र को'35 में। मदान मेरे श्रद्धेय रहे हैं। उनकी आलोचनाएँ सपाट होती थीं। 'कफ़न' में वे धन की दुश्मनी

खोजते हैं। लेकिन इसमें धन की दुश्मनी का न नामोनिशान है, न ट्रेस। प्रेमचन्द ने कहीं धन से अपनी दुश्मनी का उल्लेख किया है। इसी के आधार पर उन्होंने इसमें धन की दुश्मनी वैसे ही ढूँढ़ ली, जैसे डॉ. नगेन्द्र ने कामायनी में शैवागम। लेखक द्वारा अपने जीवन या रचना के बारे में यदि कुछ कहा गया है तो उसे उसकी कृति में ढूँढ़ना अप्रामाणिक होता है, प्रामाणिक तो केवल रचना होती है।

मदान को लिखे गये पत्र में उन्होंने कहा–"आरम्भ में चिन्तन के परिणामस्वरूप नहीं, वरन् परम्परागत विश्वास के कारण मैं एक महान् दैवी शक्ति में विश्वास रखता था। वह विश्वास अब टूट रहा है। यद्यपि विश्व के पीछे कोई हाथ है, लेकिन मैं नहीं समझता कि उसे मानवीय कार्यों से कुछ लेना-देना है।" वे ईश्वर के अस्तित्व में विश्वास करते हैं। यह टूटते हुए भी नहीं टूट पाता किन्तु ईश्वर को मानवीय क्रिया-कलापों से कोई सरोकार नहीं है। स्पष्ट है कि स्वयं प्रेमचन्द का सरोकार मानवीय क्रिया-कलापों से है। जैनेन्द्र के नाम का पत्र आगे का क़दम है–"ईश्वर पर विश्वास नहीं आता। कैसे श्रद्धा होती है। तुम आस्तिकता की ओर जा रहे हो। जा नहीं रहे, पक्के भगत बन रहे हो। मैं सन्देह से पूरा नास्तिक होता जा रहा हूँ।" वे नीत्शे की उस घोषणा से प्रभावित नहीं हैं, जिसमें कहा गया है कि ईश्वर मर गया। यह घोषणा दार्शनिक आधार पर की गयी है जो तर्कानुमोदित है। प्रेमचन्द लगभग उसी निष्कर्ष पर अनुभूति द्वारा पहुँचते हैं। अनुभूति के लिए न तर्क की आवश्यकता है, न प्रमाण की। वह स्वयं प्रमाण होती है।

जैनेन्द्र के नाम का एक दूसरा पत्र–"जैनेन्द्र, मैं कह चुका हूँ कि परमात्मा तक नहीं पहुँच सकता। मैं उतना विश्वास नहीं कर सकता। कैसे विश्वास करूँ जब देखता हूँ जब बच्चा बिलख रहा है, रोगी तड़प रहा है। यहाँ भूख है, क्लेश है, ताप है।" कहना न होगा कि 'कफ़न' में भूख है, क्लेश है, ताप है। जितना ताप इस कहानी में है उतना ताप किसी अन्य कहानी में नहीं, यद्यपि इसकी नसों का फैलाव अन्य कहानियों में भी दिखायी पड़ेगा। कहानी की बुनावट जटिल है जो एक तरह की 'पजिल' में बदल जाती है। इसे न समझने के कारण प्रायः लोगों को अविश्वसनीय लगने लगती है। मदान ने कहा–"कहानी जिस सत्य को उजागर करती है वह जीवन के तथ्य से मेल नहीं खाता।" मदान सत्य और तथ्य की व्याख्या नहीं करते। कुछ को इसमें यथार्थ नहीं दिखता। अब यथार्थ की अवधारणा झूठी पड़ गयी है। जिसे यथार्थ कहा जाता है वह आभास (एपीरिएन्स) है। रचनाकार आभास के पीछे के सत्य को अपने इतिहास-बोध और अन्तर्दृष्टि से पकड़ता है। रचना यथार्थ के प्रेत की दवा है। रचना में जो सम्प्रेष्य है, वह उतना महत्त्वपूर्ण नहीं है, जितना सम्प्रेषित। असम्प्रेष्य को सम्प्रेष्य बनाने में संरचना जटिल हो जाती है। अपने जीवन-काल में प्रेमचन्द को न उर्दूवालों ने महत्त्व दिया, न हिन्दीवालों ने। निगम को 1915 में एक पत्र लिखा था–'उर्दू में अब गुजर नहीं है। उर्दूनवीसी में किसी हिन्दू को फैज़ हुआ है जो मुझे हो जायेगा?'

इससे लगता है कि उस समय अदब में भी साम्प्रदायिकता का ज़हर फैल रहा था किन्तु प्रेमचन्द ने उर्दू में लिखना नहीं छोड़ा। उनका अन्तिम उपन्यास और अन्तिम कहानी दोनों पहले उर्दू में लिखे गये। मरणोपरान्त दोनों भाषाओं के लेखकों ने उन्हें अभूतपूर्व सम्मान दिया।

'कफ़न' की संरचना नाट्य बिम्बों, विडम्बनाओं और विसंगतियों से भरी पड़ी है। इनकी तह में जाकर कहानी के अपने यथार्थ को समझा जा सकता है। साहित्य जीवन के भयावह यथार्थ के विरुद्ध खड़ा रहता है, उसे एक्सपोज़ करता है। पाठक को उसे सहने, झेलने या बदलने की प्रेरणा देता है। कहानी का आरम्भ देखें—''झोंपड़े के द्वार पर बाप-बेटे दोनों एक बुझे हुए अलाव के सामने चुपचाप बैठे हुए हैं और अन्दर बेटे की जवान बीवी बुधिया प्रसव-वेदना से पछाड़ खा रही थी। रह-रहकर उसके मुँह से दिल हिला देनेवाली आवाज़ निकल रही थी कि दोनों कलेजा थाम लेते थे। जाड़ों की रात थी, प्रकृति सन्नाटे में डूबी हुई। सारा गाँव अन्धकार में लय हो गया था।''

इस पूरे नाट्य बिम्ब को दो पदों में अभिनीत किया जा सकता है। पात्र केवल तीन हैं। बुधिया को नेपथ्य में डाल देने पर दो ही पात्र रह जाते हैं। पर्दा उठता है, मंच पर घुप अँधेरा। एक छोटे-से प्रकाश बिम्ब में दो व्यक्ति बुझे हुए अलाव के पास बैठे हैं—चुपचाप। मंच पर अँधेरा है, चुप्पी है। चुप्पी को चीरती हुई नेपथ्य की चीख़ है। फिर बाप-बेटे का संवादः

घीसू ने कहा—मालूम होता है, बचेगी नहीं। सारा दिन दौड़ते ही गया। जा, देख तो आ।

माधव चिढ़कर बोला—मरना ही है तो मर क्यों नहीं जाती? देखकर क्या करूँ?

—बड़ा बेदर्द है बे। सालभर जिसके साथ सुख-चैन से रहा, उसी के साथ इतनी बेवफाई!

—मुझे तो उसका तड़पना और हाथ-पाँव पटकना देखा नहीं जाता।

—'चिढ़कर बोला' बहुत ही अर्थगर्भित वाक्य है। घीसू के सहज, औचित्यपूर्ण वाक्य से चिढ़ना क्यों? 'चिढ़ने' शब्द से मंच पर एक क्रियात्मक नाट्य दृश्य प्रस्तुत हो जाता है। यही बुधिया पिसाई करके, घास काटकर इन बेग़ैरतों का दोज़ख़ भरती थी। बाप-बेटे बुधिया के मरने का इन्तज़ार कर रहे हैं कि वह मार जाये तो आराम से सोवें। अमानवीकरण की एक विशिष्ट मंज़िल पर वे पहुँच चुके हैं। लेकिन उसकी प्रक्रिया ज़ारी है। उत्तर-आधुनिकता के युग में इसका भयावह विस्तार हुआ है।

बाप-बेटे अलाव से, चोरी से लाये गये भुने आलू खा रहे थे। इसी दौरान एक-दूसरे को भीतर बुधिया को देख आने के लिए भी कह रहे थे। घीसू ने कहा कि जब मेरी औरत मरी थी तो तीन दिन उसके पास से नहीं हिला। मेरे भीतर जाने से वह लजायेगी, हाथ-पाँव भी नहीं पटक सकेगी। माधव की चिन्ता थी कि कोई बाल-बच्चा हो गया तो क्या होगा? सोंठ, गुड़, तेल कुछ भी नहीं है घर में। घीसू निर्विकार भाव से

बोला—'सब-कुछ हो जायेगा। भगवान् दें तो।' मनुष्य कितना भी डी-ह्यूमनाइज़्ड हो जाये, कहीं-न-कहीं एक अदद इनसानियत बची रहती है। घीसू माधव को सान्त्वना देता है—'मेरे नौ लड़के हुए। घर में कभी कुछ न था, भगवान् ने किसी प्रकार बेड़ा पार लगाया।' व्यंग्यार्थ यह है कि सब-कुछ हो जायेगा तुम जाकर बुधिया को तो देख आओ। एक अनकहा अर्थ और ध्वनित हो उठता है। नौ लड़कों में आठ कहाँ गये? माधव टस-से-मस नहीं होता। दोनों को डर था कि एक गया तो दूसरा आलुओं का बड़ा भाग साफ़ कर देगा।

'दोनों आलू निकाल-निकालकर जलते-जलते खाने लगे। इतना सब्र न था कि ठण्डा हो जाने दें। कई बार दोनों की ज़बाने जल गयीं। छिल जाने पर आलू का बाहरी हिस्सा तो बहुत ज़्यादा गरम न मालूम होता, लेकिन दाँतों के तले पड़ते ही अन्दर का हिस्सा जबान, हलक़ और तालू को जला देता था... ।' इसी समय घीसू को ठाकुर का भोज याद आ जाता है—बारात का। 'वह भोज नहीं भूलता। तब से फिर उस तरह का खाना और भरपेट नहीं मिला। लड़कीवालों ने सबको भरपेट पूरियाँ खिलायी थीं, सबको! छोटे-बड़े सबने पूरियाँ खायीं और असली घी की। चटनी, रायता, तीन तरह के सूखे साग, एक रसेदार तरकारी, दही, मिठाई। अब क्या बताऊँ कि उस भोज में क्या स्वाद मिला। कोई रोक-टोक नहीं थी। जो चीज़ चाहो माँगो और जितना चाहे खाओ। लोगों ने ऐसा खाया, ऐसा खाया, किसी ने पानी नहीं पिया। मगर परोसनेवाले हैं कि पत्तल में गरम-गरम गोल-गोल सुवासित कचौरियाँ डाल देते हैं...खड़ा नहीं हुआ जाता था। चटपट जाकर अपने कम्बल पर लेट गया। ऐसा दिल-दरियाव था वह ठाकुर... ।' इस तरह का विसंगत्यात्मक वर्णन दो परिस्थितियों में दो वर्गीय मानसिकताओं को बड़े नाटकीय ढंग से खोलकर रख देता है। यदि ठाकुर को दिल-दरियाव कहने पर किसी को प्रेमचन्द सामन्तों का प्रशंसक लगें तो प्रेमचन्द क्या करें?

'आलू खाकर दोनों ने पानी पिया और वहीं अलाव के सामने अपनी धोतियाँ ओढ़कर पाँव पेट में डाले सो रहे। जैसे दो बड़े अजगर गेंडुलियाँ मारे पड़े हों।' इसी तरह 'पूस की रात' का हल्कू खेत चरने की परवाह न करते हुए राख के पास चादर ओढ़कर सो गया था। हल्कू के पास चादर थी। घीसू-माधव के पास केवल धोतियाँ हैं। पाँव पेट में डाले, गेंडुलियाँ मारे जैसे बिम्ब अधिक अर्थगर्भ, चटकीले और जटिल हैं। हल्कू खेती करता है और घीसू-माधव 'भूमिहीन फ्री-लान्स' मज़दूर हैं।

फिर छोटा-सा टेक की तरह का वाक्य—'और बुधिया अभी तक कराह रही थी।' अमानवीकरण पर चरमोत्कर्ष!

पर्दा उठता है। सवेरा। माधव कोठरी में जाकर देखता है। 'उसकी स्त्री ठण्डी हो गयी थी। मुँह पर मक्खियाँ भिनक रही थीं। पथरायी हुई आँखें ऊपर टँगी हुई थीं। सारी देह धूल से लथपथ हो रही थी। उसके पेट में बच्चा मर गया था।' —भाषा की रवानी और मितव्ययिता कोई प्रेमचन्द से—परवर्ती प्रेमचन्द से सीखे। अनुभवों के आधार पर

अनौचित्यपूर्ण मृत्यु का चाक्षुष बिम्ब। 'फिर दोनों ज़ोर-ज़ोर से हाय-हाय करने और छाती पीटने लगे।' ज़ोर-ज़ोर से छाती पीटने की व्यंजना यह है कि यह एक दिखावा मात्र है, एक सामाजिक रीति का निर्वाह है। इसे कामिक रिलीफ़ या मिखाइल बाख़्तिन का 'कार्निवाल' समझना चाहिए। अब कफ़न और लकड़ी की फ़िक्र।

बाप-बेटे रोते-रोते ज़मींदार के पास गये। गाँव के ज़मींदार ऐसे अवसरों पर कामचोर रिआया की भी मदद करते थे। ज़मींदार को इनकी सूरत से नफ़रत थी। हरामख़ोर बदमाश कहकर दो रुपये फेंक दिये। उस समय गाँववाले भी मदद करते थे। जैसे-तैसे पाँच रुपये जुट गये। किसी ने अनाज दे दिया, किसी ने लकड़ी। लोग टिकटी बनाने के लिए बाँस काटने लगे। गाँव में एक अदद इनसानियत अब भी बची हुई है। ध्यान से देखा जाये तो प्रेमचन्द किसानों की दुर्दशा के साथ उनके उन गुणों का भी वर्णन करते हैं जिन्हें बाज़ार से बचाया जाना चाहिए।

घीसू और माधव दोनों कफ़न ख़रीदने बाजार जाते हैं। घीसू कहता है—'कैसे बुरे रिवाज़ हैं, जिसे जीते-जी तन ढँकने को चीथड़ा भी न मिले उसे मरने पर नया कफ़न चाहिए।' 'माधव' चुप न था। 'कफ़न लाश के साथ जल ही तो जाता है।' प्रेमचन्द सिर्फ़ इतना संकेत करते हैं। 'दोनों एक-दूसरे के मन की बात ताड़ रहे थे।' पाठक भी अलक्षित को लक्षित कर देता है। दिनभर की दौड़-धूप के बाद भी वे कफ़न नहीं खरीद पाते। दोनों किसी दैवी प्रेरणा से एक मधुशाला के सामने जा पहुँचे। बाज़ार की प्रेरणा किस दैवी प्रेरणा से कम है। दैव का स्थान आज उसी ने ले रखा है। दोनों अन्दर चले गये। कुछ देर असमंजस में खड़े रहे। यह असमंजस उनका संस्कार है। घीसू असमंजस को झटककर गद्‌दी के पास पहुँच गया—"साहू जी, एक बोतल हमें भी देना।"

दोनों बरामदे में बैठे तली हुई मछली का स्वाद लेते हुए पी रहे थे। दो-तीन पैग के बाद सरूर आ गया। इस स्थिति में छठी इन्द्रिय की आँख खुल जाती है। बातें हो रही हैं—"कफ़न जल ही तो जाता, बहू के साथ तो न जाता। दस्तूर है, नहीं तो लोग बामनों को हजारों रुपये क्यों देते हैं। कौन देखता है, परलोक में मिलता है या नहीं।"

सरूर में बातें सिलसिलेवार नहीं चलतीं। अभी दोनों कफ़न और बामनों को दान-दक्षिणा देने की खिल्ली उड़ा रहे थे, अब कफ़न की फ़िक्र हो रही है। माधव कह रहा है—"भगवान्, तुम अन्तर्यामी हो। उसे बैकुण्ठ ले जाना। हम दोनों हृदय से आशीर्वाद दे रहे हैं। आज जो भोजन मिला, वह कभी उम्र भर न मिला था।" सरूर में एक क्षण जिसे इनकार किया जाता है, दूसरे क्षण उसी का समर्थन। धार्मिक संस्कारों को एकदम हटा पाना बहुत कठिन है। जो लोग सोचते हैं कि वे धार्मिक संस्कारों से मुक्त हैं, उनके अचेतन में वह बैठा रहता है। मार्क्सवादी या समाजवादी होने का दावा करनेवाले बहुत-से साहित्यकारों के घरों में देवी-देवताओं की तस्वीरें टँगी हुई हैं। उनकी पूजा होती है। बाहर वे अपने को भौतिकवादी—वैज्ञानिक भौतिकवादी, अनीश्वरवादी होने का ढोंग करते रहते हैं।

भरपेट भोजन करके दोनों ने बची हुई पूरियाँ एक भिखारी को दे दीं। निःस्वार्थ भाव से देने का अपना एक गौरव होता है। उन्हें पहली बार इसका अनुभव हुआ। दिया तो आज भी जाता है पुण्य कमाने के लिए या वोट पाने के लिए।

घीसू कह रहा है—"हाँ बेटा, वह बैकुण्ठ ज़रूर जायेगी। किसी को सताया नहीं, किसी को दबाया नहीं। मरते-मरते हमारी जिन्दगी की बड़ी लालसा पूरी कर गयी। वह न बैकुण्ठ में जायेगी तो क्या वे मोटे-मोटे लोग जायेंगे जो ग़रीबों को दोनों हाथों से लूटते हैं और पाप धोने के लिए गंगा में नहाते हैं और मन्दिरों में जल चढ़ाते हैं?" प्रेमचन्द बहुत बारीकी से हिन्दुओं की अन्धश्रद्धा पर प्रहार करते हैं। इस अन्धश्रद्धावाद के कारण भारत की सांस्कृतिक क्षति ही नहीं, राजनीतिक क्षति भी हुई है। अन्धश्रद्धा का विरोध अन्धकारपरक संस्कृति में ही है। उसे खोजने और जीवन में उतारने की ज़रूरत है। इस विरोध को कबीर, रैदास, दादू, पीपा आदि सन्त कवियों में देखा जा सकता है। जो लोग साहित्य को सांस्कृतिक दृष्टि से देखना चाहते हैं, उन्हें प्रेमचन्द के साहित्य को सांस्कृतिक विरासत के रूप में भी लेना चाहिए।

सरूर की विशेषता इसमें है कि वह चित्त को अस्थिर बनाये रखता है। सहसा दोनों उठकर गाने लगते हैं।

ठगिनी क्यों नैना झमकावै ठगिनी !

पूरा गीत 'अग्नि समाधि' कहानी में उद्धृत है :

ठगिनी क्यों नैना झमकावै
कद्दू काटि मृदंग बनावै
नीबू काटि मजीरा
पाँच तरोई मंगल गावें, नाच बालम खीरा
रूपा पहर रूप दिखावै सोना पहर रिझावै
गले डाल तुलसी की माला तीन लोक भरमावै
ठगिनी... ।

यह गीत लोक में कबीर के नाम से प्रचलित है। प्रेमचन्द को लोक से ही मिला। इसे वेंकटेश्वर प्रेस, मुम्बई से छपी पुस्तक 'कबीर शब्दावली' में संगृहीत किया गया। फिर कबीर वाणी प्रकाशन, वाराणसी से छपी पुस्तक 'कबीर शब्दावली' में। सरूर में इतना बड़ा गीत नहीं गाया जा सकता था। यह समापन के विरुद्ध जाता और कहानी की व्यंजकता भी नष्ट हो जाती।

कहानी एक नाट्य दृश्य के साथ समाप्त होती है। पियक्कड़ों की आँखें इनकी ओर लगी हुई थीं और ये दोनों अपने दिल में मस्त गाते जाते थे। फिर दोनों नाचने लगे। उछले भी, कूदे भी। गिरे भी, मटके भी। भाव भी बनाये, अभिनय भी किया और आख़िर नशे में बदमस्त होकर गिर पड़े। इसे खुले अन्त (ओपन एण्ड) की पहली कहानी कहा जा सकता है। लेखक पाठक को ठगिनी की तलाश में छोड़ देता है।

•

अस्वीकार के निहितार्थ

(कफ़न : एक और पाठ)

परमानन्द श्रीवास्तव

प्रसिद्ध कथाकार निर्मल वर्मा ने प्रेमचन्द की कहानी **'कफ़न'** को हिन्दी साहित्य की पहली **'ब्लासफेमस'** कहानी कहा है। अपनी दृष्टि से कहानी का सम्भवतः एक नया पाठ निर्धारित करते हुए कहानी की व्याख्या उन्होंने इस प्रकार की है : "जिस क्षण बाप-बेटे ने घर की औरत के कफ़न के पैसों से शराब का कुल्हड़ मुँह से लगाया था, उस क्षण पहली बार हिन्दी साहित्य में **व्यक्ति** ने अपनी **स्वतन्त्रता** का स्वाद भी चखा था। यह क्षण वह था, जब प्रेमचन्द के समाज में व्यक्ति का जन्म हुआ था। यह जन्म, मृत्यु और श्मशान की छाया में हुआ था—दो पियक्कड़ हिन्दुस्तानियों का मुक्ति समारोह।" याद आता है कि प्रेमचन्द जन्मशती के अवसर पर किसी राष्ट्रीय संगोष्ठी में हंसराज रहबर 'कफ़न' को प्रेमचन्द की एक **नकारात्मक** उद्देश्य से लिखी गयी साधारण, बल्कि निरर्थक कहानी ठहरा रहे थे। इधर दलित-विमर्श के नये दौर में **दलित लेखक** 'कफ़न' को **दलित-विरोधी** कहानी बता रहे हैं क्योंकि वह दलितों में हताशा पैदा करती है और सब मिलाकर उन्हें लड़ने के लिए तैयार नहीं करती। कहानी की एक से अधिक व्याख्या हो सकती है और इससे कोई एतराज नहीं कि पाठक अपने ढंग से कहानी पढ़े और अपना अर्थ या अभिप्राय खोजने की कोशिश करे। विडम्बना यह है कि निर्मल वर्मा **'कफ़न'** को सराहते हुए पढ़ रहे हैं और उसमें व्यक्ति द्वारा स्वतन्त्रता के वरण-जैसा गूढ़ आशय देख रहे हैं जो बहुतों को **अतिरिक्त पाठ** की तरह लग सकता है। दूसरे पाठ जो 'कफ़न' के चरित्रों से सकारात्मक प्रतिरोध या संघर्ष की माँग कर रहे हैं, सीधे शब्दों में कहानी के कुपाठ के ही उदाहरण हैं। कहानी सामन्ती या महाजनी व्यवस्था द्वारा प्रदत्त मर्यादाओं के जिस **अस्वीकार** का साहस दिखाती है उसके **निहितार्थ** और हैं।

ऐसे निहितार्थों की अनदेखी करने का एक और प्रमाण राजेन्द्र यादव के इस निष्कर्ष में है कि 'कफ़न' और 'पूस की रात'—जैसी अन्तिम दौर की कहानियों में प्रेमचन्द **हृदय-स्तब्धता** या **विजड़ित संवेदना** के बिन्दु पर साँस तोड़ते हैं या कि **हृदय-परिवर्तन** का आदर्शवाद छोड़कर अपने को विचित्र अन्धी गली में पाते हैं। राजेन्द्र यादव की व्याख्या देखकर ऐसा लगता है जैसे प्रेमचन्द ने अगर एक छोर पर 'नमक का दारोग़ा' लिखी या 'बड़े घर की बेटी' लिखी तो दूसरी छोर पर 'कफ़न' और 'पूस की रात'। न भूलें कि प्रेमचन्द ने ही 'शतरंज के खिलाड़ी', 'बूढ़ी काकी', 'ईदगाह', 'सद्‌गति', 'मुक्तिमार्ग', 'आगा-पीछा' आदि कहानियाँ लिखीं और उन्हीं की अन्तिम कड़ी के रूप में 'कफ़न'—जैसी कहानी लिखी। व्याख्याएँ व्याख्याएँ हैं और कहानी

कहानी। 'कफ़न' अपने-आपमें एक महत्त्वपूर्ण कहानी है एक ऐसी कलाकृति—जिसकी ओर हमारा ध्यान बार-बार जाता है। यह उदाहरण है कि महत्त्वपूर्ण कहानियाँ अपने **निष्कर्ष** में ही नहीं, ब्यौरों में भी महत्त्वपूर्ण होती हैं।

'कफ़न' कहानी का आरम्भ ही अपने में कई संकेत छिपाये हुए है। "झोंपड़े के द्वार पर बाप और बेटा दोनों एक **बुझे हुए अलाव** के सामने चुपचाप बैठे हुए थे और अन्दर बेटे की जवान बीवी बुधिया **प्रसव-वेदना** से पछाड़ खा रही थी। रह-रहकर उसके मुँह से ऐसी दिल हिला देनेवाली आवाज़ निकलती थी कि दोनों कलेजा थाम लेते थे। जाड़ों की **रात** थी, प्रकृति **सन्नाटे** में डूबी हुई। सारा गाँव अन्धकार में लय हो गया था।" **'बुझे हुए अलाव'** के निहितार्थ का अनुमान सहज है। ग़रीबी। अभावग्रस्तता। निष्क्रियता। निठल्लापन। निकट है बुधिया की मृत्यु। प्रसव-वेदना का अन्त इसी मृत्यु में है। अलाव ही बुझा नहीं है जीवन भी बुझ रहा है। नागार्जुन की 'अकाल और उसके बाद' कविता याद करें—दाने आये घर के भीतर कई दिनों के बाद। अकाल के बाद का चित्र है इसलिए वहाँ चमक है, उत्सुकता है, गतिविधि है। यहाँ तो एक जवान स्त्री की मृत्यु है। ट्रेजेडी है। दृश्य यह है कि जवान स्त्री की मृत्यु हो रही है और घीसू-माधव (पिता-पुत्र) जैसे उसके मरने का इन्तज़ार कर रहे हैं। वे दौड़-धूप नहीं करते। हाथ-पर-हाथ धरे बैठे हैं। प्रेमचन्द कहानी के शुरू के हिस्से में ही उनकी निष्क्रियता या निठल्लेपन की सामाजिक पृष्ठभूमि बताते हैं। उनकी **'स्वतन्त्रता'** या **'मुक्ति'** अन्त तक जाते-जाते एक **प्रतिरोधात्मक** कार्रवाई है तो उसे इस **सामाजिक पृष्ठभूमि** से अलग करके नहीं देखा जा सकता।

"चमारों का कुनबा था और सारे गाँव में बदनाम। घीसू एक दिन काम करता तो दो दिन आराम। माधव इतना कामचोर था कि आध घण्टे काम करता तो घण्टे भर चिलम पीता। इसलिए उन्हें कहीं मज़दूरी नहीं मिलती थी। घर में मुट्ठी भर भी अनाज मौजूद हो, तो उनके लिए काम करने की क़सम थी।"

"अगर दोनों साधु होते, तो उन्हें सन्तोष और धैर्य के लिए संयम और नियम की बिलकुल ज़रूरत न होती। यह तो इनकी प्रकृति थी। विचित्र जीवन था इनका। घर में मिट्टी के दो-चार बर्तनों के सिवा कोई सम्पत्ति नहीं। फटे चीथड़ों से अपनी नग्नता को ढाँके हुए जिये जाते थे। संसार की चिन्ताओं से मुक्त। क़र्ज़ से लदे हुए। गालियाँ भी खाते, मार भी खाते, मगर कोई भी ग़म नहीं।"

"इस वक्त भी दोनों अलाव के सामने बैठकर आलू भून रहे थे जो कि किसी खेत से खोद लाये थे। घीसू की स्त्री का तो बहुत दिन हुए, देहान्त हो गया था। माधव का ब्याह पिछले साल हुआ था। जब से यह औरत आयी थी, उसने इस खानदान में व्यवस्था की नींव डाली थी। पिसाई करके या घास छीलकर वह सेर-भर आटे का इन्तजाम कर लेती थी और इन दोनों बेग़ैरतों का दोज़ख़ भरती रहती। जब से वह आयी, यह दोनों और भी आलसी और आरामतलब हो गये थे बल्कि कुछ अकड़ने भी लगे थे।...वही

औरत आज प्रसव-वेदना से मर रही थी और यह दोनों शायद इसी इन्तज़ार में थे कि वह मर जाय तो आराम से सोयें।''

प्रेमचन्द घीसू-माधव की **सामाजिक, पारिवारिक** पृष्ठभूमि का जो विस्तृत **ब्यौरा** देते हैं वह संकेत है कि वे अचानक शराबघर में जाकर और कफ़न के पैसों से शराब पीकर न मुक्ति या स्वतन्त्रता का स्वाद चख रहे थे, न उनकी इस हरकत से साहित्य में किसी नये व्यक्तिवाद का जन्म हो रहा था। वे श्रम का सम्भवतः वांछित मूल्य न पाकर, थोड़े में ही सन्तुष्ट रहकर, लगातार परजीवी होते जा रहे थे और छोटी-छोटी **स्वतन्त्रताओं** का लाभ अकसर उठाते रहते थे। इस बार वे उसी स्त्री के मरने का इन्तज़ार कर रहे थे जो जी-तोड़ मेहनत करके उनका पेट भरती आ रही थी। **आलस्य** और **अकर्मण्यता** के विवरण **'पूस की रात'** में भी है। शुरू से हल्कू में मुन्नी संवाद का यह अंश : मुन्नी कहती है—''न जाने कितनी बाक़ी है जो चुकने ही नहीं आती। मैं कहती हूँ तुम क्यों नहीं खेती छोड़ देते? मर-मर काम करो उपज हो तो बाक़ी दे दो, चलो छुट्टी हुई। बाक़ी चुकाने के लिए तो हमारा जनम हुआ है।'' आगे वही फिर कहती है—''तुम छोड़ दो अबकी से खेती। मजूरी में सुख से एक रोटी खाने को तो मिलेगी। किसी की धौंस तो न रहेगी। अच्छी खेती है! मजूरी करके लाओ, वह उसी में झोंक दो, उस पर से धौंस।'' एक तरह का अस्वीकार हल्कू के निर्णय में भी छिपा है पर वह उतना विस्फोटक नहीं है जितना घीसू-माधव का अस्वीकार। 'पूस की रात' का अन्त :

''दोनों फिर खेती की डाँड़ पर आये। देखा, सारा खेत रौंदा पड़ा हुआ है, और जबरा मड़ैया के नीचे चित लेटा है, मानो प्राण ही न हों।

दोनों खेत की दशा देख रहे थे। मुन्नी के मुख पर उदासी छायी थी। पर हल्कू प्रसन्न था।

मुन्नी ने चिन्तित होकर कहा—अब मजूरी करके मालगुजारी भरनी पड़ेगी। हल्कू ने प्रसन्न-मुख से कहा—''रात की ठण्ड में यहाँ सोना तो न पड़ेगा।'' इनकार ऐसी हलकी प्रतिक्रिया में भी व्यक्त होता है। प्रेमचन्द यहाँ भी पाठक के अनुमान के लिए बहुत-कुछ छोड़ देते हैं। 'कफ़न' की तो बात ही और है। बहुत-कुछ अनकहा है। इशारा भर है कि आगे क्या होगा। घीसू-माधव की बातचीत से वह आशय प्रकट है जो उनके अवचेतन में है। वे कफ़न के पैसे से शराब पीने और मौज-मस्ती का सामान जुटाकर नशे की चरम स्थिति में हैं, तब माधव के मन में यकायक डर पैदा होता है—''क्यों दादा, हम लोग भी तो एक-न-एक दिन वहाँ जायेंगे ही। ...जो वह हम लोगों से पूछे कि तुमने हमें कफ़न क्यों नहीं दिया तो क्या कहोगे?...'' ''घीसू का जवाब है—वही लोग देंगे, जिन्होंने अबकी दिया। हाँ, अबकी रुपये हमारे हाथ न आयेंगे।''

महत्त्वपूर्ण है **घीसू-माधव**-जैसे चरित्रों की **मानसिकता** का सधा हुआ बयान। उनकी मनोदशा में रह-रहकर बदलाव आता है। नशे में आकर। और नशे से पहले भी। एक ओर मृत्यु का यथार्थ है दूसरी ओर आलू अलाव से निकालकर जलते-जलते खाने

की हड़बड़ी। **ट्रैजिक-कॉमिक** स्थितियाँ साथ-साथ। भूख अतृप्ति का यही बिम्ब मृत्यु के बाद शराबघर के खान-पान के जश्न में पूर्णता पाता है। कहानी में जो विसंगति है उसी को जैसे एक तरह का न्याय ठहराया जा रहा है। **निठल्ले** कामचोर घीसू के लिए प्रेमचन्द के शब्द हैं :

"हम तो कहेंगे, घीसू किसानों से कहीं ज़्यादा **विचारवान्** था, जो किसानों के विचार-शून्य समूह में शामिल होने के बदले बैठकबाज़ों की कुत्सित मण्डली में जा मिला था। हाँ, उसमें यह शक्ति न थी कि बैठकबाज़ों के नियम और नीति का पालन करता। इसलिए जहाँ उसकी मण्डली के और लोग गाँव के सरगना और मुखिया बने हुए थे, उस पर सारा गाँव उँगली उठाता था। फिर भी उसे यह तसकीन तो थी ही कि अगर वह फटेहाल है तो कम-से-कम उसे किसानों की-सी जी-तोड़ मेहनत तो नहीं करनी पड़ती। और उसकी **सरलता** और **निरीहता** से दूसरे लोग **बेजा फ़ायदा** तो नहीं उठाते।"

विचारणीय है कि कहानी की मुख्य घटना क्या है। क्या बुधिया की मृत्यु पर शोक का नाटक या कफ़न के पैसे से शराबघर में इन पियक्कड़ों का मुक्ति-समारोह। या दोनों अभिन्न हैं जैसे—कहानी का आशय एक अकेली घटना में सीमित न होकर पूरी कहानी में फैला हो। इसलिए आगे-पीछे के घटनाक्रम को जोड़कर ही कहानी के केन्द्रीय मर्म को समझा जा सकता है। बुधिया की मृत्यु के पहले जब वे अलाव में भुने आलू जलते-जलते ही हलक के नीचे उतार रहे होते हैं, घीसू को ठाकुर की बारात याद आती है जिसमें वह बीस साल पहले गया था। उस दावत में जो **तृप्ति** मिली थी उसकी याद **ताज़ा** थी। इस अनोखी तृप्ति के लिए वे कुछ भी कर सकते थे। स्वभाव से परजीवी। काम करने की जिम्मेदारी और फ़िक्र से मुक्त।

कहानी में **परजीवी तृप्ति** के दो बिम्ब हैं। एक **संक्षिप्त स्थिर। दूसरा विस्तृत, गत्यात्मक** और **नाटकीय**। एक बुधिया की मृत्यु के ठीक पहले : "आलू खाकर दोनों ने पानी पिया और वहीं अलाव के सामने अपनी धोतियाँ ओढ़कर, पाँव पेट में डाले सो रहे। जैसे दो **बड़े-बड़े अजगर, गेंडुलियाँ** मारे पड़े हों।" जेहन में आयेंगे मलूकदास। 'अजगर करै न चाकरी पंछी करै न काम।' दूसरा विस्तृत गत्यात्मक नाटकीय प्रसंग कहानी का उत्तरांश है—जो कहानी का आधा हिस्सा घेरे हुए। यहाँ हृदय-स्तब्ध और संवेदना विजड़ित नहीं है। वे सोच-समझकर एक-एक क़दम उठाते हैं। झूठी रुलाई। छाती पीटने का स्वाँग। ज़मींदार साहब से ही मदद की शुरुआत। कफ़न के लिए पैसे जुटाने में वे पूरी होशियारी दिखाते हैं। दुःख शोक की जगह चतुराई है। "जब ज़मींदार साहब ने दो रुपये दिये, तो गाँवे से बनिये, महाजनों को इनकार का साहस कैसे होता? घीसू ज़मींदार के नाम का ढिंढोरा पीटना ख़ूब जानता था। किसी ने दो आने दिये, किसी ने चार आऩे। एक घण्टे में घीसू के पास पाँच रुपये की अच्छी रक़म जमा हो गयी। कहीं से अनाज मिल गया, कहीं से लकड़ी और दोपहर को घीसू और माधव बाज़ार से

कफ़न लाने चले।'' घीसू-माधव की होशियारी का यह बयान साभिप्राय है। वही ज़मींदार महाजन जो दूसरों को ठग रहे थे यहाँ ठगे जा रहे थे। वे जल्द ही पैसे देकर मुक्त होना चाहते थे। मामला गाँव में पड़ी लाश का है। जल्द ही उसका क्रिया-कर्म होना चाहिए। समाज में धर्म की भी मर्यादा है। धर्म रहेगा ही कैसे। यहीं घीसू-माधव के अवचेतन में **'कफ़न', 'धर्म', 'मरजाद', 'रीति' की व्यर्थता** का तर्क सक्रिय है। वे कफ़न देखते हैं, नापसन्द करते हैं, फिर देखते हैं। यह **अतिरंजना है, अतिशयोक्ति है। अनहोनी है।** ऐसा होता नहीं है। यहीं प्रेमचन्द की कला है। अवचेतन का तर्क। घीसू-माधव संवाद में इस द्वन्द्व-छल के पूर्व संकेत हैं :

—''तो चलो, कोई हलका-सा कफ़न ले लें।''

—हाँ और क्या? लाश उठते-उठते रात हो जायेगी। रात को कफ़न कौन देखता है?

—'कैसा बुरा रिवाज़ है कि जिसे जीते जी तन ढँकने को चीथड़ा भी न मिले उसे मरने पर नया कफ़न चाहिए।''

यह **ब्लासफेमी** या **कुफ्र** है तो है! वे एक-दूसरे के मन की बात ताड़ रहे हैं। वे पूरे दिन कफ़न के लिए कपड़ा पसन्द-नापसन्द करते रहते हैं। वे भूल गये हैं कि घर में बुधिया की लाश पड़ी है। अवचेतन का द्वन्द्व-छल आख़िर इस आकस्मिक निर्णय तक जा पहुँचता है। प्रेमचन्द लिखते हैं :

''तब दोनों न जाने किस **दैवी** प्रेरणा से एक **मधुशाला** के सामने आ पहुँचे और जैसे किसी पूर्व निश्चित योजना से अन्दर चले गये। वहाँ जरा देर तक दोनों असमंजस में खड़े रहे। फिर घीसू ने गद्दी के सामने जाकर कहा— 'साह जी, एक बोतल हमें भी देना।''

'कफ़न' कहानी की एक अपनी **सुगठित कलात्मक** संरचना है। यहाँ कला अपने चरम विकसित रूप में है। ख़त्म होने से पहले जैसे एक और कहानी शुरू हो रही है। **घीसू-माधव** अब किसी हड़बड़ी में नहीं हैं और **प्रेमचन्द** भी फ़ुर्सत में हैं। कहानी धीरे-धीरे एक नये अर्थोद्घाटन की दिशा में **नाटकीय** ढंग से आगे बढ़ती है। यही नहीं है कि 'कफ़न' की नाटकीय प्रस्तुतियाँ बहुत हुई हैं। निर्देशकों के लिए कोई अलग पटकथा ज़रूरी नहीं। कहानी कहानी है पर **नाटकीयता** के साथ। नाटकीयता लिये हुए। जब वे 'सरूर' में आते हैं तो कहानी एक अनोखी ऊँचाई प्राप्त करती है। एक विलक्षण तर्क-विमर्श।

[घीसू बोला—''कफ़न लगाने से क्या मिलता। आखिर जल ही तो जाता। कुछ बहू के साथ तो न जाता।''

माधव आसमान की तरफ देखकर बोला, मानो देवताओं को अपनी निष्पापता का साक्षी बना रहा हो—''दुनिया का **दस्तूर** है, नहीं लोग **बामनों** को हजारों रुपये क्यों देते हैं। कौन देखता है, **परलोक** में मिलता है कि नहीं।''

"बड़े आदमियों के पास धन है। चाहे फूँकें। हमारे पास फूँकने को क्या है?"

"लेकिन लोगों को क्या जवाब दोगे? लोग पूछेंगे नहीं कफ़न कहाँ है?"

घीसू हँसा– "अबे, कह देंगे कि रुपये कमर से खिसक गये। बहुत ढूँढ़ा मिले नहीं। लोगों को विश्वास तो न आयेगा लेकिन फिर वही रुपये देंगे।"]

प्रेमचन्द दिखाते हैं कि अब तक माधव के मन में **'दस्तूर', 'बामन'** आदि को लेकर **अपराधबोध** था। अब वही **मुक्त** हो गया। माधव भी हँसा, इस अनपेक्षित सौभाग्य पर बोला– "बड़ी अच्छी थी बेचारी! मरी तो ख़ूब खिला-पिलाकर।" प्रेमचन्द लिखते हैं–"दोनों इस वक़्त शान से बैठे हुए पूरियाँ खा रहे थे, जैसे **जंगल** में कोई **शेर** अपना **शिकार** उड़ा रहा हो। न जवाबदेही का ख़ौफ़ था, न बदनामी की फ़िक्र। इन भावनाओं को उन्होंने बहुत पहले ही जीत लिया था।" कहाँ एक स्थिति में सन्तोष और धैर्य के लिए जो 'साधु' हो सकते थे, यहाँ 'शिकारी' थे। दुनिया उनके लिए आखेट थी। उन पर दार्शनिकता का रंग चढ़ रहा था।

[घीसू दार्शनिक भाव से बोला–"हमारी **आत्मा** प्रसन्न हो रही है तो क्या उसे पुन्न न होगा?"

माधव ने श्रद्धा से सिर झुकाकर तसदीक़ की–"जरूर-से-जरूर होगा।

भगवान्, तुम अन्तर्यामी हो। उसे बैकुण्ठ ले जाना। हम दोनों हृदय से आशीर्वाद दे रहे हैं। आज जो भोजन मिला, वह कभी उम्र भर न मिला था?"]

'आत्मा', 'भगवान्', 'बैकुण्ठ', 'परलोक' इस शब्दावली पर ध्यान देने की ज़रूरत है। वे इसी दुनिया में हैं और बुधिया की मुक्ति जब होगी, तब होगी, वे इसी क्षण मुक्त हो रहे हैं। जैसे वे किसी **दूसरे लोक** में हैं। मधुशाला के वातावरण के **यथार्थ** का जैसे **फन्तासी** में संक्रमण हो रहा है। प्रेमचन्द के इस वर्णन में कई तरह की अर्थव्यंजकता है :

"ज्यों-ज्यों अँधेरा बढ़ता था और सितारों की चमक तेज़ होती थी, मधुशाला की रौनक़ भी बढ़ती जाती थी। कोई गाता था, कोई डींग मारता था, कोई अपने संगी के गले लिपट जाता था। कोई अपने दोस्त के मुँह से कुल्हड़ लगाये देता था।

वहाँ के वातावरण में **सरूर** था, हवा में **नशा**। कितने तो यहाँ आकर चुल्लू में मस्त हो जाते थे। शराब से ज़्यादा यहाँ की हवा उन पर नशा करती थी। जीवन की बाधाएँ यहाँ खींच लाती थीं और कुछ देर के लिए वे यहाँ भूल जाते थे कि वे **जीते** हैं या **मरते** हैं। या न **जीते हैं** न **मरते** हैं।"

यह है 'कफ़न' का आख़िरी दृश्य जिसमें वे नशे में हैं और बार-बार बुधिया के बैकुण्ठ जाने की कामना करते हैं। बुधिया–एक पवित्रात्मा–जिसने किसी को सताया नहीं, दबाया नहीं, मरते-मरते इनकी जिन्दगी की सबसे बड़ी लालसा पूरी कर गयी। अन्त से पहले प्रेमचन्द फिर कहानी को एक और नया मोड़ देते हैं। "श्रद्धालुता का यह रंग तुरन्त बदल गया। **अस्थिरता** नशे की ख़ासियत है। दुःख और निराशा का

दौर शुरू हुआ।" इससे पहले वे करुणा से अधिक **आक्रोश** के स्वर में कह रहे थे—"वह न बैकुण्ठ जायेगी तो क्या ये **मोटे-मोटे** लोग जायेंगे, जो गरीबों को दोनों हाथों से लूटते हैं और अपने पाप धोने के लिए गंगा में नहाते हैं और मन्दिरों में जल चढ़ाते हैं।" दुनिया की असमान व्यवस्था पर यह गुस्सा प्रेमचन्द के चरित्रों के लिए नयी बात नहीं है। याद करें कि **सद्गति** कहानी में बेटी के ब्याह के लए 'साइत' विचारने के लिए पण्डित जी के पास गया हुआ दुखी लकड़ी चीरते-चीरते मर जाता है। **अतिरंजना** यहाँ भी है। यह भी **अनहोनी** है। पर कहानी का मर्म या अभिप्राय इसी से जुड़ा है। एक गोंड चमरौने में जाकर कह आता है—"ख़बरदार मुर्दा उठाने मत जाना। अभी पुलिस की तहक़ीक़ात होगी, दिल्लगी है कि एक ग़रीब की जान ले ली। पण्डित जी होंगे, तो अपने घर के होंगे।" आख़िर पण्डित जी को ही लाश घसीटकर गाँव के बाहर ले जानी पड़ती है। यह दलितों का ग़ुस्सा है। अकारण नहीं कि 'कफ़न' में और-और विषयों तथा मनोभावों के साथ घीसू-माधव का ग़ुस्सा मोटे-मोटे लोगों पर अचानक फट पड़ता है। जब माधव को ख़याल आया कि—"बेचारी ने जिन्दगी में बड़ा दुःख भोगा, वह चीख़ें मार-मारकर रोने लगा।"

कहानी के अन्त में प्रेमचन्द लिखते हैं—घीसू ने समझाया "क्यों रोता है बेटा, ख़ुश हो कि वह **माया-ज्ञाल** से मुक्त हो गयी। बड़ी भाग्यवान् थी, जो इतनी जल्द **माया-मोह** के बन्धन तोड़ दिये।" और दोनों खड़े होकर गाने लगे—**"ठगिनी क्यों नैना झमकावै! ठगिनी!"** इसी अर्थ में किसी को लग सकता है कि वे अपने और बुधिया के दुःख को सीधे-सीधे देख रहे हैं, चुनौती दे रहे हैं। कबीर का 'निरगुन' उनके काम आ रहा है। झूठे पाखण्ड, कर्मकाण्ड, झूठी मर्यादाएँ वे तोड़ रहे हैं और बुधिया के साथ खुद भी माया-जाल से मुक्त हो रहे हैं। यह **मुक्ति अकेले की है भी** और **नहीं भी** है। वे अपनी वर्गीय स्थिति में भी जिस हाशिये पर पहुँच गये हैं और नगण्य-से हैं वहाँ से वे दुनिया को देख रहे हैं। विषमताओं के **माया-जाल** को वे देख रहे हैं—कभी भेदकर, कभी तोड़कर। **अस्वीकार** में उनकी **मुक्ति** है और इस **अस्वीकार** के **निहितार्थ** अनेक हैं जो पूरी कहानी में व्याप्त है।

कहने की ज़रूरत नहीं कि 'कफ़न' किसी भी अर्थ में दलित-विरोधी कहानी नहीं है और इस भ्रम को भी दूर करती है कि दलितों का रचा साहित्य ही दलित साहित्य है औरों का लिखा नहीं। प्रेमचन्द दलित-जीवन के एक ऐसे यथार्थ को चित्रित करते हैं जो इकहरा एकपक्षीय नहीं है। शेष समाज के सम्पर्क में ही उसकी वास्तविक त्रासदी का पता चलता है। घीसू-माधव की वर्गगत सामाजिक स्थिति ब्यौरेवार बतायी गयी है। प्रेमचन्द उनके तमाम **दुर्दशा** बताते हैं। फिर उनका **औचित्य** (जस्टीफिकेशन) भी उन्हीं में खोजते हैं और अन्त तक जाते-जाते उन्हें एक और ऊँचाई दे जाते हैं जैसे वे एक और दुनिया में पहुँचकर अपने अपराधबोध से मुक्त हो गये हैं। निरगुनिया सन्तों का इस वंचित समाज से एक गहरा नाता है। कर्मकाण्ड वे नहीं जानते, पर **'आसमान'**,

'वैकुण्ठ', **'परलोक'**, **'माया'** का अर्थ जानते हैं। कहानी एक स्तर पर श्रम का वांछित मूल्य न पानेवाले वंचितों, उपेक्षितों की **उच्चवर्गीय व्यवस्था** के प्रति **अस्वीकृति** या **प्रतिरोध** दिखाती है, दूसरी ओर उन्हें नशे की-सी स्थिति में एक अपना आध्यात्मिक स्पेस खोज या पा लेने जैसा अवसर उपलब्ध कराती है। वह इस अबोध जिज्ञासा के लिए गुंजाइश नहीं छोड़ती—कि फिर कफ़न का क्या हुआ। जिन्हें यह कहानी अधूरी जान पड़ती है, उन्हें दुनिया की हर महत्त्वपूर्ण साहित्यिक कृति अधूरी ही जान पड़ेगी क्योंकि केवल ख़राब कृतियाँ सोद्देश्य अन्त पर आधारित होती हैं जो पाठक की कल्पना पर तनिक भरोसा नहीं करतीं।

•

कफ़न

सुरेन्द्र चौधरी

प्रेमचन्द के कथानक-निर्माण के सम्बन्ध में मैंने लिखा है कि उनमें घटनाओं का अन्तर्क्षेप रहता है। किसी घटना को केन्द्र में रखकर सामान्यतः प्रेमचन्द जी किसी मनःस्थिति या व्यापक रूप से जीवन-स्थिति का उत्थापन करते हैं। चूँकि अधिकांश कहानियों में केन्द्रीय घटना का सम्बन्ध-क्रम में विकास होता है, इसलिए उनकी सामान्य कहानियों में कथानक के इस विकास के कारण रैखिकता आ जाती है। कफ़न में एक ही केन्द्रीय घटना है, बुधिया की मृत्यु! 'कफ़न' का कथानक इसी घटना को जीवन की सामान्य, किन्तु व्यापक परिस्थिति के केन्द्र में रखकर निर्मित है। कहानी की समाप्ति बिना किसी पूरक घटना के होती है, इसलिए ऐसा लगता है कि कहानी की सम्पूर्ण गति एक बार फिर इसी केन्द्र की ओर लौट जाती है। इस अर्थ में 'कफ़न' का निर्माण वृत्तात्मक है। चूँकि कफ़न के निर्माण की तारीफ बहुत की जाती है इसलिए इस निर्माण से ही बात शुरू करूँ।

स्व. नलिन विलोचन शर्मा जी प्रेमचन्द के स्थापत्य को उनकी उपलब्धियों में शामिल करते थे। आख़िर इस स्थापत्य का विकास कर प्रेमचन्द ने क्या उपलब्ध किया था? वस्तुतः कथा का यह स्थापत्य जीवन के सम्पूर्ण क्रियात्मक रूप और फलक को उदाहृत कर सकने में समर्थ होता है। इस अर्थ में 'कफ़न' का ढाँचा 'मैक्रोकॉस्मिक' है। इस सम्बन्ध में मैंने लिखा है कि 'कफ़न' में कथानक को निर्मित करनेवाले दो प्रमुख तत्त्व हैं, पहला है ग्रामीण परिवेश का जीवन्त और घटनापूर्ण चित्र तथा दूसरा है आर्थिक शोषण की पृष्ठभूमि। पहला कथा के आरम्भ में ही उभरता है—'झोंपड़े के द्वार पर बाप और बेटा दोनों एक बुझे हुए अलाव के सामने चुपचाप बैठे हुए हैं और अन्दर बेटे की जवान बीवी बुधिया प्रसव-वेदना से पछाड़ खा रही है...जाड़ों की रात थी, प्रकृति सन्नाटे में डूबी हुई, सारा गाँव अन्धकार में लय हो गया था।'' कथा का यह तात्कालिक पार्श्व लेखक की इच्छा का आक्षेप-मात्र नहीं है। इस पार्श्व से

वस्तुतः पात्रों की मनःस्थिति का रूप खड़ा किया जाता है। 'बुझे हुए अलाव' का प्रतीकात्मक संकेत यहाँ पार्श्व को सम्भावना-गर्भित करनेवाला है। यों सामान्य दृश्य के रूप में भी यह उनकी मनःस्थितियों के अनुरूप ही है (एक भूदृश्य एक मानसिक अवस्था है)।

दूसरा प्रमुख तत्त्व उभरता है बाप-बेटे की बातचीत में। इन दो स्थिति-स्थापक तत्त्वों के बीच उसकी मर्म स्थिति है—आसन्न-मरण बुधिया की छटपटाहट में। कहानी का सन्तुलन-बिन्दु भी यही तृतीय आहत पक्ष है। इस पात्र के अभाव में घीसू-माधव आहत और पराजित व्यावहारिकता के 'टाइप' मात्र बनकर रह जाते!

प्रेमचन्द का मूल स्वर प्रारम्भ होता है इन पंक्तियों से—"चमारों का कुनबा था और सारे गाँव में बदनाम।" ओम्निशेण्ट कथावाचक का यह पूर्वपरिचित 'स्वर' हमें सहसा कहानी में प्रवेश दे देता है। यहाँ से कथा की पृष्ठभूमि 'दृश्य-फलक' के साथ सामंजस्य स्थापित करती हुई आगे बढ़ती है। इस पृष्ठभूमि को स्थापित करते हुए प्रेमचन्द का स्वर ख़ूब उभरता है। "किसानों का गाँव था, मेहनती आदमी के लिए पचास काम थे।" और "अगर दोनों साधु होते, तो उन्हें सन्तोष और धैर्य के लिए संयम और नियम की बिलकुल ज़रूरत न होती।" जैसे वाक्यों को पढ़कर सहसा हम प्रेमचन्द के 'Epigrams' के परिचित विश्व में उछाल दिये जाते हैं। 'मुहावरे की रूह' खींचनेवाली ये सहज-सरल वाक्यावलियाँ हम तक प्रेमचन्द के कथावाचक का 'स्वर' पहुँचाती हैं।

वास्तविक अर्थ में 'सर्वहारा' तो बुधिया है, घीसू-माधव तो उपजीवी हैं। ग्रामीण परिवेश को प्रेमचन्द ने उस फलक (Panorama) के रूप में इस्तेमाल किया है जिस पर उपजीविता और शोषण का रंग उभर सके, जहाँ घटना की नाटकीयता पूरे वातावरण से निःसृत होकर आये। इस अर्थ में, जहाँ तक मैं समझ पाता हूँ, 'कफ़न' पेटेण्ट एलीगरी (रूपक) नहीं है। यहाँ घीसू-माधव अभावात्मक शक्तियों और इकाइयों के मानवीकृत रूप मात्र नहीं हैं। यदि इस कहानी में केवल बुधिया की मृत्यु का दृश्य-विधान होता, शोषण की आर्थिक पृष्ठभूमि नहीं होती तो शायद यह कहानी रूपक हो जाती। किन्तु प्रेमचन्द ने इस दूसरी पृष्ठभूमि में वास्तविकता की एक दूसरी दृष्टि ही प्रस्तुत की है। चूँकि प्रेमचन्द की इस कहानी का पूरा निर्माण 'बोधात्मक' है, इसलिए यहाँ उनके कथावाचक के स्वर की अधिकृति (Authority) को किसी भी रूप में अस्वीकारा नहीं जा सकता।

प्रेमचन्द की कहानियों में कथा के पार्श्व का यौगपदिक संक्रमण बहुत स्वाभाविकता के साथ चित्रित किया जाता है। वे सर्वप्रथम कथा के पूरे फलक को, कल्पना के पूरे विश्व को इस विधि से उजागर कर देते हैं, फिर धीरे-धीरे तात्कालिक पार्श्व पर दृष्टि जमा लेते हैं। सामान्य से विशेष की ओर यह संक्रमण नाटकीय नहीं होता, बहुत स्वाभाविकता से होता है। इस अर्थ में प्रेमचन्द की कहानियों में 'पेरिपेटिया' की एक बड़ी स्वाभाविक मुद्रा उभरती है, 'कौशिक', 'सुदर्शन' आदि से नितान्त भिन्न। सुदर्शन,

कौशिक आदि की कहानियों में घटना की नाटकीयता में ही बल होता है, चरित्र तो प्रवाह में रहते हैं। इसके विपरीत प्रेमचन्द की अधिकांश कहानियाँ 'घटना की नाटकीयता' के विरोध में चरित्र को उदाहृत करती हैं, कम-से-कम कफ़न में तो यह विधि बहुत स्पष्ट है।

यौगपदिक संक्रमण की जो त्वरा इस कहानी में है वह सामान्य लेखक के नियन्त्रण में नहीं आ सकती। यहाँ कहानी वास्तविकता की एक विशेष भंगिमा (Gesture) से प्रारम्भ होकर एक बहुत ही प्रतीकात्मक स्तर पर आकर समाप्त होती है। इस कहानी से जो सामाजिक वास्तविकता निर्गत होती है, वह बोध को एक नया स्तर प्रदान करती हुई मालूम पड़ती है। वस्तुतः प्रेमचन्द ने उस सामाजिक वास्तविकता को इस कहानी के द्वारा गति प्रदान की है, फंक्शनल बना दिया है। इसे एलेनटेट 'प्रकृत-प्रतीकात्मक' विधि की संज्ञा देता है। इस कहानी का अर्थ ढूँढ़ते हुए जो लोक 'संवेदना के निरूदन' पर जाकर रुकते हैं उन्हें शायद पता नहीं है कि प्रेमचन्द की जीवन-सरणि अभावात्मक स्थितियों में जाकर समाप्त नहीं होती। 'कफ़न' में भी किसी 'अभावात्मक स्थिति' तक पहुँचना ही लेखक का उद्देश्य नहीं है। वह इस अभावात्मक स्थिति के केन्द्र में बुधिया की छटपटाहट को रखकर ही एक अर्थ सिद्ध करना चाहता है। इस 'छटपटाहट' की आवृत्ति अनेक रूपों में, अनेक प्रसंगों में होती है। 'माधव' इस अर्थ में घीसू की पराजित व्यावहारिकता के समझौते से अलग अपना स्वर रखता है। घीसू के इस कथन के कि 'कफ़न लगाने से क्या मिलता है? आख़िर जल ही तो जाता है, कुछ बहू के साथ तो न जाता', उत्तर में माधव 'आसमान की तरफ देखता है' 'मानो देवताओं को अपनी निष्पापता का साक्षी बना रहा हो।' फिर पिता से प्रश्न करता है—'लेकिन लोगों को क्या जवाब दोगे? लोग पूछेंगे नहीं कफ़न कहाँ है? इसी प्रसंग में माधव एक बहुत ही भोला-सा प्रश्न करता है—'क्यों दादा, हम लोग भी एक-न-एक दिन वहाँ जायेंगे ही' और इस भोले सवाल पर सोचकर 'घीसू इस आनन्द में बाधा डालना' नहीं चाहता था।

दुनियादारी के मामले में घीसू का कोई सिद्धान्त नहीं है, साठ साल के लम्बे तजुर्बे ने उसे बता दिया है कि सारे सिद्धान्त तोड़ने के लिए बनते हैं, अमीरों के चोंचले हैं। चाहे जिस स्तर पर भी हो, इतना संश्लिष्ट व्यक्तित्व प्रेमचन्द का बोध ही निर्मित कर सकता था। घीसू दास्तोवस्की के 'दिमित्री' की तरह आदिम है और पूर्ण है। इस व्यावहारिक अनुभव ने विचित्र ढंग से उसे प्रखर बना दिया है, उसके तर्कों की प्रत्युत्पन्नता का आधार भी यह अनुभव ही है। उसका यह तर्क कभी-कभी आड़े वक़्त पर काम आ जाता है।

सम्पूर्ण कहानी में घीसू का दृष्टिकोण बहुत पूर्ण-जैसा लगता है, अपनी अमानवीयता में भी वह पूर्ण ही है। यह पूर्णता अनुभव-सिद्ध है। बुझे हुए अलाव और निस्तब्ध वातावरण के साथ घीसू-माधव की बातचीत का प्रसंग बड़ा नाटकीय है। इस नाटकीय वातावरण में घीसू का व्यक्तित्व और ही रंग भरता है। माधव से घीसू कहता है—"मेरी

औरत जब मरी थी, तो मैं तीन दिन तक उसके पास से हिला तक नहीं...'' आप इसे प्रसंगोचित बहाना (Prop) कहें मगर है यह मर्म का उभार ही। इस पंक्ति के साथ सहसा मुझे चेखव की कहानी 'वो' के नायक ग्रिगोरी पेत्रोव की याद हो जाती है, वही सामर्थ्य, वही बहाने, वही पूर्णता! अपनी ख़ूबियों और ख़ामियों में ये दोनों चरित्र कितने समीप हैं, अन्तर इतना ही है कि चेखव की कहानी में 'पेरिपेटिया' का एक बड़ा तीखा झटका है, प्रेमचन्द में झटका नहीं है चोट है! पेत्रोव के सम्बन्ध में कहा गया है– ''खरादी ग्रिगोरी पेत्रोव, जिसकी प्रतिष्ठा पूरे गालचिनो ज़िले में एक बेहतरीन कारीगर और एक बेहद पक्के शराबी और नाकारा के रूप में पूरी तरह स्थापित थी...''

और घीसू के सम्बन्ध में–'घीसू ने इसी आकाश-वृत्ति से साठ साल की उम्र काट दी...' और भी–'घीसू एक दिन काम करता तो तीन दिन आराम।'

'कफ़न' शीर्षक कहानी में बुझे हुए अलाव को लेखक ने वातावरण की जड़ता और जीवन की सामान्य परिस्थिति के निरूदन के रूप में रखकर वस्तुतः एक प्रेरक कारण (Motif) की प्रतिष्ठा की है। 'वो' में 'स्नो मोटिफ' है, ज्वायस के 'दि डेड' में भी। वस्तुतः किसी भी वास्तविक दुःखान्त दृश्य का जो प्रभाव हमारे मन पर पड़ सकता है वही प्रभाव इस कहानी को पढ़कर भी पड़ता है। प्रभाव की यह दृश्य-रूपात्मकता सामान्य निर्माण की कला नहीं है। जीवन की सामान्य परिस्थिति और प्रक्रिया को जैसे इस वर्ग के सन्दर्भ में लेखक ने साक्षात् बना दिया है।

कहानी के अर्थ के सम्बन्ध में अलग से विचार करने की आवश्यकता इसलिए पड़ गयी है कि लेखक ने अपना निर्णय सामान्यतः सुरक्षित रखा है। यद्यपि कहानी के प्रसंग में एक स्थान पर उसका अन्तर्क्षेप (Interception) हो ही गया है। वस्तुतः कथा के स्तर पर इस कहानी का मर्म नहीं खुलता, वह खुलता है भावना के स्तर पर और उसमें भी गहराई में सम्पूर्ण संस्कृति के स्तर पर। जीवन की इस विरूपता को सामने रखकर वस्तुतः लेखक उस सामंजस्य को पाने की चेष्टा करता है जो हमारे युग की अनिवार्यता है। सम्पूर्ण सांस्कृतिक स्तर पर आज जो अमानवीयता व्याप्त है उसका प्रतिकार होना ही चाहिए, घीसू-माधव की तरह वर्तमान में जीना कोई निदान नहीं है। 'बुधिया' की ट्रेजेडी वस्तुतः इसी तथ्य को उजागर करती है। इस अर्थ में प्रेमचन्द की प्रस्तुत कहानी घोर बोधात्मक शिल्प में लिखी जाकर भी अपने प्रतीकात्मक संकेतों के कारण अर्थान्तरित महत्त्व रखती है। मात्र जीवन की विरूपता का निर्देश प्रेमचन्द को इष्ट नहीं है, वे उसका भयावह रूप भावना के स्तर पर और क्रमशः सांस्कृतिक ब्लैक आउट के स्तर पर ले जाकर खोलना चाहते हैं। इस 'थीम' पर न जाने कितनी कहानियाँ आज तक लिखी गयी हैं किन्तु, निर्माण की दृष्टि से जो रूप 'कफ़न' में खुलता है वह शायद कहीं अन्यत्र खुल नहीं पाता।

•

कफ़न

शिवकुमार मिश्र

'कफ़न' प्रेमचन्द के परवर्ती रचना-काल की कहानी है, उनकी सम्पूर्ण कहानियों में कदाचित् सबसे अधिक चर्चित। समीक्षकों ने रचना-शिल्प और रचना-दृष्टि दोनों आयामों पर इसे प्रेमचन्द की उल्लेखनीय उपलब्धि माना है। कहानी में जिस 'आधुनिकता' का प्रवेश आगे चलकर नयी कहानी में हुआ, 'कफ़न' में उसका पूर्वाभास देखा गया है। प्रेमचन्द की रचनाशीलता का यह वह परिपक्व दौर है, जब अनुभव, विचार, संवेदना और शिल्प हर आयाम पर प्रेमचन्द मँज और निखर चुके थे। अपनी पिछली तमाम आस्थाओं और विचारों का अतिक्रमण कर इस दौर में वे सामाजिक यथार्थ को उसके निहायत तल्ख़ और बेधक रूपों में उजागर कर रहे थे। उनकी इस दौर की ज़्यादातर रचनाशीलता पाठक को भीतर तक झकझोरनेवाली, परेशान, बेचैन और विक्षुब्ध करनेवाली रचनाशीलता है। 'कफ़न' प्रेमचन्द के ऐसे ही रचना-काल की फलश्रुति है।

'कफ़न' कहानी को लेकर अब तक जो तमाम चर्चाएँ हुई हैं, वे एक ही तरह की नहीं हैं। जहाँ उसे बहुत बड़े पैमाने पर बहुत विशाल पाठक वर्ग की समीक्षकों की स्वीकृति मिली है, उसे प्रेमचन्द की बेहतरीन और बहुत महत्त्वपूर्ण रचना माना गया है, वहीं उसे लेकर कुछ विवाद भी उठे हैं। जब से दलित-साहित्य की चर्चा हिन्दी में शुरू हुई, दलित-लेखक, कहानीकार सामने आये, दलित-चेतना और दलित-जीवन-सन्दर्भों पर बहसें शुरू हुईं, इन बहसों और चर्चाओं के केन्द्र में प्रेमचन्द भी आये, ख़ास तौर से दलित-जीवन-सन्दर्भों से जुड़ा उनका लेखन। यह एक हक़ीक़त है कि प्रेमचन्द इन दलित-लेखकों के बीच विवाद का विषय बने और दलित-जीवन-सन्दर्भों पर उन्होंने जो कुछ लिखा है, वह भी विवाद के दायरे में आया। 'कफ़न' कहानी दलित लेखकों के बीच विशेष विवादास्पद बनी, जिसकी प्रसंगतः हम चर्चा करेंगे।

दलित-साहित्य और दलित-लेखक तो काफ़ी बाद को आये, उनमें बहुत पहले हंसराज 'रहबर' ने भी 'कफ़न' कहानी में घीसू-माधो की जिस रूप में प्रस्तुति हुई है, उस पर आपत्ति उठायी थी और उसे प्रेमचन्द की जानी-मानी सोच से अलग तरह का प्रयास माना गया था। जो भी हो, आपत्तियाँ अपनी जगह हैं, ज़रूरत कहानी में प्रेमचन्द के अभिप्रेत को जानने और समझने की है।

'कफ़न' वस्तुतः परजीवियों पर केन्द्रित कहानी है और ज़रूरी नहीं कि उनका सम्बन्ध दलित वर्ग से हो। ये परजीवी किसी भी वर्ग के हो सकते हैं। बहुत साफ़ तरीक़े से प्रेमचन्द कहानी में बताते हैं कि ये परजीवी आसमान से नहीं टपकते, ये व्यवस्था और सामाजिक स्थितियों की उपज होते हैं। उनका कहना है—"जिस समाज में रात-दिन मेहनत करनेवालों की हालत उनकी हालत से कुछ बहुत अच्छी न थी और

किसानों के मुक़ाबले में वे लोग, जो किसानों की दुर्बलताओं से लाभ उठाना जानते थे, कहीं ज़्यादा सम्पन्न थे, वहाँ इस तरह की मनोवृत्ति का पैदा हो जाना कोई अचरज की बात न थी।" अर्थात् जब मेहनत करके भी नंगे-भूखे ही रहना है, तो मेहनत करने की ज़रूरत क्यों, यही मनोवृत्ति और यही सोच परजीविता को जन्म देती है। प्रेमचन्द सीधे यहाँ अपने समय के ग्रामीण समाज-तन्त्र पर कटाक्ष करते हैं, उस पूरी व्यवस्था पर कटाक्ष करते हैं, जिसमें श्रम करनेवाले भूखों मरते हैं और उनके श्रम से लाभ वे उठाते हैं, व्यवस्था ने जिनकी गरदनें उनके पैरों के नीचे डाल रखी हैं। ऐसे समाज में ही परजीविता पनपती है और ऐसा समाज ही इस परजीविता के चलते आदमीयत से रहित एक अमानवीय (De-Humanized) समाज बनता जाता है। आदमी पहले अपने श्रम से कटता है, फिर समाज से और अन्ततः अपने-आपसे, और फिर वह आदमी नहीं रह जाता।

घीसू और माधो इसी परजीविता के (type) पात्र हैं। वे दलित वर्ग के (type) पात्र नहीं हैं। जैसा हम कह आये हैं ये परजीवी किसी भी वर्ग के हो सकते हैं, चूँकि साधारण जन के पास अपने श्रम के अलावा जीविकोपार्जन का और कोई सहारा नहीं होता, अतएव श्रम से विच्छिन्न होकर उसका परजीवी बनना ज़्यादा मुमकिन है। कदाचित् घीसू और माधो के चुनाव के पीछे प्रेमचन्द की सोच यही है। घीसू और माधो के अलावा उस परिवार में बुधिया भी है, जिसकी मृत्यु कथा की केन्द्रीय धुरी है। बुधिया सही अर्थों में सर्वहारा है, जो रात-दिन मेहनत करके अपना तथा घीसू-माधो का पेट भरती है। घीसू और माधो जन्म से परजीवी हैं। घीसू को यह विरासत कहाँ से मिली, इसका संकेत तो नहीं है, जो सूचित किया गया है वह यही कि ज़िन्दगी के साठ वर्ष इसी परजीविता में उसने काटे हैं। इसी के चलते अपने नौ-नौ बेटों की बलि भी चढ़ा चुका है और जो बचा, उसे अपनी निगरानी और अपने शिष्यत्व में उसको परजीवी बनाया है। माधो परजीविता को विरासत में पाता है घीसू से।

यह परजीविता आदमी को आदमीयत से कितना अधःपतित करती है, इसका प्रमाण प्रसव-वेदना से व्याकुल बुधिया का, अकेल ही छटपटा-छटपटाकर दम तोड़ देना है और जाड़े की रात में झोंपड़े के बाहर बुझे अलाव के सामने घीसू और माधो का महज़ जबानी जमा ख़र्च करते हुए बैठे रहना है, वह भी इस नाते कि उनमें से कोई अलाव के पास से हटा तो दूसरा अलाव की बुझी आग के नीचे की गर्म राख में भुनते हुए आलुओं को अकेला ही खा जायेगा। आलू जो दो-दिन के फ़ाक़ों के बाद किसी दूसरे के खेत से चोरी करके उखाड़े गये थे और जिन्हें बिना उनका स्वाद लिये किसी तरह वे अपने हलक़ के नीचे पेट की आग को ठण्डा करने के लिए उतार रहे थे। बड़ी असामान्य और असहज स्थितियों के बीच प्रेमचन्द ने अपने इन परजीवी पात्रों से हमारा परिचय कराया है।

घीसू ऊपर से कुछ संवेदनशील दिखाया गया है, जो माधो को अन्दर जाकर औरत की हालत जानने को प्रेरित करता है, उसे बेदर्द भी कहता है, अपना उदाहरण भी देता है कि अपनी औरत के मरने पर वह तीन दिन तक उसके पास से हिला भी न था,

अपनी मजबूरी का तर्क भी देता है कि जिसका मुँह तक उसने नहीं देखा, उसका उघड़ा बदन कैसे देखे, परन्तु माधो अपनी जगह से टस-से-मस नहीं होता। आपसी स्पर्द्धा में ताबड़तोड़ गर्म आलुओं को अपने हलक़ में उतारते हुए अन्ततः उस बुझे अलाव के सामने दोनों सो जाते हैं। "जैसे दो बड़े-बड़े अजगर कुण्डलियाँ मारे पड़े हों।" सुबह उठकर पाते हैं कि बुधिया अपना दम तोड़ चुकी थी।

कहानी की शुरुआत का केन्द्रीय बिन्दु यही है। कफ़न मृत व्यक्ति की ज़रूरत होती है और बुधिया की मात ही घीसू-माधो को इस ज़रूरत का अहसास कराती है। इसके पहले जाड़े की हाड़ कँपा देनेवाली रात, वातावरण पर छाया अन्धकार, अलाव का बुझा होना, झोंपड़े के भीतर बुधिया का प्रसव-वेदना के चलते चीख़ना, ये सारी बातें घीसू-माधो की अपनी निस्पन्दता और निष्क्रियता तथा स्थिति के प्रति उनकी निर्मम उदासीनता के साथ घुल-मिलकर परिस्थिति की त्रासदी को और भी गहरा करती है।

ज़रूरत कफ़न की है और जिनके पास मिट्टी के दो-चार बर्तनों के अलावा और कुछ भी न हो, वे बुधिया की लाश के लिए कफ़न मुहैया करा सकेंगे, इसका कोई सवाल ही नहीं। घीसू-माधो परजीवी ज़रूर हैं, पर उनके पास व्यावहारिक बुद्धि की कमी नहीं है। अपने अनुभवों से भी बराबर उन्होंने जाना है कि अपनी परजीविता के बावजूद वे लोगों की दया और सहानुभूति पाते रहे हैं। वे छाती पीट-पीटकर ज़ोर-जोर से रोते-चिल्लाते हैं। पास-पड़ोस के लोग इकट्ठा होते हैं, उनकी करुणा और सहानुभूति भी उन्हें मिलती है। प्रश्न लकड़ियों और दीगर सामान का नहीं था। लकड़ियाँ कहीं से भी काट ली जायेंगी, बाक़ी छिटपुट सामान का बन्दोबस्त भी लोगों की कृपा से हो जायेगा, समस्या कफ़न की थी। परजीवी व्यक्ति या तो चोरी करे या भीख माँगे। चोरी का सवाल नहीं था—भीख उनके लिए आये दिन की बात थी। छाती पीटते हुए वे ज़मींदार के पास पहुँचते हैं जो दोनों की कामचोरी और पिछले इतिहास से भली-भाँति परिचित होते हुए भी स्थिति को परखकर बिना सहानुभूति जताये दो रुपये हिकारत से उनकी तरफ़ फेंक देते हैं। जब ज़मींदार ने दो रुपये दे दिये तो आने-दो-आने औरों से बटोरना बड़ी बात नहीं थी। दोनों के पास कुल मिलाकर पाँच रुपये आ जाते हैं।

समस्या का निदान हो चुका था। अब दोनों निश्चिन्त थे। चिन्ताहीनता उनकी व्यवहार बुद्धि को उकसाती है। वे दार्शनिक और विश्लेषक बनते हैं, व्यवस्था और उसकी विसंगतियों पर जायज़ टिप्पणियाँ करते हैं। इतनी 'मेहनत' से अर्जित लक्ष्मी को अकारथ क्यों किया जाये? हलके मामूली कपड़े से भी काम चल जायेगा। रात को कौन देखता है? सच पूछा जाये तो ज़रूरत मामूली कफ़न की भी नहीं है। आख़िर कफ़न की ज़रूरत ही क्यों? लाश के साथ जल ही तो जाता है? बड़ी सार्थक टिप्पणी है उनकी—"कैसा बुरा रिवाज़ है? जिसे जीते-जी तन ढाँकने को चीथड़ा न मिले, उसे मरने पर नया कफ़न चाहिए।" कहानी का यह बिन्दु गहरी विडम्बना का बिन्दु है और यहाँ स्थिति पर व्यंग्य लेखक का है। 'गोदान' का स्मरण करें, वहाँ भी अन्त में विडम्बना का यही रूप है। जो होरी जीते-जी अपने घर के सामने गाय नहीं बाँध सका, उसके अन्तिम क्षणों में धर्म (पं. दातादीन) उसकी पत्नी से गोदान करने को कहते हैं।

अपने तर्कों के प्रति आश्वस्त, अपनी सहज एषणाओं से चालित, अपनी तर्क पुष्ट परजीविता के बल पर वे सहज ही शराब के अड्डे की ओर रुख़ करते हैं। शराब की चुस्कियाँ उन्हें आत्मतुष्ट तो करती ही हैं, उन्हें दार्शनिक भी बनाती हैं। वे जीवन और मृत्यु-जैसे गम्भीर प्रश्नों से भी उलझते हैं। बुधिया के प्रति उनका ममत्व यहाँ अपने पूरे वेग से फूटता है। वे उसे ढेरों शुभकामनाएँ देते हैं। भगवान् से प्रार्थना करते हैं कि वह उसे सीधा बैकुण्ठ भेजे। जब वह जीवित थी, तब भी वही हाड़तोड़ मेहनत करके उनका दोज़ख़ भरती थी और आज जब वह नहीं है, उसी की बदौलत वे उस सुख को पा रहे हैं, जो उन्हें कभी नसीब नहीं हुआ। "भगवान्, तुम अन्तर्यामी हो। उसे बैकुण्ठ ले जाना। हम दोनों हृदय से आशीर्वाद दे रहे हैं। आज जो भोजन मिला, वह कभी उम्र भर न मिला था।" जीवन में पहली बार उन्हें किसी को 'देने' का सुख और उल्लास मिलता है। जी भर पूड़ियाँ खाकर वे बची हुई पूड़ियाँ पास बैठे भिखारी को दे देते हैं। माधो के यह आशंका जताने पर कि जब कभी वे लोग ऊपर गये बुधिया उनसे पूछेगी कि उन्होंने उसे बिना कफ़न ऊपर क्यों भेजा, घीसू अपने अनुभवों के बल पर माधो को आश्वस्त करता है कि बुधिया को कफ़न मिलेगा और वही लोग देंगे, जिन्होंने अभी दिया है। वे बुधिया को भाग्यवान् कहते हैं कि ज़िन्दगी की खटपट में ज़्यादा पड़े बिना वह जल्दी ही माया के बन्धनों से मुक्त हो गयी। माया तो बड़ी ठगिनी है, आसानी से नहीं छोड़ती किसी को। 'ठगिनी, क्यों नैना झमकावै' कहते हुए, कबीर को याद करते हुए गले में बाँहें डाले, दोनों वहीं शराबख़ाने के सामने नशे में धुत्त गिर पड़ते हैं।

यहाँ कहानी की परिसमाप्ति है। व्यवस्था की विसंगतियाँ किस तरह आदमी को अपने श्रम और अपने वजूद से काटकर परजीवी बनाती हैं, उसे 'मानुष' से 'अमानुष' में बदलती हैं, वस्तुतः कहानी में प्रेमचन्द का अभिप्रेत यही है। कहानी पाठक को गहरे जाकर बेचैन और विक्षुब्ध करती है, व्यवस्था की विसंगतियों के प्रति उसके मन में वितृष्णा उपजाती है। इस व्यवस्था को बदलना है, यह बदली जानी चाहिए, कहीं इस प्रकार की व्यंजना भी करती है। प्रेमचन्द यहाँ कहीं भी मुखर नहीं हैं परन्तु कहानी पूरी शक्ति से उनके व्यंग्य को, उनके अभिप्रेत को उजागर करती है, उसे गाढ़ा करती है। घीसू-माधो-जैसे पात्रों की रचना सहज नहीं, क्लेशकर निर्माण है और प्रेमचन्द के रचनाकार ने क़तई भावुक हुए बिना इन आसामान्य चरित्रों को रचा, विद्यमान व्यवस्था के ढब और ढंग को उभारने के लिए, पाठक को बेचैन और विक्षुब्ध करने के लिए, व्यवस्था के वास्तविक अमानवीय चरित्र को उसकी सारी अमानवीयता के साथ उद्घाटित करने के लिए।

अब दलित लेखकों और उन कुछ दूसरे लोगों के द्वारा उठायी गयी आपत्तियों पर विचार करें। दलित साथियों की आपत्ति दलित-वर्ग के माधो-घीसू के चरित्रों की इतनी क्रूर और हृदयहीन प्रस्तुति को लेकर है। क्रूर और हृदयहीन 'सद्गति' के पुरोहित जी, 'सवा सेर गेहूँ' के विप्र की तथा और भी बहुतेरे पात्र प्रेमचन्द के ही रचे-सिरजे हैं, जिन्हें

लेकर किसी समय प्रेमचन्द पर ब्राह्मण-विद्वेष के आरोप भी सवर्ण समीक्षकों में से कुछ ने लगाये थे। दलित बन्धुओं का भी प्रेमचन्द पर आरोप कुछ इसी तरह का है। प्रेमचन्द ने सवर्ण-दलित जिन पात्रों को भी ऐसे सन्दर्भों में चित्रित किया है उनकी उँगली हमेशा व्यक्ति की तरफ़ नहीं व्यवस्था की विसंगतियों पर ही उठी है। 'सद्गति' के पुरोहित, सवा सेर गेहूँ के विप्र जी, पं. मोटेराम शास्त्री भी परजीवी हैं—व्यवस्था द्वारा पैदा किये हुए और माधो-घीसू जैसे चरित्र भी। हम कह चुके हैं माधो-घीसू दलित वर्ग के टाइप नहीं हैं, परजीविता के टाइप हैं। दलित वर्ग की बुधिया भी है, जिसे केन्द्र बिन्दु के रूप में समूची मानवीय संवेदना के साथ प्रेमचन्द ने चित्रित किया है। अतएव, रावण हों या दलित, ऐसे पात्रों की प्रस्तुति में प्रेमचन्द की नीयत पर शक करने का सवाल ही नहीं उठता। प्रेमचन्द की संवेदनाएँ और पक्षधरता वहाँ और क्या थी, यह सर्वविदित है। कहानी एक गहरी हताशा, अवसाद और संत्रास को जरूर जन्म देती है, यदि उसके निहितार्थ को ठीक से न समझा जाये। कहानी का निहितार्थ इनके बजाय परेशानी और बेचैनी को उपजाता है, विमुग्ध करता है, व्यवस्था की अमानवीयता को उजागर करता है माधो-घीसू जिसके शिकार हैं।

बातें जहानी में अस्वाभाविक स्थितियों को लेकर भी की गयी हैं। रात भर बुधिया का अकेले झोंपड़े में चीखना-कराहना और पास-पड़ोस के किसी भी स्त्री-पुरुष की अनुपस्थिति, जो गँवई-गाँव के परिवेश में जरूर असामान्य लगती है। इसी तरह बाप-बेटे के बीच के रिश्ते की विडम्बना दोनों का समान स्तर पर स्वार्थी होना, एक-दूसरे के गले में बाँहें डालने झूमना-गाना, बेसुध होकर गिर पड़ना आदि-आदि। बराबर कहा जाता रहा है कि साहित्य में यथार्थ नहीं, यथार्थ का भ्रम होता है। जैसा जो कुछ हम ज़िन्दगी में देखते पाते हैं साहित्य में वैसा और हू-ब-हू सब-कुछ नहीं उतरता। अपने अभिप्रेत के लिए रचनाकार यथार्थ को प्रतीकात्मकता भी देता है, उसे विद्रूप भी करता है, उसे गढ़ता भी है, उसे झुठलाने के लिए नहीं, उसे सही फलितार्थों तक ले जाने के लिए। अतएव, जीवन के सारे सहज तर्कों को साहित्य पर ज्यों-का-त्यों लागू करना सही नहीं होगा। कड़कते जाड़े की रात में बुधिया की कराह और चीख़ का अनसुना रह जाना भी स्वाभाविक है। परजीविता उस पराकाष्ठा पर पहुँच सकती है, जिसका चित्रण घीसू-माधो के पारस्परिक असामान्य व्यवहारों में हुआ है।

सवाल है कि क्या प्रेमचन्द कहानी में अपने अभिप्रेत को पा सके हैं, अपनी रचना-दृष्टि और रचना-शिल्प के ज़रिये। जिस दौर की, प्रेमचन्द की जिस मनोभूमि की कहानी 'कफ़न' है, कदाचित् प्रेमचन्द पूरी शिद्दत से व्यवस्था की विसंगतियों और विडम्बनाओं को उधेड़कर सामने रखना चाहते थे। वे ऐसा कर सके हैं। पाठक को बेचैन और विक्षुब्ध कर सके हैं। इसके अलावा, उनकी नीयत में और कुछ पढ़ने या पढ़े जाने की ज़रूरत हम महसूस नहीं करते।

•

कफ़न : भूख का मनोविज्ञान

रामचन्द्र तिवारी

'कफ़न' कथा-सम्राट् प्रेमचन्द की रचना-यात्रा की अन्तिम चरण की बहुचर्चित कहानियों में से एक है। कहानी का महत्त्व ग़रीबी और अभाव में एक ऐसे बिन्दु को उभारने के कारण है, जहाँ पेट की मार ने सारे पारिवारिक और सामाजिक रिश्तों के नैतिक आधार को समाप्त कर दिया है। प्रेमचन्द ने बड़ी ख़ूबी से यह दिखाया है कि हमारे इसी भद्र-समाज में सदियों से ग़रीबी की मार झेलनेवालों का एक ऐसा वर्ग भी है, जिसके लिए 'भूख' से बड़ा कुछ भी नहीं है। इस वर्ग में भद्र-समाज के नैतिक मूल्यों का कोई महत्त्व नहीं है। स्थिति यहाँ तक पहुँच गयी कि पिता-पुत्र और पति-पत्नी के रिश्ते भी गौण हो गये हैं। इन रिश्तों से अधिक महत्त्व दो भुने हुए आलुओं का है।

कहानी का कथा-सूत्र बहुत छोटा है। कहानी एक दलित परिवार की है। परिवार में घीसू और माधव पिता-पुत्र हैं। घीसू की पत्नी मर चुकी है। माधव का विवाह एक वर्ष पूर्व हुआ है। उसकी जवान पत्नी बुधिया कोठरी के भीतर प्रसव-पीड़ा से छटपटा रही है? बाहर अलाव के पास बैठे हुए पिता-पुत्र आलू भूनकर खा रहे हैं। दोनों में से कोई भीतर बुधिया को देखने इसलिए जाने को तैयार नहीं है कि उसकी अनुपस्थिति में दूसरा सारे आलुओं को चट कर जायेगा। पिता-पुत्र आलू खाकर सो जाते हैं। बुधिया कराहते-कराहते दम तोड़ देती है। सबेरे माधव कोठरी में जाकर देखता है कि उसकी पत्नी मर चुकी है। पिता-पुत्र हाय-हाय करके रोने लगते हैं। पास-पड़ोस के लोग आकर दोनों को समझाने-बुझाने लगते हैं। घीसू लकड़ी और कफ़न के लिए गाँववालों से सहायता माँगता है। ज़मींदार साहब दोनों के निठल्लेपन को जानते हुए भी दो रुपयों की सहायता करके अपना फ़र्ज़ निभाते हैं। सबके सहयोग से पाँच रुपये की रक़म इकट्ठी हो जाती है।

पिता-पुत्र कफ़न ख़रीदने बाज़ार जाते हैं। दिन-भर बज़ाज़े में चक्कर लगाते हैं। उन्हें कफ़न के लिए कोई कपड़ा पसन्द नहीं आता। शाम होने पर दोनों एक शराब की दूकान में घुस जाते हैं। एक बोतल शराब ख़रीदते हैं। घीसू दो सेर पूरियाँ ख़रीद लाता है। दोनों पूरियाँ खाने और शराब पीने में मगन हो जाते हैं। पूरियाँ खाते हुए माधव के मन में एक प्रश्न उभरता है। वह कहता है कि दादा एक-न-एक दिन हम लोग भी तो वहाँ जायेंगे जहाँ बुधिया गयी है। अगर वह पूछेगी कि तुमने हमें कफ़न क्यों नहीं दिया तो क्या जवाब देंगे? घीसू उसे डाँटकर कहता है कि उसे कफ़न मिलेगा और वही लोग देंगे, जिन्होंने पहले दिया था। भरपेट पूरियाँ खाने के बाद माधव बची हुई पूरियाँ एक भिखारी को दे देता है। खा-पीकर दोनों तृप्ति का अनुभव करते हैं और यह विश्वास प्रकट करते हैं कि बुधिया अवश्य बैकुण्ठ में जायेगी क्योंकि मरकर भी

उसने दोनों की ज़िन्दगी की सबसे बड़ी लालसा पूरी कर दी। नशे के सरूर में दोनों निर्गुन गाने लगते हैं—'ठगिनी क्यों नैना झमकावै।' गाते-गाते नशे में बदमस्त होकर वहीं गिर पड़ते हैं। कहानी यहीं समाप्त हो जाती है।

ऊपर-ऊपर से देखने पर कथानक अतिरंजित और अविश्वसनीय लगता है। आज भी ऐसे पतित मनुष्यों की कल्पना नहीं की जा सकती, जो कफ़न के पैसे से शराब पीने लगें, किन्तु प्रेमचन्द जो कहना चाहते थे, या जिस बात को उभारकर सामने लाना चाहते थे उस पर ध्यान दें तो कहानी के अन्त की सार्थकता असन्दिग्ध है। प्रेमचन्द यह कहना चाहते थे कि मनुष्य के स्वभाव और चरित्र के निर्माण में समाज के आर्थिक ढाँचे की भूमिका ही निर्णायक होती है। घीसू और माधव की मनोवृत्ति के सम्बन्ध में टिप्पणी करते हुए प्रेमचन्द कहते हैं—"जिस समाज में रात-दिन मेहनत करनेवालों की हालत उनकी हालत से कुछ बहुत अच्छी न थी और किसानों के मुक़ाबले में वे लोग, जो किसानों की दुर्बलताओं से लाभ उठाना जानते थे, कहीं ज़्यादा सम्पन्न थे, वहाँ इस तरह की मनोवृत्ति का पैदा होना कोई अचरज की बात न थी।" घीसू और माधव की मनोवृत्ति का वर्णन प्रेमचन्द ने विस्तार से किया है। वे कहते हैं—"घीसू एक दिन काम करता तो तीन दिन आराम। माधव इतना कामचोर था कि आध घण्टे काम करता तो घण्टे भर चिलम पीता। इसलिए उन्हें कहीं मज़दूरी नहीं मिलती थी। घर में मुट्ठी भर अनाज मौजूद हो तो उनके लिए काम करने की कसम थी। जब दो-चार फ़ाक़े हो जाते तो घीसू पेड़ पर चढ़कर लकड़ियाँ तोड़ लाता और माधव बाजार में बेच आता और जब तक पैसे रहते, दोनों इधर-उधर मारे-मारे फिरते। जब फ़ाक़े की नौबत आती तो फिर लकड़ियाँ तोड़ते या मज़दूरी तलाश करते।"

प्रेमचन्द के उपर्युक्त कथन से प्रकट है कि घीसू और माधव की सक्रियता की मूल प्रेरणा उनकी भूख थी। पेट भरने के लिए ही वे लकड़ी तोड़ने या मज़दूरी करने में प्रवृत्त होते थे। समाज की दृष्टि में वे निठल्ले थे। उन्हें मज़दूरी भी तभी मिलती थी जब कोई दूसरा मज़दूर उपलब्ध नहीं होता था। उनके पारिवारिक सम्बन्ध भी आर्थिक उपयोगिता पर टिके थे। बुधिया का महत्त्व इसलिए था कि वह मेहनत-मज़दूरी करके सेर भर आटे का इन्तज़ाम कर लेती थी। घर की स्थिति यह थी कि ग़रीबी भी वहाँ आने में डरती थी। प्रेमचन्द के शब्दों में—"घर में दो-चार मिट्टी के बर्तनों के सिवा कोई सम्पत्ति न थी। फटे चीथड़ों से अपनी नग्नता को ढाँके हुए जिये जाते थे। संसार की चिन्ताओं से मुक्त! क़र्ज़ से लदे हुए। गालियाँ भी खाते, मार भी खाते, मगर कोई ग़म नहीं।" बुधिया के आने के बाद तो इनमें थोड़ी अकड़ भी आ गयी थी। मज़दूरी करने के लिए कोई बुलाता तो दुगुनी मज़दूरी माँगते।

दोनों बाप-बेटों की मनोवृत्ति पर ध्यान दीजिये। दोनों जानवरों की तरह पेट भरने के लिए ही बाहर काम की तलाश में निकलते थे। दोनों के लिए मान-अपमान जैसी कोई चीज़ नहीं थी। दोनों के मन में पारिवारिक लगाव या आत्मीयता का ताप नहीं

था। यहाँ तक की जिस बुधिया के आने से उनका पेट भरने लगा था और वे अकड़ने लगे थे उसकी पीड़ा और कराह का भी उनके लिए कोई अर्थ नहीं था। उसकी कराह सुनकर वे उद्विग्न तो होते हैं किन्तु भूख और उद्विग्नता से बड़ी सिद्ध होती है। उनके लिए पुण्यात्मा वही था जो उन्हें भरपेट स्वादिष्ट भोजन करा दे। भोजन दाता ही उनके लिए भगवान् था। 'घीसू' की स्मृति में भी भोजन का सन्दर्भ ही जीवित है। आलू निगलते हुए उसे बीस साल पहले ठाकुर के बारात की याद आती है। जाहिर है कि बारात में बहुत-सारी चीज़ें स्मरणीय रही होंगी, किन्तु उसे 'भोज' की ही याद ताज़ा है। वह माधव को सुनाकर कहता है—"वह भोज नहीं भूलता। लड़कीवालों ने सबको भरपेट पूरियाँ खिलायी थीं, सबको! छोटे-बड़े सबने पूरियाँ खायीं और असली घी की! चटनी, रायता, तीन तरह के सूखे साग, एक रसेदार तरकारी, दही, चटनी, मिठाई। अब क्या बताऊँ कि उस भोज में क्या स्वाद मिला। कोई रोक-टोक नहीं थी। जो चीज चाहो माँगो और जितना चाहो खाओ। लोगों ने ऐसा खाया, ऐसा खाया, किसी से पानी न पिया गया। मगर परोसनेवाले हैं कि पत्तल में गर्म-गर्म गोल-गोल सुवासित कचौरियाँ डाल देते हैं।" माधव के अनुभव-जगत् में ऐसी कोई घटना न कभी घटित हुई थी, न उसका कोई बिम्ब ही था। वह कल्पना ही कर सकता था। वास्तविक तृप्ति की जगह उसने काल्पनिक सुख का सहारा लेते हुए कहा—"तुमने बीस एक पूरियाँ खायी होंगी।" घीसू ने जवाब दिया—"बीस से ज़्यादा खायी थीं।" माधव ने कहा—"मैं पचास खा जाता!" घीसू ने याद किया—"पचास से कम मैंने भी न खायी होंगी। अच्छा पट्ठा था। तू तो मेरा आधा भी नहीं है।" अपनी जवानी को याद करते हुए घीसू को उस ज़माने की भी याद हो आती है। वह कहता है—"अब कोई क्या खिलायेगा? वह ज़माना दूसरा था। अब तो सबको किफ़ायत सूझती है। शादी-ब्याह में मत ख़र्च करो। क्रिया-कर्म में मत ख़र्च करो! पूछो ग़रीबों का माल बटोर-बटोरकर कहाँ रखोगे! बटोरने में तो कमी नहीं है। हाँ ख़र्च में क़िफायत सूझती है।" घीसू को यह समझ है कि धनीमानी सेठ-ज़मींदार ग़रीबों का ही माल बटोरकर समृद्ध हुए हैं, किन्तु ग़रीबी और भूख ने उसे इतना कुण्ठित कर दिया है कि पेट के अतिरिक्त और कुछ सोच ही नहीं पाता। उसका कालबोध भी पेट भरनेवाले आयोजनों की स्मृति पर टिका है। वह पुराने ज़माने को शादी-ब्याह और क्रिया-कर्म जैसे आयोजनों के सहारे याद करता है। ये दोनों ही अवसर ऐसे होते हैं, जब लोग हैसियत से ज़्यादा ख़र्च करके अधिक-से-अधिक लोगों को खिलाते हैं। कुछ नाम के लिए और कुछ परम्परा-पालन के लिए। 'कफ़न' के पैसों से भी वे शराब और पूरियाँ ख़रीदते हैं। ऐसा वे अवचेतन के दबाव में करते हैं या सोच-समझकर, कहना मुश्किल है। प्रेमचन्द ने इस घटना का वर्णन करते हुए लिखा है—"दोनों एक-दूसरे के मन की बात ताड़ रहे थे। बाज़ार में इधर-उधर घूमते रहे। कभी इस बज़ाज़ की दूकान पर गये, कभी उसकी दूकान पर। तरह-तरह के कपड़े रेशमी और सूती देखे, मगर कुछ जँचा नहीं। यहाँ तक कि शाम हो गयी। तब दोनों जाने किस

दैवी प्रेरणा से एक मधुशाला के सामने आ पहुँचे और जैसे किसी पूर्व-निश्चित योजना से अन्दर चले गये। वहाँ ज़रा देर तक दोनों असमंजस में खड़े रहे। फिर घीसू ने गद्दी के सामने जाकर कहा—साहु जी, एक बोतल हमें भी देना।" प्रकट है कि शराब की बोतल ख़रीदने के पहले घीसू के चेतन-अवचेतन में काफ़ी द्वन्द्व हो चुका था। चेतन मन दाह-कर्म की अनिवार्यता की बात को महत्त्व देकर कफ़न ख़रीदने के लिए प्रेरित करता रहा होगा। दूसरी ओर अवचेतन में वर्षों की दबी भूख और अतृप्ति की वासना खाने-पीने के सहज प्राप्त अवसर का उपयोग करने के लिए बाध्य करती रही होगी। दोनों का बज़ाज़े में दिन भर भटकना, तरह-तरह के कपड़ों का देखना और किसी को पसन्द न करना, एक-दूसरे के मन को ताड़ना, शराब की दूकान पर कुछ देर असमंजस में खड़ा रहना, ये सारे कार्य द्वन्द्व के ही सूचक हैं। विजय अन्ततः भूख की ही होती है। आधी बोतल शराब पी लेने के बाद दोनों के पूरियाँ, चटनी, अचार और कलेजियाँ खाने का बिम्ब प्रेमचन्द इस प्रकार प्रस्तुत करते हैं—"दोनों इस वक़्त शानं से बैठे हुए पूरियाँ खा रहे थे, जैसे जंगल में कोई शेर अपना शिकार उड़ा रहा हो। न जवाबदेही का ख़ौफ़ था, न बदनामी की फ़िक्र। इन भावनाओं को उन्होंने बहुत पहले ही जीत लिया था।" जीत तो क्या लिया था, ये भावनाएँ धीरे-धीरे मर गयी थीं। उनकी सारी ऐन्द्रिक चेतनाएँ आहार-चेतना के रूप में ही सीमित हो गयी थीं। पेट भरने के बाद घीसू का दर्शन और माधव का श्रद्धाभाव जगता है। घीसू दार्शनिक मुद्रा में कहता है—"हमारी आत्मा प्रसन्न हो रही है, तो क्या उसे पुन्न न होगा?" माधव श्रद्धा भाव से सिर झुकाकर स्वीकार करता है—"जरूर से जरूर होगा। भगवान्, तुम अन्तर्यामी हो। उसे बैकुण्ठ ले जाना। हम दोनों हृदय से आशीर्वाद दे रहे हैं। आज जो भोजन मिला वह कभी उम्र भर न मिला था।" दोनों की उक्तियों का निहितार्थ यह है कि, आख़िर कफ़न देकर दाह-संस्कार और उसके बाद क्रिया-कर्म इसीलिए न किया जाता है कि इन पुण्य कार्यों से मृत आत्मा को स्वर्ग लाभ हो। वह तो उसे हम लोगों को पेट भर स्वादिष्ट भोजन मिलने से ही हो गया। मृत आत्मा की मुक्ति या स्वर्ग-प्राप्ति के लिए किये जाने- वाले सारे धार्मिक-संस्कारों से होनेवाला पुण्य एक तरफ़ और दो व्यक्तियों को भर-पेट स्वादिष्ट भोजन करा देने से होनेवाला पुण्य दूसरी तरफ़। घीसू और माधव के लिए दूसरा पलड़ा ही भारी था। दोनों के लिए श्रद्धा, दया, धर्म, दर्शन और विवेक की चेतना का मूल आधार है, पेट भर तृप्तिदायक भोजन। भोजन के बाद ही घीसू का यह विवेक जगता है कि बैकुण्ठ के अधिकारी वे ही हैं, जो किसी को दबाते नहीं, किसी को सताते नहीं। वह माधव को आश्वस्त करते हुए कहता है—"हाँ बेटा, बैकुण्ठ में जायेगी। किसी को सताया नहीं, किसी को दबाया नहीं। मरते-मरते हमारी ज़िन्दगी की सबसे बड़ी लालसा पूरी कर गयी। वह न बैकुण्ठ जायेगी तो क्या ये मोटे-मोटे लोग जायेंगे, जो ग़रीबों को दोनों हाथ से लूटते हैं, और अपने पाप को धोने के लिए गंगा में नहाते हैं और मन्दिरों में जल चढ़ाते हैं।" खाने और पीने के बाद ही माधव को

बुधिया के दुःख की याद आती है। वह चीख़ें मार-मारकर रोने लगता है। घीसू का दार्शनिक फिर सामने आता है। वह माधव को समझता है—"क्यों रोता है बेटा, ख़ुश हो कि वह माया-जाल से मुक्त हो गयी। जंजाल से छूट गयी। बड़ी भाग्यवान् थी, जो इतनी जल्द माया-मोह के बन्धन तोड़ दिये।" मोह-माया के बन्धन टूटने की बात कहते हुए दोनों को माया के ठगिनी रूप का अहसास होता है और तभी वे यह निर्गुन गीत गाने लगते हैं—'ठगिनी क्यों नैना झमकावै।'

पूरी कहानी पर ध्यान दिया जाय तो साफ़ जाहिर होता है कि प्रेमचन्द दलितों और ग़रीबों के निठल्लेपन, ग़ैर-जिम्मेदाराना व्यवहार और असंवेदनशील होने का मूल कारण समाज के आर्थिक-सामाजिक ढाँचे के भीतर ढूँढ़ने का प्रयत्न करते दिखायी देते हैं। उन्होंने कहानी में जिस समाज की झलक दिखायी है, उसमें दलितों के अतिरिक्त ज़मींदार और बनिये-महाजनों का उल्लेख है। आगे चलकर किसानों की चर्चा भी हुई हैं। ज़ाहिर है कि इस समाज में ज़मींदार तथा बनिये-महाजन सम्पन्न हैं। किसान और दलित श्रमिक ग़रीब और विपन्न हैं। विडम्बना यह है कि जी-तोड़ परिश्रम करके भी किसान ग़रीबी से मुक्त नहीं हो पा रहे हैं। उनकी दुर्बलताओं से लाभ उठानेवाले श्रम न करते हुए भी उनसे बेहतर स्थिति में हैं। श्रमशील किसानों और निठल्ले दलित श्रमिकों की आर्थिक स्थिति में कोई ख़ास फ़र्क़ नहीं है। यही कारण है कि घीसू और माधव आलसी और ग़ैर-जिम्मेदार हो गये हैं; जब परिश्रम करके भी भूखों मरना है तब परिश्रम किया ही क्यों जाय? मान-अपमान का प्रश्न तो तब उठता है जब समाज में कोई हैसियत हो। जिसका मान ही नहीं है, उसका अपमान क्यों होगा? 'जिसका पेट खाली उसका ईमान खाली।' यह कहावत आज भी प्रचलित है। घीसू और माधव तथा उन जैसे अन्य दीन-हीन लोगों की यही नियति है। घीसू अपनी इस नियति से परिचित है। उसे ग़रीबों को दोनों हाथों से लूटनेवाले प्रभुवर्ग की पहचान भी है। किन्तु उसे निष्कृति का कोई मार्ग दिखायी नहीं पड़ता। वह परिस्थितियों से समझौता करके पेट-पालन को ही अपना धर्म मान लेता है।

इस कहानी में प्रेमचन्द ने अपने मन्तव्य को प्रस्तुत करने के लिए स्थितियों और घटनाओं का बड़ा ही कुशल संयोजन किया है। घीसू और माधव के मनोविज्ञान को उभारने में भी उन्होंने अद्भुत कलात्मक संयम से काम लिया है। इस कहानी की एकमात्र कमज़ोरी यह है कि इसमें अपने केन्द्रीय पात्रों के विशिष्ट मनोविज्ञान की व्याख्या स्वयं लेखक ने एक समाजशास्त्री की हैसियत से कर दी है। एक कहानीकार के रूप में प्रेमचन्द को घीसू और माधव के स्वभाव, आचरण और कार्य-व्यापार का चित्रण करके शेष पाठक के ऊपर छोड़ देना चाहिए था। प्रेमचन्द द्वारा की गयी व्याख्या कहानी के भीतर से व्यंजित होनी चाहिए थी। इस कमज़ोरी को नज़रअन्दाज़ करके देखा जाय तो यह प्रेमचन्द की बेहतरीन कहानियों में से एक मानी जायेगी।

•

घीसू, माधव और दलित आक्रोश

अपने लेखक को कैसे समझें

राजकिशोर

भारत का दलित वर्ग निस्सन्देह जाग रहा है। महात्मा फुले और डॉ. अम्बेडकर ने प्रतिरोध और विद्रोह के जो बीज बोये थे, वे अब अंकुरित हो रहे हैं। इस अंकुरण के कुछ पहलुओं पर विवाद हो सकता है, लेकिन दलित चेतना अब किसी प्रकार का समझौता करने के लिए तैयार नहीं है, यह स्पष्ट है। इस प्रक्रिया में दलितों के अपने प्रवक्ता सामने आ रहे हैं और भारतीय समाज के सामने तरह-तरह के असुविधाजनक प्रश्न रख रहे हैं। जिरह के इस माहौल को पिछड़ी जातियों में आयी नयी राजनीतिक चेतना से बल मिल रहा है। पिछड़ी जातियाँ भी मुट्ठी भर लोगों के सामाजिक वर्चस्व को समाप्त करने का संघर्ष कर रही हैं और ऐसे सवाल उठा रही हैं, जिनके आगे पोंगापन्थी सवर्ण अपने को निरुत्तर पाता है। ऐसा लगता है कि बौद्ध युग या भक्ति आन्दोलन के बाद पहली बार इतने बड़े पैमाने पर हिन्दू समाज एक कठिन आत्म-संघर्ष में गुज़र रहा है। इस दौर में कोई भी चीज़ पुनर्मूल्यांकन के दबाव से मुक्त नहीं रह सकती। हर मान्यता के आगे एक प्रश्नचिह्न होगा, हर परम्परा को कठघरे में खड़ा किया जायेगा और हर विचार को फिर से जाँचा जायेगा। इसके अलावा सामाजिक आत्म-परिष्कार का कोई और रास्ता भी नहीं है। स्वतन्त्रता और समता के सभी पक्षधर यही चाहेंगे कि शताब्दियों का कूड़ा इस बार पूरी तरह साफ़ हो जाये और हम एक सचमुच स्वच्छ समाज बनें। अतः इस प्रश्नवाचकता से चिढ़ने की नहीं, उसका स्वागत करने की ज़रूरत है।

पीड़ा, अपमान और यातना की ज़मीन से प्रश्न करनेवाला कई बार अपने ही आक्रोश का शिकार हो जाता है। जब बहुत संघर्ष करने पर भी मुक्ति मिलती दिखायी नहीं देती, तब उसे लगता है कि हर जगह उसके ख़िलाफ़ षड्यन्त्र हो रहा है। ऐसी ही एक सन्देहवादी मनःस्थिति की चर्चा यहाँ इस आशा से की जा रही है कि इस तरह के तमाम आक्रोशपूर्ण वक्तव्यों को समझने में मदद मिलेगी। शायद इससे दलित राजनीति में भी कुछ और स्पष्टता और रचनात्मकता आये। सवाल उठाया है जागरूक उदीयमान लेखक ओमप्रकाश वाल्मीकि ने। नागपुर में आयोजित हिन्दी दलित लेखक साहित्य सम्मेलन (21-22 अक्टूबर, 1993) में उन्होंने जो वक्तव्य दिया था, उसका एक अंश 'समकालीन जनमत' के 16-31 अगस्त, 1994 अंक में 'मंच' स्तम्भ में अन्तर्गत छपा है। वक्तव्य के इस अंश में कहा गया है, 'प्रेमचन्द ने दलित चेतना की कई महत्त्वपूर्ण कहानियाँ लिखी हैं, 'सद्गति', 'ठाकुर का कुआँ', 'दूध का दाम' आदि। लेकिन अन्तिम दौर की कहानी 'कफ़न' तक आते-आते वे गाँधीवादी आदर्शों, सामन्ती मूल्यों, वर्ण-व्यवस्था के पक्षधर दिखायी देते हैं। एक अन्तर्द्वन्द्व है उनकी रचनाओं में, एक ओर दलितों से सहानुभूति दूसरी ओर वर्ण-व्यवस्था में विश्वास। इस स्थापना के

बारे में इसी पत्र में पहले कुछ छप चुका था। बात गम्भीर थी और स्पष्टीकरण माँगती थी। अतः 'कफ़न' के इस नये मूल्यांकन से असहमति प्रकट करते हुए डॉ. तरसेम गुजराल ने 'समकालीन जनमत' के 1-15 मई, 1994 अंक में एक सुन्दर टिप्पणी लिखी थी—'क्या प्रेमचन्द आज दलित विरोधी हो गये?' लेकिन ओमप्रकाश वाल्मीकि का विचार नहीं बदला है। 16-31 अगस्त, 1994 अंक में प्रकाशित अपने पत्र में वे बड़ी तुर्शी से कहते हैं, 'प्रेमचन्द हिन्दी के प्रथम रचनाकार हैं जिन्होंने दलितों, मज़दूरों और किसानों के प्रति सहानुभूति दिखायी, वह भी छायावादी युग में। लेकिन सहानुभूति दिखाना और बात है, व्यवस्था के बारीक़ तन्तुओं का विरोध करना दूसरी बात है।' अब भी उनका अविचलित निष्कर्ष यही है कि '...इन हालात में क्या हमें अपनी बात रखने का' सवाल उठाने का, हमारे जीवन पर लिखे साहित्य पर पुनर्विचार करने का भी अधिकार नहीं है? कोई दलित 'कफ़न' कहानी को अपनी कहानी मानने को तैयार नहीं होगा।'

प्रेमचन्द का बड़ा-से-बड़ा प्रशंसक भी श्री वाल्मीकि के दर्द की उपेक्षा नहीं कर सकता। बल्कि प्रेमचन्द की संवेदना का अर्थ ही यह है कि इस दर्द को समझा जाये और अपना बनाया जाये। यह दर्द कुछ हद तक प्रामाणिक भी है। इस युवा कथाकार का दर्द यह है कि 'कफ़न' कहानी दलितों का बहुत ही नकारात्मक चित्र पेश करती है। 'कफ़न' के नायक घीसू और माधव मानवता के सामान्य स्तर से भी गिरे हुए पेश किये गये हैं। उनमें कौन-सा दुर्गुण नहीं है? अव्वल तो वे कामचोर थे। प्रेमचन्द लिखते हैं, 'चमारों का कुनबा था और सारे गाँव में बदनाम। घीसू एक दिन काम करता तो दो दिन आराम। माधव इतना कामचोर था कि आधे घण्टा काम करता तो घण्टे-भर चिलम पीता। इसलिए उन्हें कहीं मज़दूरी नहीं मिलती थी।' पेट भरने के लिए कभी-कभी वे चोरी भी कर लेते थे, 'आलू मटर की फ़सल में दूसरों के खेतों से मटर या आलू उखाड़ लाते और भून-भानकर खा लेते या दस-पाँच ऊख उखाड़ लाते और रात को चूसते।' माधव घीसू का बेटा था, लेकिन आपस में भी रिश्ता शक का था। कोठरी के भीतर माधव की पत्नी प्रसव-वेदना से मर रही थी और माधव अन्दर जाकर उसका हाल भी नहीं जानना चाहता था। प्रेमचन्द लिखते हैं, 'माधव को भय था कि वह कोठरी में गया, तो घीसू आलुओं का बड़ा भाग साफ़ कर देगा।' हृदयहीनता की हद यह थी कि जिस औरत ने उनकी बरबाद ज़िन्दगी में 'व्यवस्था की नींव' डाली थी, 'वही औरत आज प्रसव-वेदना से मर रही थी और यह दोनों शायद इसी इन्तज़ार में थे कि वह मर जाये तो आराम से सोयें।' आगे की कहानी और भी स्तब्ध करनेवाली है। माधव की पत्नी मर जाती है, तो गाँववाले उसके कफ़न और अन्त्येष्टि के लिए कुछ चन्दा दे देते हैं। लेकिन घीसू-माधव कफ़न के इस पैसे से छककर शराब पीते हैं और बढ़िया खाना खाते हैं।

निस्सन्देह यह दो कामचोरों और कफ़नफ़रोशों की कथा नहीं है। प्रेमचन्द ने इस अकर्मण्यता और हृदयहीनता की जड़ें, 'व्यवस्था के बारीक़ तन्तुओं' में ही खोजी हैं, यह

बात सैकड़ों बार दुहरायी जा चुकी है। 'कफ़न' कहानी के ही दो उदाहरणों पर ग़ौर कीजिये, तो बात अपने-आप साफ़ हो जाती है–(1) 'जिस समाज में रात-दिन मेहनत करनेवालों की हालत उनकी हालत से बहुत अच्छी न थी और किसानों के मुक़ाबले में वे लोग जो किसानों की दुर्बलताओं से लाभ उठाना जानते थे, कहीं ज़्यादा सम्पन्न थे, वहाँ इस तरह की मनोवृत्ति का पैदा हो जाना कोई अचरज की बात न थी।' (2) 'हाँ, बेटा, बैकुण्ठ में जायेगी। किसी को सताया नहीं। किसी को दबाया नहीं। मरते-मरते हमारी ज़िन्दगी की सबसे बड़ी लालसा पूरी कर गयी। वह न बैकुण्ठ जायेगी तो क्या ये मोटे-मोटे लोग जायेंगे जो ग़रीबों को दोनों हाथों से लूटते हैं और अपने पाप धोने के लिए गंगा में नहाते हैं और मन्दिरों में जल चढ़ाते हैं।' साफ़ है कि प्रेमचन्द की सहानुभूति किससे है। घीसू और माधव का चरित्र-चित्रण दलित वर्ग के लिए घृणा पैदा करने के लिए नहीं किया गया है, उनकी मानसिकता के सामाजिक-आर्थिक कारणों को समझने के लिए किया गया है। प्रेमचन्द यह दिखाना चाहते हैं कि हमारे समाज में क्रूरता और कपट के वास्तविक उत्स कहाँ हैं। घीसू और माधव पैदा करनेवाली व्यवस्था कैसी है? आज भी हम अपने आस-पास ग़ौर से देखेंगे, तो कई घीसू-माधव दिखायी पड़ जायेंगे। उन्हें 'कफ़न' को छोड़कर कोई कहानी ऐसी नहीं मिलेगी, जिसे वे अपनी कहानी कह सकें।

फिर ओमप्रकाश वाल्मीकि ज़ोर देकर यह बात क्यों कहते हैं कि 'कोई दलित 'कफ़न' कहानी को अपनी कहानी मानने को तैयार नहीं होगा।' इस सिलसिले में कुछ बातें विचारणीय हैं। एक, इसमें कोई सन्देह नहीं कि कोई दलित कथाकार यह कहानी लिखता, तो वह घीसू-माधव को ठीक इन्हीं शब्दों में चित्रित नहीं करता। मसलन वह 'चमारों का कुनबा था और सारे गाँव में बदनाम' न लिखकर इसी बात को जरा और ढंग से लिखता। वह इस बात को भी शायद और तरीक़े से लिखता, 'घीसू ने इसी आकाशवृत्ति से साठ साल की उम्र काट दी थी और माधव भी सपूत बेटे की तरह बाप ही के पद-चिह्नों पर चल रहा था, बल्कि उसका नाम और भी उजागर कर रहा था।' इस तरह की अनेक अभिव्यक्तियों में व्यंग्य का स्वर स्पष्ट है। इस तथ्य से आँखें चुराना बेकार है। लेकिन हमें भूलना नहीं चाहिए कि प्रेमचन्द दलित लेखक नहीं थे, सवर्ण थे। किन्तु दलितों से उनका प्रेम भी असन्दिग्ध है। उस दौर में एक सवर्ण लेखक जाति-व्यवस्था और समाज-व्यवस्था की क्रूरता का जितना विरोध कर सकता था, प्रेमचन्द ने किया। 'कफ़न' कहानी लिखने के पीछे भी उनका मूल उद्देश्य यही था। अतः कफ़न की एकाध चीज़ों को लेकर इसे दलित विरोधी कहानी क़रार देना एक व्यर्थ का कलह पैदा करना है। इस कर्कशता से उस उदार सवर्ण परम्परा का अपमान होता है, जो दलित जागरण के पहले से जाति-व्यवस्था और अस्पृश्यता की नृशंसता से संघर्ष कर रही है। हमारे दलित भाई ठण्डे दिल से सोचेंगे, तो वे गाँधी को इस परम्परा का अन्तिम शिखर-पुरुष पायेंगे। दलितों का संघर्ष ही उन्हें मुक्ति दिलायेगा, किन्तु उदार

तथा संवेदनशील सवर्णों को नाराज़ करते रहने से यह संघर्ष क्या कुछ और कठिन नहीं हो जायेगा? अन्याय के ख़िलाफ़ ग़ुस्सा अच्छी चीज़ है, लेकिन प्रेम की तरह ग़ुस्से का भी दुरुपयोग नहीं होना चाहिए।

दूसरी बात यह है कि प्रेमचन्द ने सिर्फ़ घीसू और माधव पर कटाक्ष नहीं किया था, अपने समय के दुष्ट-शोषक पण्डितों, लालाओं, बनियों आदि पर भी व्यंग्य किया था। लेकिन इन दोनों प्रकार के व्यंग्यों में फ़र्क़ है। पण्डितों और लालाओं पर व्यंग्य वे वर्ग-विशेष के सन्दर्भ में करते हैं। इसके विपरीत घीसू और माधव पर जो भी थोड़ा-बहुत कटाक्ष किया गया है, वह पूरे दलित समाज के लिए नहीं है—सिर्फ़ दो विशेष पात्रों पर है। एक वर्ग या समूह के रूप में प्रेमचन्द को दलितों से प्रेम है, यह बात उनकी अनेक रचनाओं के अलावा 'कफ़न' से भी सिद्ध है। फिर कोई भी कहानीकार सिर्फ़ वर्गों या समूहों की कहानियाँ नहीं लिखता—कुछ विशेष प्रकार के चरित्रों की कहानियाँ भी लिखता है। उदाहरण के लिए 'बड़े भाई साहब' ऐसी ही एक मार्मिक कहानी है। क्या इस कहानी से यह निष्कर्ष निकालना चाहिए कि वे सभी अंग्रेज़ों के विरोधी थे?

यहाँ हमें उस फ़र्क़ को रेखांकित करना चाहिए जो एक वर्ग या समूह के विभिन्न सदस्यों के भीतर होता है। सभी ब्राह्मण शोषक नहीं होते। इनमें से कुछ ने तो ब्राह्मणवाद के विरुद्ध संघर्ष भी किया है। उदाहरण के लिए राहुल सांकृत्यायन। इसी तरह सभी दलित भी एक-जैसे नहीं हैं। उदाहरण के लिए स्वयं ओमप्रकाश वाल्मीकि ने अपनी आत्मकथा (एक दलित की आत्मकथा, हरिजन से दलित, पृष्ठ 23) में लिखा है, 'शादी-ब्याह के मौक़ों पर, जब मेहमान या बाराती खाना खा रहे होते थे, तो चूहड़े दरवाज़ों के बाहर बड़े-बड़े टोकरे लेकर बैठे रहते थे। बारात के खाना खा चुकने के बाद जूठी पत्तलें उन टोकरों में डाल दी जाती थीं, जिन्हें घर ले जाकर वे जूठन इकट्ठी कर लेते थे। पूरी के बचे-खुचे टुकड़े, एक आध मिठाई का टुकड़ा या थोड़ी-बहुत सब्ज़ी पत्तल पर पाकर बाँछें खिल जाती थीं; जूठन चटखारे लेकर खायी जाती थी। जिस बारात की पत्तलों से जूठन कम उतरती थी, कहा जाता था कि भुक्खड़ लोग आ गये हैं बारात में, जिन्हें कभी खाने को कुछ नहीं मिला, सारा चट कर गये। अक्सर ऐसे मौक़ों पर बड़े-बूढ़े ऐसी बारातों का ज़िक्र बहुत ही रोमांचक लहज़े में किया करते थे कि उस बारात से इतनी जूठन आयी थी कि महीनों तक खाते रहे थे।' उल्लेखनीय है कि 'कफ़न' में घीसू भी 'ठाकुर की बारात' की याद बहुत ही तृप्तिपूर्वक करता है और अन्त में टिप्पणी करता है, 'अब कोई क्या खिलायेगा? वह ज़माना दूसरा था। अब तो सबको क़िफायत सूझती है। शादी-ब्याह में मत ख़र्च करो, क्रिया-कर्म में मत ख़र्च करो। पूछो गरीबों का माल बटोर-बटोरकर कहाँ रखोगे। बटोरने में तो कमी नहीं है। हाँ, ख़र्च में क़िफायत सूझती है।' आज के ओमप्रकाश वाल्मीकि की प्रतिक्रिया भिन्न है, 'दिन-रात मर-खपकर भी हमारे पसीने की क़ीमत मात्र जूठन। फिर भी किसी को शिकायत नहीं।

कोई शर्मिन्दगी नहीं, कोई पश्चात्ताप नहीं।' श्री वाल्मीकि की माँ ने इस जूठनवाद से विद्रोह कर दिया था। वे प्रणम्य हैं। लेकिन यह जूठनवाद अब भी चल रहा है। इस दृष्टि से देखा जाये, तो 'कफ़न' दलितों की कहानी नहीं, पर उनके एक वर्ग की कहानी ज़रूर प्रतीत होती है। लेकिन यह सिर्फ़ आक्रोश का नहीं, सन्ताप और चिन्ता का भी विषय है। स्पष्ट है कि दलित समुदाय के बीच अभी बहुत काम करने की ज़रूरत है।

यह काम कैसे होगा? एक दृष्टि होगी दलित नेता की, जो पूरे दलित समाज को एक इकाई मानेगा, सारी माँग सवर्ण समाज से करेगा और दलितों के आत्म-परिष्कार के लिए कोई प्रयास नहीं करेगा। इस दृष्टि की भी उपयोगिता है, लेकिन यह दलित जागरण का पूरा कार्यक्रम नहीं हो सकता। इस काम के लिए दूसरी दृष्टि की ज़रूरत होगी, जो संघर्ष के साथ-साथ रचना का कार्यक्रम भी स्वीकार करे। डॉ. अम्बेडकर के लेखन और भाषणों में इसके काफ़ी प्रमाण मिलते हैं। उदाहरण के लिए 19 मार्च, 1927 को कोंकण के महार सम्मेलन में उन्होंने दलितों को जो शिक्षा दी, उसका उल्लेख करते हुए एम. एस. गोरे ('द सोशल कण्टेक्स्ट ऑफ ऐन आइडियालॉजी : अम्बेडकर्स पोलिटिकल एण्ड सोशल थाट, पृष्ठ 88) लिखते हैं, 'फिर उन्होंने अपने अनुयायियों को शिक्षा, ख़ास तौर से उच्च शिक्षा और गाँवों में अपने लिये जीविकोपार्जन का स्वतन्त्र उपाय खोजने पर ज़ोर दिया।' 1948 में धोबी तालाब हाईस्कूल में भाषण करते हुए 'उन्होंने स्वच्छता, सुघड़ता और अच्छे कपड़े पहनने की ज़रूरत बतायी। उन्होंने कहा कि आत्म-सम्मान भी स्वच्छता जितनी ही महत्त्वपूर्ण है।' (वही, पृष्ठ 214) डॉ. अम्बेडकर द्वारा पुनर्जीवित बहिष्कृत हितकारिणी सभा के कार्यकलाप थे खेल, वाचनालय, स्कूल, छात्रावास, सहकारी बचत, उधार समितियाँ, मासिक प्रकाशन तथा सांस्कृतिक कार्यक्रम आदि। (डॉ. अम्बेडकर : एक चिन्तन, मधु लिमये, पृष्ठ 7)। संघर्ष ज़रूरी है, लेकिन संघर्ष की योग्यता कहाँ से आती है? वह आती है शिक्षा से, संगठन से, अपनी कमियों से लड़ने से। दलितों की किसी भी कमी का कहीं कोई उल्लेख देखकर भड़क जाने से बात नहीं बनेगी। इससे आत्म-परिष्कार में भी बाधा ही आयेगी। दलित संघर्ष वर्ग संघर्ष की तरह की चीज़ नहीं है। वर्ग संघर्ष का लक्ष्य होता है वर्ग सफ़ाया। दलित संघर्ष का लक्ष्य है सामाजिक सम्बन्धों और दृष्टिभंगियों को पुनर्परिभाषित करना, मानवीय बनाना। यह सच है कि दलित भारत के सामाजिक और आर्थिक पायदान पर सबसे नीचे हैं। उस पर इतिहास की सबसे ज़्यादा मार पड़ी है। लेकिन पुनर्जागरण की इस वेला में ब्राह्मण, ठाकुर, बनिया, कायस्थ आत्म-संघर्ष और आत्म-परिष्कार करेगा और दलित वैसा ही रहेगा, जैसा वह था या है, यह कैसे सम्भव या उचित है?

•

क्या प्रेमचन्द की परम्परा केवल 'कफ़न' से बनती है?

रमेश उपाध्याय

'कफ़न' प्रेमचन्द की सर्वाधिक चर्चित और विवादास्पद कहानी है। पिछले वर्ष इस कहानी को लेकर साहित्य-जगत् में ख़ासी हलचल रही। वर्ष 1986 की इस महत्त्वपूर्ण हलचल पर जाने-माने कथाकार-समीक्षक रमेश उपाध्याय की नज़र...कि क्या प्रेमचन्द की परम्परा केवल 'कफ़न' से बनती है?

आज की हिन्दी कहानी की मुख्य धारा जनवादी-यथार्थवादी कहानी की धारा है, जो अपना सम्बन्ध प्रेमचन्द की जनवादी-यथार्थवादी कथा-परम्परा से जोड़ती है। उन लोगों को यह बात विचित्र लगती है जो प्रेमचन्द को आदर्शवादी लेखक मानते हैं। हालाँकि प्रेमचन्द को उनके जीवन-काल में ही प्रगतिशील लेखक मान लिया गया था और आज से पचास साल पहले प्रगतिशील लेखक संघ के स्थापना सम्मेलन (1936) में उन्होंने अपना जो अध्यक्षीय भाषण दिया था, उसे आज भी प्रगतिशील लेखक बड़े आदर के साथ स्मरण तथा जगह-जगह उद्धृत करते हैं, फिर भी ज़्यादातर प्रगतिशील लेखक प्रेमचन्द से बहुत-कुछ सीखकर भी, जाने-अनजाने उनकी परम्परा को आगे बढ़ाते रहकर भी प्रायः यही मानते रहे हैं कि प्रेमचन्द आदर्शवादी लेखक थे। शायद यही वजह है कि वे जब प्रेमचन्द की कहानियों की चर्चा करते हैं तब उन्हें प्रायः 'कफ़न' या 'पूस की रात' जैसी एक-दो कहानियों में ही यथार्थवाद के दर्शन होते हैं। प्रेमचन्द की बाक़ी तमाम कहानियाँ शायद आदर्शवादी मानकर चर्चा से बाहर रखी जाती हैं। सम्भव है, उन्हें कहानी में केवल यथार्थवाद और शुद्ध यथार्थवाद ही पसन्द हो, जबकि प्रेमचन्द बकलम ख़ुद 'आदर्शोन्मुख यथार्थवादी' थे!

पिछले दिनों यह बात भी बहुत बार कही और लिखी जाती रही है कि प्रेमचन्द के साहित्य में निरन्तर एक रचनात्मक विकास दिखायी देता है, जिसकी चरम परिणति कहानियों में 'कफ़न' में और उपन्यासों में 'गोदान' में दिखायी देती है। इससे उन पल्लवग्राही लोगों को तो सुविधा हुई ही है, जो गम्भीरतापूर्वक साहित्य का अध्ययन करने के बजाय चर्चित-चर्वण में ही सुख मानते हैं, ऐसे लोगों को भी काफ़ी सुविधा हो गयी है, जो महान् लेखन की परम्परा को समझने, अपनाने और आगे बढ़ाने में नहीं, बल्कि महान् लेखकों का इस्तेमाल करने में ही रुचि रखते हैं, ऐसे लोगों में एक तरफ़ जहाँ प्रेमचन्द की विचारधारा में विकास दिखाते-दिखाते उन्हें खरा मार्क्सवादी या साम्यवादी सिद्ध कर देनेवाले लोग हैं, वहीं दूसरी तरफ़ वे लोग भी हैं, जो साहित्य के लिए किसी भी 'वाद' या विचारधारा को घातक मानते हैं और 'कफ़न' का गुणगान करते हुए यह सिद्ध करने की कोशिश करते हैं कि प्रेमचन्द की यह कहानी इसीलिए महान् है कि इसमें प्रेमचन्द ने अपने विचारधारात्मक ढाँचे को तोड़ या छोड़ दिया है।

इसमें सन्देह नहीं कि 'कफ़न' एक महान् लेखक की महान् रचना है और महान् रचनाओं के साथ अक्सर यह होता है कि परस्पर-विरोधी दृष्टियोंवाले लोग भी उनमें अपने-अपने मतलब की कुछ चीज़ें देखकर अपने-अपने ढंग से उनकी अपनी-अपनी व्याख्याएँ कर ले सकते हैं। स्वभावतः इससे साहित्य-समीक्षा और मूल्यांकन में विभ्रम की स्थितियाँ पैदा होती हैं और उन्हें दूर करने के लिए समय-समय पर उन महान् रचनाओं की नयी व्याख्याएँ आवश्यक हो जाती हैं। 'कफ़न' के बारे में यह हुआ है कि जनवादी-यथार्थवादी लोग ही नहीं, बल्कि आधुनिकतावादी-कलावादी लोग भी इसे प्रेमचन्द की महान् रचना कहते हैं। ज़ाहिर है, दोनों की मूल्यांकन-दृष्टियाँ एक-जैसी नहीं हैं, अतः दोनों प्रकार की व्याख्याओं में काफ़ी फ़र्क़ है, मसलन, दोनों प्रकार के लोग यह मानते हैं कि इस कहानी में प्रेमचन्द ने अमानुषीकरण का यथार्थ चित्रण किया है, लेकिन अमानुषीकरण के सम्बन्ध में दोनों की अवधारणाएँ और निष्पत्तियाँ भिन्न ही नहीं, परस्पर-विरोधी भी हैं। जनवादी-यथार्थवादी लोगों के लिए अमानुषीकरण की प्रक्रिया शोषण पर आधारित समाज-व्यवस्था का परिणाम है, उनके विचार से प्रेमचन्द घीसू और माधव के अमानुषीकरण का चित्रण इस उद्देश्य से करते हैं कि पाठक को झकझोरकर उस समाज-व्यवस्था को बदलने के लिए प्रेरत किया जाये, जो लोगों को घीसू-माधव की तरह अमानुषिक बनाती है। दूसरी तरफ़ आधुनिकतावादी-कलावादी लोगों के लिए घीसू-माधव का अमानुषीकरण एक प्राकृतिक, शाश्वत और अपरिवर्तनीय क़िस्म का नग्न यथार्थ है। उनके लिए प्रसन्न होने की बात यह है कि 'कफ़न' में प्रेमचन्द ने इस 'नग्न यथार्थ' पर कोई विचारधारात्मक आरोपण नहीं किया है, कोई समस्या उठाकर उसका समाधान देने का फारमूला नहीं अपनाया है, कोई उद्देश्य सामने रखकर किसी प्रकार का सन्देश या उपदेश देने का प्रचारात्मक उपक्रम नहीं किया है, इसीलिए यह श्रेष्ठ, कलात्मक और महान् कहानी है।

इस प्रकार चिन्ता की बात यह नहीं है कि 'कफ़न' कहानी समीक्षा और मूल्यांकन की दो परस्पर-विरोधी दृष्टियों से एक साथ महान् क्यों सिद्ध की जा सकती है, चिन्ता की बात यह है कि इस कहानी के बारे में दोनों प्रकार के लोग जाने-अनजाने यह मानते दिखायी देते हैं कि यह प्रेमचन्द की सबसे अच्छी और सम्भवतः एकमात्र कलात्मक कहानी है। आधुनिकतावादी-कलावादी लोग जब प्रेमचन्द की तमाम कहानियों में से इसी एक कहानी को चुनकर इसकी प्रशंसा करते हैं, तो बात समझ में आती है, क्योंकि इससे उनके कई उद्देश्य पूरे होते हैं। वे इस कहानी को उदाहरण के रूप में सामने रखकर अपनी समीक्षा और मूल्यांकन की दृष्टि का औचित्य सिद्ध करते हैं, उसका प्रचार करते हैं, और साथ ही प्रेमचन्द की बाक़ी कहानियों को तथा आम तौर पर जनवादी-यथार्थवादी कहानी की समूची परम्परा को ख़ारिज करते हैं। इतना ही नहीं, वे इस कहानी की चर्चा और प्रशंसा के द्वारा साहित्य और समाज के सम्बन्धों के बारे में, यथार्थ और यथार्थवाद के बारे में, कला और उसकी कसौटी के बारे में, मनुष्य और उसकी नियति के बारे में, समाज-व्यवस्था और उसमें परिवर्तन की सम्भावनाओं के बारे

में शासकवर्गीय दृष्टिकोण तथा विचारधारा का प्रचार करके भ्रम भी फैलाते हैं, लेकिन यह बात समझ में नहीं आती कि हमारे प्रगतिशील और जनवादी आलोचक भी, प्रेमचन्द की विरासत और परम्परा की बात करनेवाले कहानीकार भी, यथार्थवादी कहानी की चर्चा करते समय अक्सर प्रेमचन्द की इसी एक कहानी को केन्द्र में क्यों रखते हैं, क्या उन्होंने भी यह मान लिया है कि 'कफ़न' ही प्रेमचन्द की सबसे अच्छी और एकमात्र कलात्मक कहानी है? अगर यह बात सही है, तो क्या उनके विचार से प्रेमचन्द की परम्परा केवल 'कफ़न' कहानी से बनती है? क्या इसी एक कहानी को आदर्श मान लेने पर प्रेमचन्द की बाक़ी कहानियाँ श्रेष्ठता या कलात्मकता की कसौटी पर अपने-आप ही ख़ारिज नहीं हो जातीं? क्या वे इस कहानी को आज की जनवादी-यथार्थवादी कहानी के सामने एक 'मॉडल' के रूप में रखना चाहते हैं? क्या उनकी समीक्षा और मूल्यांकन की दृष्टि भी कहीं-न-कहीं आधुनिकतावादियों और कलावादियों से प्रभावित है? अथवा, इस कहानी का उनके द्वारा जो मूल्यांकन अब तक किया जाता रहा है, वही ग़लत है?

मेरा ख़याल है, आज इन प्रश्नों पर विस्तृत विचार-विमर्श की ज़रूरत है, क्योंकि हिन्दी कहानी की रचना और आलोचना में आज एक विभ्रम की स्थिति दिखायी दे रही है, जिसे यदि दूर न किया गया तो जनवादी-यथार्थवादी कहानी की प्रगति में एक अवरोध पैदा हो सकता है, मुझे आशा है कि इन प्रश्नों के उत्तर खोजने पर एक तरफ़ आधुनिकतावादी-कलावादी मूल्यांकन-दृष्टि की असंगतियाँ सामने आ सकेंगी और दूसरी तरफ़ जनवादी-यथार्थवादी कहानी की अपनी मूल्यांकन-दृष्टि भी स्पष्ट हो सकेगी।

लेकिन इन प्रश्नों का सामना करने से पहले, तैयारी के तौर पर, यह देख लेना ज़रूरी है कि प्रेमचन्द की परम्परा क्या है? उसे समझाने, अपनाने और आगे बढ़ाने की ज़रूरत आज के ज़्यादातर रचनाकार और आलोचक आख़िर क्यों महसूस कर रहे हैं? और दूसरी तरफ़, कुछ लोग उस परम्परा का विरोध किन कारणों तथा किन तरीक़ों से कर रहे हैं?

स्वाधीनता से पहले हमारे देश की जनता अपने राजनीतिक, सामाजिक, आर्थिक और सांस्कृतिक पुनर्निर्माण के महान् स्वप्न देखती हुई जब उनको साकार करने के लिए संघर्ष कर रही थी, तब हमारे महान् लेखकों ने उसके संघर्ष को शक्तिशाली बनाने के लिए साम्राज्यवादी-सामन्ती व्यवस्था और उसकी विचारधारा के विरुद्ध हमारे साहित्य को राष्ट्रीयता और जनवाद की दिशा में आगे बढ़ानेवाली एक शानदार परम्परा क़ायम की थी, प्रेमचन्द ने उस राष्ट्रीय और जनवादी परम्परा का अभूतपूर्व विकास किया था, इसलिए हम उसे प्रेमचन्द की परम्परा कहते हैं, इस परम्परा में भारतेन्दु-युग से लेकर आज तक की वे तमाम कृतियाँ आती हैं, जिनमें भारतीय समाज में जनवाद की स्थापना, उसकी रक्षा और उसके विकास की ज़रूरत को किसी-न-किसी रूप में सामने लाने की चेष्टा की जाती है, यह परम्परा किसी एक ही विचारधारा के लेखकों की शृंखला नहीं

है। इसमें मार्क्सवादी, गाँधीवादी, लोहियावादी इत्यादि तरह-तरह की विचारधाराओंवाले तथा ऐसे लेखकों की भी रचनाएँ आती हैं, जिनकी घोषित रूप से कोई विचारधारा नहीं रही। हिन्दी का सर्वश्रेष्ठ साहित्य आधुनिक काल में इसी परम्परा के अन्तर्गत रचा गया है। कहानी भी इसका अपवाद नहीं है। यह भी कह सकते हैं कि हिन्दी कहानी ने इसी परम्परा को और इसी परम्परा ने हिन्दी कहानी को आगे बढ़ाया है। राष्ट्रीय स्वाधीनता की प्राप्ति और जनवाद की स्थापना, रक्षा तथा विकास का उद्देश्य लेकर चलनेवाली इस कहानी ने यथार्थवाद को संघर्ष के एक हथियार के रूप में अपनाया और इस्तेमाल किया है, अतः इसे यथार्थवादी कहानी भी कहा जाता है, लेकिन इसका यथार्थवाद न तो वह प्रकृतवाद या अनुभववाद है, जिसे प्रेमचन्द 'नग्न यथार्थवाद' कहते थे, न केवल 'आलोचनात्मक यथार्थवाद' जिसका विकास पश्चिम में पूँजीवाद के विकास-काल के दौरान हुआ, यद्यपि इसमें समाजवादी यथार्थवाद के कुछ तत्त्व निश्चित रूप से पाये जाते हैं, तथापि यह पूरी तरह समाजवादी यथार्थवाद भी नहीं है, अतः किसी उपयुक्त संज्ञा के अभाव में विद्वानों ने इसे 'जनवादी यथार्थवाद' या 'क्रान्तिकारी जनवादी यथार्थवाद' कहकर परिभाषित किया है। वस्तुतः यही प्रेमचन्द का 'आदर्शोन्मुख यथार्थवाद' है, जिसे कुछ लोग भूल से आदर्शवाद का पर्याय समझ लेते हैं।

नाम कुछ भी दिया जाये, हिन्दी कहानी की मुख्य धारा जनवादी-यथार्थवादी कहानी की धारा है, जिसकी कुछ सामान्य विशेषताएँ विभिन्न पीढ़ियों और विभिन्न विचार-धाराओं के लेखकों की कहानियों में कमोबेश प्रायः सर्वत्र उपस्थित पायी जाती हैं, मसलन किसी भी पीढ़ी के किसी भी अच्छे कथाकार की कोई अच्छी कहानी उठाकर देखिये, उसमें आपको मनुष्य के द्वारा मनुष्य के शोषण, दमन और उत्पीड़न के विरुद्ध जनपक्षीय प्रतिबद्धता के साथ जन-जीवन का यथार्थ चित्रण मिलेगा। प्रत्यक्षतः या परोक्षतः उसमें आपको एक ऐसी समाज-व्यवस्था का स्वप्न भी अन्तर्निहित मिलेगा, जिसमें सबको सच्ची स्वतन्त्रता, समता और बन्धुता के अवसर प्राप्त हों, जिसमें सभी का व्यक्तिगत, पारिवारिक तथा सामाजिक जीवन सुखी, सुन्दर और सार्थक बन सके, उसमें आपको स्वाधीनता और जनवाद के लिए किये जानेवाले जन-संघर्षों के प्रति सच्ची सहानुभूति और उनमें सहायक होने की भावना भी परिलक्षित होगी, उसमें कथाकार आपको जनविरोधी शक्तियों द्वारा जनता में फैलाये जानेवाले भ्रमों को दूर करने के लिए यथार्थवाद का संघर्ष के एक हथियार की तरह इस्तेमाल करता नज़र आयेगा, उसमें आप मेहनतकश लोगों के जीवन की वास्तविकताओं, उनकी भावनाओं, उनकी आशाओं-आकांक्षाओं, उनके मन्तव्यों-अभिप्रायों और उनकी वस्तुस्थिति की प्रमुख विडम्बनाओं की अभिव्यक्ति पायेंगे, उसमें आपको इतिहास के सत्य, वर्तमान की वास्तविकता और भविष्य के स्वप्न से निर्मित जनवादी सौन्दर्य-दृष्टि के साथ कथ्य को ऐसा रूप देने का प्रयास दिखायी देगा कि कहानी अधिक-से-अधिक सम्प्रेषणीय, हृदयग्राही, प्रभावशाली तथा लोकप्रिय बन सके, ऐसी ही कहानी की परम्परा को हम प्रेमचन्द की जनवादी-यथार्थवादी कथा-परम्परा कहते हैं।

इस परम्परा की कहानी 'कला के वास्ते कला' के सिद्धान्त को नहीं मानती, वह सर्वथा सोद्देश्य और प्रयोजनवती कहानी होने के कारण कलावादियों के इस तर्क को नहीं मानती कि साहित्य और कला का अपने से इतर कोई और उद्देश्य अथवा प्रयोजन नहीं होता, उसकी रचना-प्रक्रिया एक सचेत प्रक्रिया है और वह पाठक को चकित-भ्रमित छोड़ देनेवाली नहीं, बल्कि सचेत होने का आनन्द प्रदान करनेवाली रचना है, वह पाठक को पराधीन, शोषित, उत्पीड़ित, हताश और निष्क्रिय नियतिवादी बनाये रखने के लिए थोथी दार्शनिकता, रहस्यमयी आध्यात्मिकता, लिजलिजी भावुकता, घिनौनी मांसलता, नकली सुन्दरता, ऊलजलूल प्रयोगात्मकता, निरर्थक काव्यात्मकता और छद्म आधुनिकता का भ्रमजाल नहीं रचती, बल्कि ऐसे भ्रमजाल को काटकर पाठक को ऐसी अन्तर्दृष्टि प्रदान करती है कि वह अपनी परिस्थिति और उसमें निहित सम्भावनाओं को समझकर समाज की व्यवस्था और अपनी अवस्था को बदलने के लिए प्रेरित एवं उद्यत हो।

हिन्दी कहानी में चले विभिन्न आन्दोलनों की प्रवृत्ति प्रायः अपने से पहले की कहानी को पुरानी कहकर नकारने की रही है, लेकिन जनवादी-यथार्थवादी कहानी ने परम्परा को तोड़ने या नकारने के बजाय अपनी सही परम्परा को खोजने, पहचानने और उसे आगे बढ़ाने का प्रयास किया है, अतः उसे अपनी परम्परा से जुड़ने में कोई संकोच या दुविधा नहीं है।

लेकिन आज़ादी के बाद देश के शासक वर्ग ने आम जनता में तो तरह-तरह के भ्रम पैदा किये ही, लेखकों को भी भ्रमित करने के लिए हमारे साहित्य की इस महान् परम्परा पर तरह-तरह से आक्रमण किये। जनवाद के विरुद्ध आधुनिकतावाद को और यथार्थवाद के विरुद्ध कलावाद को खड़ा किया गया, जिसके अन्तर्गत पश्चिमी देशों से आयातित क्षणवाद, संशयवाद, कुण्ठावाद, अस्तित्ववाद, लघुमानववाद और व्यक्तित्ववाद की पतनशील पूँजीवादी विचारधाराएँ प्रचारित की गयीं। ये आक्रमण आज भी जारी हैं। आधुनिकतावाद और कलावाद साम्राज्यवादी शक्तियों की परोक्ष सहायता और देश के शासक वर्ग के प्रत्यक्ष संरक्षण में जनवादी-यथार्थवादी साहित्य के विरुद्ध मोर्चा बाँधे हुए हैं। इस मोर्चे की विचारधारा पतनशील पूँजीवादी, सामन्ती और साम्राज्यवादी विचारधारा है, जो हमारे देश में जनवाद का और विश्वस्तर पर समाजवाद का विरोध करती है। चूँकि इन व्यवस्थाओं का और इनकी विचारधारा का कोई भविष्य तथा नैतिक औचित्य नहीं है, इसलिए आधुनिकतावादी-कलावादी लोगों की यह मज़बूरी है कि सच को झूठ और झूठ को सच बनाकर प्रचारित किया जाये। इसीलिए यथार्थवाद उन्हें रास नहीं आता और वे साहित्य और कला में तरह-तरह से उसका विरोध करते हैं।

साहित्य में जनवाद और यथार्थवाद का विरोध करने का तरीक़ा उनका यह है कि वे रचना और आलोचना के बारे में निरन्तर कुछ मिथ्या और भ्रामक मान्यताओं का प्रचार करते रहते हैं, जैसे, साहित्य एक कला है और कला को कोई सामाजिक उद्देश्य अथवा प्रयोजन नहीं होता; रचना में लेखक को किसी का पक्षधर या प्रतिबद्ध नहीं होना

चाहिए, क्योंकि इससे साहित्य एकांगी, संकीर्ण तथा प्रचारात्मक हो जाता है; साहित्य को सोद्देश्य बनाना, उसमें समस्याओं के समाधान प्रस्तुत करना, पाठकों को कोई सन्देश या शिक्षा देना ग़लत है, क्योंकि ऐसा करने के लिए लेखक रचना पर अपनी विचारधारा का आरोपण करता है, जिससे रचना यान्त्रिक, फारमूलाबद्ध; प्रचारात्मक और कलाहीन हो जाती है; यथार्थ का चित्रण तो साहित्य में होना चाहिए, लेकिन उसे अन्य 'वादों' की तरह यथार्थवाद से जोड़ना भी ग़लत है, क्योंकि यथार्थवाद व्यक्ति के स्वानुभूत सत्य से भिन्न अथवा उसकी चेतना से स्वतन्त्र वस्तुपरक यथार्थ की सत्ता को स्वीकार करता है, जबकि वस्तुपरक यथार्थ कुछ नहीं होता, व्यक्ति का स्वानुभूत सत्य ही रचना का विषय हो सकता है; समाजवादी यथार्थवाद तो शुद्ध राजनीतिक प्रचार का हथकण्डा है ही, सामाजिक यथार्थ की बात करना भी अनुचित है, क्योंकि वह एक निश्चित-सी, असन्दिग्ध-सी, तयशुदा-सी चीज़ है, जबकि व्यक्ति की सत्ता और उसके मन की स्थिति सर्वथा अनिश्चित और सन्दिग्ध होती है और आधुनिक साहित्य इसी संशयमूलक मनोवैज्ञानिक यथार्थ का साहित्य है, जिसकी रचना में कुछ भी पूर्वनिर्धारित नहीं होता और रचना का अन्त हमेशा 'खुला हुआ' रहता है; आदि-आदि।

इस आधुनिकतावादी-कलावादी प्रवृत्ति ने आज़ादी के बाद की हिन्दी कहानी को बुरी तरह प्रभावित किया है। यहाँ तक कि बहुत-से यथार्थवादी और प्रगतिशील माने जानेवाले कथाकार और आलोचक भी इससे प्रभावित हुए हैं, जिससे प्रेमचन्द की जनवादी-यथार्थवादी कथा-परम्परा को गहरा धक्का लगा है। सातवें दशक में तो इस प्रवृत्ति ने कहानी को ऐसी बन्द गली में पहुँचा दिया, जहाँ से उसके आगे बढ़ने का कोई रास्ता ही नहीं था। विचित्र बात थी कि कहानी में व्यक्तिवादी आग्रह उस समय सबसे ज़्यादा प्रबल दिखायी पड़े, जबकि देश में जनवादी आन्दोलन उभर रहे थे। कहानी अँधेरे बन्द कमरों और जाँघों के जंगलों में भटक रही थी, जबकि देश की जनता घरों से निकलकर सड़कों पर आ रही थी। कारण यह था कि आज़ादी से पहले हमारी जनता ने 'स्वराज्य' के जो स्वप्न देखे थे, वे आज़ादी के बाद के इन वर्षों में लगातार टूटते-बिखरते गये थे। देश के शासक वर्ग ने पूँजीवादी-सामन्तवादी व्यवस्था के अन्तर्गत पूँजीवादी विकास का जो रास्ता अपनाया था, उस पर देश को चलाने का नतीजा यह हुआ कि हमारे आर्थिक और राजनीतिक जीवन पर ही नहीं, बल्कि सांस्कृतिक जीवन पर भी बड़े पूँजीपति घरानों का शिकंजा कसता चला गया और उसके साथ ही साम्राज्यवादी लूट-खसोट भी अनेक परोक्ष रूपों में बढ़ती गयी। देशी-विदेशी जनविरोधी शक्तियों के षड्यन्त्रों के तहत हमारी प्रगतिशील एवं जनवादी संस्कृति पर लगातार हमले किये गये, जिनसे हमारे देश में आर्थिक संकट के साथ-साथ राजनीतिक और सांस्कृतिक संकट भी लगातार गहरे होते गये। इस प्रकार वर्तमान व्यवस्था और हमारी जनता के बीच का अन्तर्विरोध निरन्तर अधिक स्पष्ट और अधिक उग्र होने लगा। आठवें दशक के मध्य में देश के शासक वर्ग ने जन-संघर्षों का दमन करने के लिए जब आपातस्थिति लागू की और जनता के समस्त जनवादी अधिकारों तथा

नागरिक स्वतन्त्रताओं पर प्रहार किया, तब तो यह भी स्पष्ट हो गया कि यह शासक वर्ग जनवाद की ज़रा भी परवाह नहीं करता और अपने निहित स्वार्थों के लिए कभी भी उसका ख़ात्मा करके उसकी जगह तानाशाही और फासीवाद जैसी अवस्थाएँ ला सकता है। इससे भारत की जनता में संघर्ष की ज़रूरत का एहसास और ज़्यादा तीखा हुआ। हमारे दौर की जनवादी-यथार्थवादी कहानी में इसीलिए जन-संघर्षों की प्रेरणा और उनमें सहायक होने का संकल्प दिखायी पड़ता है।

दूसरी तरफ उपर्युक्त कारणों से ही उसके विरोध की प्रवृत्ति भी उग्र होती दिखायी पड़ती है।

सातवें दशक में आये जबर्दस्त भटकाव के बाद हिन्दी कहानी पुनः अपनी परम्परा से जुड़ी है, पिछले दस-पन्द्रह वर्षों में उसे पुनः बड़ी तेज़ी से लोकप्रियता प्राप्त हुई है। आधुनिकतावादी-कलावादी आग्रहों के कारण जो कहानी सर्वथा अपठनीय बना दी गयी थी, उसने अब पुनः पाठकों का विश्वास अर्जित किया है। इससे कहानी विधा के प्रति लेखकों में भी एक नया उत्साह पैदा हुआ है और कई ऐसे लेखक जो आधुनिकतावादी-कलावादी मान्यताओं के प्रभाव में आकर अपनी रचनाशीलता को अवरुद्ध कर बैठे थे, पुनः अपने भीतर एक नयी सर्जनात्मक ऊर्जा का अनुभव करते हुए कहानी-लेखन में प्रवृत्त हो रहे हैं। इससे उन आधुनिकतावादी-कलावादी लोगों की बौखलाहट बढ़ी है, जिन्होंने सातवें दशक में कहानी की मृत्यु की घोषणा कर दी थी या उसे केवल 'अँधेरे में एक चीख़' बता दिया था। अब वे पुनः पाठकों तथा लेखकों को गुमराह करने के लिए सक्रिय हैं। इसका एक ताज़ा उदाहरण है मध्यप्रदेश कला परिषद् की पत्रिका 'पूर्वग्रह' का वह विशेषांक, जो 'इधर की कथा' के नाम से प्रकाशित किया गया है।

इस पत्रिका के सम्पादक एक सरकारी अफ़सर हैं। अपनी अफ़सराना हेकड़ी के साथ उन्होंने अपने सम्पादकीय पर शीर्षक दिया है—'कथा यदि कहो!' पढ़कर लगता है, जैसे लेखकों पर कुछ शर्तें आयद की जानेवाली हैं कि कहानी लिखना चाहते हो तो जैसे सरकार बताये, वैसे लिखो। लिखते हैं—**'जीवन में साफ़-साफ़ नज़र आनेवाला संघर्ष ही सब-कुछ नहीं है'** क्योंकि **'निरा सामाजिक या व्यक्तिगत यथार्थ...मनुष्य का समूचा यथार्थ नहीं है।'** कला का **'समूचा सच, उसमें मनुष्य की स्थिति और नियति निरे सामाजिक-व्यक्तिगत के मुहावरे में न खोजे जा सकते हैं और न ही चरितार्थ हो सकते हैं।'** तो फिर समूचा यथार्थ क्या है और कथा में उसे किस प्रकार खोजा-पाया जा सकता है? इस प्रश्न का कोई उत्तर दिये बिना अफ़सर सम्पादक आगे कहते हैं—**'अपने समय का सच कभी सुपरिभाषित (?) नहीं होता है और न ही अपना अनुभव सहज स्वायत्त होता है। उस पर हमारी सदी में सच हमेशा ही सन्दिग्ध, अनिश्चित और अपरिभाषि (?) है।'**

अर्थात् 'समूचा सच' कोई ऐसा अमूर्त, अलभ्य, अपरिभाषेय, अव्याख्येय तत्त्व है कि आप उसे ज्ञान से तो क्या, अपने अनुभव से भी नहीं जान सकते, आपका शोषण

हो रहा है, आप पर महँगाई की मार पड़ रही है, आप ग़रीबी और बेरोज़गारी और भुखमरी के शिकार हैं, आपके जनवादी अधिकारों और नागरिक स्वतन्त्रताओं पर हमले हो रहे हैं, आप अफ़सरशाही, भ्रष्टाचार, दमन, दंगा, फरेब, हिंसा, आतंक, युद्ध, अपराध, गुण्डागर्दी, दंगा-फ़साद, बाढ़, अकाल, प्रदूषण या ज़हरीली गैसों से मर रहे हैं, यह भी सन्दिग्ध, अनिश्चित और 'अपरिभाषि' है! अर्थात् इन सब की तरफ़ से आँखें मँदकर आप हमेशा ही सन्दिग्ध, अनिश्चित और 'अपरिभाषि' सच रूपी ब्रह्म को ध्याइये, तभी सरकारी अफ़सर आपके कथासाहित्य को महत्त्वपूर्ण मानेंगे, क्योंकि उनके अनुसार **'ऐसे सत्य और उससे जुड़े उलझावों को बाँधने और सार्थक करने का कार्य हमारे समय के महत्त्वपूर्ण कथासाहित्य ने किया है।'**

इस तथाकथित महत्त्वपूर्ण कथासाहित्य की क्या विशेषता है? अफ़सर सम्पादक के अनुसार यह विशेषता है—**'अपनी दृष्टि, विचारधारा, विचार-विरोध आदि के प्रति...खरा-सच्चा सन्देह...जो समकालीन साहित्य को उसकी बुनियादी मानवीयता प्रदान करता है।'** यानी आप हमेशा सन्देह और अनिश्चय में पड़े रहिये, लेकिन यह सन्देह और अनिश्चय आपको अपनी दृष्टि, अपनी विचारधारा, अपने विचार-विरोध आदि के प्रति ही रहना चाहिए, सरकारी अफ़सर नितान्त निश्चयात्मक भाषा में जो कुछ कह रहे हैं, उसे आँख मूँदकर 'समूचा सच' मान लेना चाहिए। यही आपकी बुनियादी मानवीयता की पहचान है। लेकिन अफ़सर की परेशानी यह है कि कहानी की विधा कमबख़्त ऐसी है कि जब करेगी, मनुष्य की बात करेगी, और मनुष्य की बात करेगी तो उसके समाज की और समाज की समस्याओं की बात भी ज़रूर करेगी। इसलिए वे कहानी से मनुष्य को ही ग़ायब कर देने के लिए 'बुनियादी मानवीयता' की अपनी बात को स्पष्ट करते हुए कहते हैं—**'यह मानवीयता निरे मनुष्यों तक महदूद नहीं है। यह उस संसार को भी समेटती है जो मनुष्येतर है...(जैसे)...पानी, तालाब, अँधेरा, मछलियाँ, चन्द्रमा, तारे और आकाश।'** अर्थात्, हे कथाकार, 'कथा यदि कहो' तो ऐसी कहो, जिसमें मनुष्य और उसके जीवन की समस्याएँ न हों, मनुष्येतर चीज़ों का वर्णन हो। अफ़सर सम्पादक को शायद यह नहीं मालूम (या शायद बहुत अच्छी तरह मालूम है) कि वे साम्यवाद-विरोधियों की बहुत पुरानी दलील 'रोटी ही सब-कुछ नहीं है' का भावानुवाद ही अपनी भ्रामक भाषा में कर रहे हैं। लेकिन वे उस भूखे आदमी का क्या करेंगे, जिसे चन्द्रमा भी रोटी-जैसा दिखायी देता है? उस आदमी का एक ही इलाज उनके पास है, और वह यह कि उसे भूख के विरुद्ध लड़ने की विचारधारा और परम्परा से काट दिया जाये, उसके मन में उस विचारधारा और परम्परा के प्रति संशय और भ्रम भर दिये जायें।

यह कार्य 'पूर्वग्रह' के उक्त अंक में दो प्रकार से किया गया है। एक तो इस विशेषांक पर 'इधर की कथा' शीर्षक देकर यह भ्रम उत्पन्न किया गया है कि इसमें समकालीन या इधर के कुछ वर्षों की कथा का परिचय मिलेगा, जबकि वास्तव में इसके अन्दर बड़ी चालाकी और धूर्तता के साथ हिन्दी कहानी को 'इधर' और 'उधर' के दो

खेमों में बाँटकर केवल 'इधर' की, अर्थात् आधुनिकतावादियों और कलावादियों के पक्ष की कथा प्रस्तुत की गयी है, जो वस्तुतः सरकार का पक्ष है, सत्ताधारियों का पक्ष है, जनता की गाढ़ी कमाई के लाखों रुपये हर साल 'कला' के नाम पर बरबाद करनेवाले और जनता को ही बेवकूफ़ बनानेवाले सरकारी अफ़सरों और इनाम-इकराम की आशा में उनसे जुड़े रहनेवाले लेखकों का पक्ष है। दस प्वाइण्ट के महीन टाइप में छपे 126 पृष्ठों के इस अंक में जनवादी-यथार्थवादी कहानी का नाम भी आपको नहीं मिलेगा। हाँ, उसके विरुद्ध परोक्ष प्रचार सर्वत्र दिखायी देगा। दूसरा तरीक़ा इसमें यह अपनाया गया है कि प्रेमचन्द को महान् लेखक मानते हुए प्रेमचन्द की परम्परा के बारे में जितना सम्भव हो, भ्रम फैलाया जाये। इसके लिए उनकी एक कहानी 'कफ़न' को चुन लिया गया है और उसे प्रेमचन्द की सर्वश्रेष्ठ रचना सिद्ध करने के बहाने उनके अपने सम्पूर्ण कृतित्व के साथ-साथ उनकी समूची परम्परा को खारिज करने का प्रयास किया गया है।

उदाहरण के लिए इस अंक में निर्मल वर्मा का एक लेख छपा है 'प्रेमचन्द की उपस्थिति' जिसमें 'कफ़न' की भूरि-भूरि प्रशंसा करते हुए उसे 'व्यक्ति की स्वतन्त्रता' की कहानी बताया गया है। निर्मल वर्मा लिखते हैं : **"जिस क्षण बाप-बेटे ने घर की औरत के कफ़न के पैसों से शराब का कुल्हड़ मुँह से लगाया था, उस क्षण पहली बार हिन्दी साहित्य में व्यक्ति ने अपनी स्वतन्त्रता का स्वाद भी चखा था। यह क्षण वह था, जब प्रेमचन्द के समाज में 'व्यक्ति' का जन्म हुआ था। यह जन्म मृत्यु और श्मशान की छाया में हुआ था—दो पियक्कड़ हिन्दुस्तानियों का मुक्ति-समारोह। अपनी अन्तिम कहानी में प्रेमचन्द पूरा एक दायरा पूरा कर गये थे।"**

कहने का आशय यह है कि प्रेमचन्द अपने अन्तिम समय में व्यक्तिवादी हो गये थे। इसलिए निर्मल वर्मा प्रश्न उठाते हैं कि ऐसी स्थिति में प्रेमचन्द की परम्परा किसे माना जाये। शुरू के आदर्शवादी प्रेमचन्द की परम्परा या अन्तिम समय के व्यक्तिवादी प्रेमचन्द की परम्परा? जाहिर है, निर्मल वर्मा उसे व्यक्तिवादी परम्परा सिद्ध करना चाहते हैं। लिखते हैं : **"आज जब कुछ समीक्षक और लेखक प्रेमचन्द की परम्परा की बात डंके की चोट के साथ दुहराते हैं—उसे कसौटी मानकर आधुनिक लेखन को प्रगतिशील या प्रतिक्रियावादी घोषित करते हैं—तो मुझे काफ़ी हैरानी होती है। मुझसे ज़्यादा हैरानी और क्षोभ शायद प्रेमचन्द को होता, यदि वह जीवित होते वह शायद हँसी में उनसे कहते 'भई' आप तो मेरी परम्परा में आते हैं, लेकिन मैं? मैं कौन-सी परम्परा में आता हूँ—'सेवासदन' की परम्परा में या 'कफ़न' की परम्परा में? और तब हमें अचानक पता चलेगा कि स्वयं प्रेमचन्द को 'प्रेमचन्द की परम्परा' से मुक्त करना ज़रूरी है..."**

निर्मल वर्मा द्वारा की गयी 'कफ़न' की इस आधुनिकतावादी व्याख्या के अलावा 'पूर्वग्रह' के इसी अंक में डॉ. नामवरसिंह से बातचीत करते हुए कतिपय कलावादियों ने भी इस कहानी के बारे में यह दावा किया है कि यह प्रेमचन्द की 'मार्वलस' कहानी है, मगर इसके 'मार्वलस' होने का कारण यह है कि प्रेमचन्द ने

यह कहानी अपने विचारधारात्मक ढाँचे को तोड़कर लिखी है। मन्तव्य वहाँ भी यही है कि 'कफ़न' को प्रेमचन्द के शेष साहित्य से अलग करके देखा जाये, उनकी सर्वश्रेष्ठ रचना घोषित किया जाये और इसके आधार पर हिन्दी कहानी की जनवादी-यथार्थवादी परम्परा के बारे में भ्रम फैलाकर अपने आधुनिकतावादी-कलावादी उद्‌देश्यों के लिए प्रेमचन्द का इस्तेमाल किया जाये। स्वयं प्रेमचन्द को 'प्रेमचन्द की परम्परा' से मुक्त करने का यही मतलब है।

हालाँकि डॉ. नामवरसिंह ने 'कफ़न' की आधुनिकतावादी-कलावादी व्याख्या का खण्डन करने की कोशिश की है : उन्होंने कहा है कि 'कफ़न' कहानी **"सिनिसिज़्म या निहिलिज़्म का प्रचार नहीं है, न यह उसका कथ्य ही है, बल्कि ऐसी स्थिति जिसमें घीसू और माधव इस अमानुषिक नियति को प्राप्त हों उस व्यवस्था या समाज के प्रति एक विद्रोह का भाव पैदा होता है,"** लेकिन डॉ. नामवरसिंह प्रगतिशील आलोचक होने के बावजूद चूँकि आधुनिकतावादी-कलावादी मान्यताओं से बहुत ज़्यादा प्रभावित होकर कहानी-समीक्षा करते रहे हैं, इसलिए 'कफ़न' को प्रेमचन्द की एकमात्र 'मार्वलस' कहानी माने जाने से उन्हें भी कोई ऐतराज़ नहीं है। वे स्वयं भी इस कहानी की चर्चा इसी रूप में करते रहे हैं, हो सकता है, निर्मल वर्मा की तरह उन्हें भी प्रेमचन्द को 'प्रेमचन्द की परम्परा' से मुक्त करने की ज़रूरत महसूस होती रही हो, उनकी इस बात से 'इधर' और 'उधर' दोनों तरफ़ के लोग सहमत हो सकते हैं कि 'कफ़न' घीसू और माधव के अमानुषीकरण की कहानी है, लेकिन जैसा कि इस निबन्ध की शुरुआत में कहा जा चुका है, अमानुषीकरण एक व्याख्यासापेक्ष अवधारणा है, जिसका इस्तेमाल दोनों तरफ़ के लोग अपने-अपने ढंग से, अपने-अपने उद्‌देश्यों के लिए कर सकते हैं और करते हैं अतः फिलहाल इस सवाल को यहाँ पुनः दोहरा देना चाहता हूँ।

क्या 'कफ़न' ही प्रेमचन्द की सबसे अच्छी और एकमात्र कलात्मक कहानी है? क्या प्रेमचन्द की परम्परा केवल 'कफ़न' कहानी से बनती है? क्या इसी एक कहानी को आदर्श मान लेने पर प्रेमचन्द की बाक़ी कहानियाँ श्रेष्ठता या कलात्मकता की कसौटी पर अपने-आप ख़ारिज नहीं हो जातीं? क्या प्रगतिशील और जनवादी आलोचक भी इसे प्रेमचन्द की प्रतिनिधि कहानी मानते हैं? क्या वे इस कहानी को आज की जनवादी-यथार्थवादी कहानी के सामने एक 'मॉडल' के रूप में रखना चाहते हैं? क्या उनकी समीक्षा और मूल्यांकन की दृष्टि भी कहीं-न-कहीं आधुनिकतावादियों और कलावादियों से प्रभावित है? अथवा, इस कहानी का उनके द्वारा जो मूल्यांकन अब तक किया जाता रहा है, वही ग़लत है?

मेरे विचार से अन्तिम प्रश्न का उत्तर 'हाँ' में होना चाहिए। कारण यह है कि जिस कसौटी पर केवल वही कहानी यथार्थवादी और कलात्मक सिद्ध की जा सकती है, जिसमें केवल 'यथार्थ' का चित्रण हो, 'आदर्श' का लेशमात्र भी न हो, जो केवल समस्या उठाये, समाधान हरगिज़ न दे, जिसमें केवल प्रश्न उठाये जायें, उनके उत्तर क़तई न

दिये जायें, जिसमें आधुनिक मनुष्य की अमानुषिक नियति को एक शाश्वत और अपरिवर्तनीय सत्य के रूप में दिखाया जाये, उस नियति को बदलने की सम्भावनाओं की ओर संकेत भी न किया जाये, जिसमें मनुष्य और समाज की नकारात्मक प्रवृत्तियों को तो ख़ूब उभारा जाये, लेकिन उनकी सकारात्मक प्रवृत्तियों के चित्रण को सुधारवाद, आदर्शवाद, वैचारिक आरोपण, प्रचार और फ़ारमूला मानकर एकदम छोड़ दिया जाये। कहने की ज़रूरत नहीं कि यह कहानी को परखने की आधुनिकतावादी-कलावादी कसौटी है, जिसे अपनी कहानी-समीक्षा में कई प्रगतिशील और जनवादी आलोचक भी जाने-अनजाने अपनाते रहे हैं।

इस कसौटी के आधार पर 'कफ़न' को प्रेमचन्द की सबसे अच्छी और एकमात्र कलात्मक कहानी माननेवाले लोग शायद प्रेमचन्द की परम्परा से अपने-आपको जोड़नेवाले जनवादी-यथार्थवादी कहानीकारों से यह कहना चाहते हैं कि तुम जिस प्रेमचन्द को सिर पर उठाये फिरते हो, उसके पास तो अच्छी कही जा सकनेवाली केवल यही एक कहानी है, बाक़ी सब तो प्रचारात्मक कूड़ा है। यथार्थवादी कहानी तो एक यही है, बाक़ी सब कहानियाँ तो सुधारवादी या आदर्शवादी हैं और यह जो एकमात्र अच्छी कहानी है, उसमें तुम्हारा प्रेमचन्द तुम्हारे साथ नहीं, हमारे साथ खड़ा है, हमारी-सी बात कह रहा है। अजी, प्रेमचन्द ज़िन्दगी भर ग़लती करता रहा, लेकिन 'कफ़न' तक आते-आते उसका मोहभंग हो गया था। उसने समझ लिया था कि लोगों की असली हालत घीसू और माधव की-सी है, और यह हालत कभी बदल नहीं सकती। एक समूचे सच को पाकर ही प्रेमचन्द यथार्थवादी बना। फिर उसे समाज को सुधारने या बदलने की चिन्ता नहीं रही। इसीलिए उसने 'कफ़न' को सोद्‌देश्य कहानी नहीं बनाया, यथार्थ पर अपनी विचारधारा को आरोपित नहीं किया, कोई आदर्श प्रस्तुत नहीं किया, कोई नैतिक या राजनीतिक प्रचार नहीं किया, शुद्ध कलात्मक कहानी लिखी। अपना भला चाहते हो तो तुम भी ऐसी ही कथा कहो!

मगर सवाल यह है कि क्या वास्तव में 'कफ़न' कहानी इस कसौटी पर खरी उतरती है? अथवा, उससे यह कसौटी ही खोटी साबित होती है? क्या वास्तव में 'कफ़न' प्रेमचन्द की सबसे अच्छी और एकमात्र कलात्मक कहानी है? क्या सचमुच ही इस कहानी को लिखते समय प्रेमचन्द की विचारधारा बदल गयी थी? आइये, ज़रा कहानी को देखें।

'कफ़न' में प्रेमचन्द घीसू और माधव से पाठक का परिचय कराते हुए कहते हैं कि ये पिता-पुत्र दोनों कामचोर हैं। लेकिन वे इसका कारण भी बताते हैं। कहते हैं :

"जिस समाज में रात-दिन मेहनत करनेवालों की हालत उनकी हालत से कुछ बहुत अच्छी न थी, और किसानों के मुक़ाबले में वे लोग, जो किसानों की दुर्बलताओं से लाभ उठाना जानते थे, कहीं ज़्यादा सम्पन्न थे, वहाँ इस तरह की मनोवृत्ति का पैदा हो जाना कोई अचरज की बात न थी।"

जाहिर है, प्रेमचन्द घीसू और माधव के अमानुषीकरण और उसके कारण की चर्चा यहाँ कर रहे हैं। लेकिन इतने से ही यह मान लेना कि प्रेमचन्द की इस कहानी का कथ्य अमानुषीकरण है, एक जल्दबाजी में लिये गये निर्णय के आधार पर किया जाने-वाला भ्रामक सरलीकरण होगा। इन पंक्तियों को ध्यान से देखें तो प्रेमचन्द की नज़र अपने समाज के तीन वर्गों पर दिखायी देगी, जिनकी परस्पर तुलना यहाँ की गयी :

घीसू और माधव जैसे दरिद्र किन्तु निकम्मे और कामचोर लोग,

दिन-रात मेहनत करनेवाले किसान लोग, जिनकी हालत घीसू-माधव से बेहतर नहीं थी, और

किसानों से कहीं ज़्यादा सम्पन्न ज़मींदार लोग, जो किसानों की दुर्बलताओं से लाभ उठाना जानते थे।

इन तीनों वर्गों की परस्पर तुलना यहीं ख़त्म नहीं हो जाती। आगे चलकर प्रेमचन्द व्यंग्यपूर्ण स्वर में कहते हैं :

"हम तो कहेंगे, घीसू किसानों से कहीं ज़्यादा विचारवान् था और किसानों के विचारशून्य समूह में शामिल होने के बदले बैठकबाज़ों की कुत्सित मण्डली में जा मिला था। हाँ, उसमें यह शक्ति न थी कि बैठकबाज़ों के नियम और नीति का पालन करता, इसलिए जहाँ उसकी मण्डली के और लोग गाँव के सरगना और मुखिया बने हुए थे, उस पर सारा गाँव उँगली उठाता था, फिर भी उसे यह तसकीन तो थी ही कि अगर वह फटेहाल है तो कम-से-कम उसे किसानों की-सी जी-तोड़ मेहनत तो नहीं करनी पड़ती, और उसकी सरलता और निरीहता से दूसरे लोग बेजा फ़ायदा तो नहीं उठाते।"

पहले उद्धृत की गयी पंक्तियों के आधार पर जो लोग इस कहानी का कथ्य अमानुषीकरण समझते हैं, उन्हें बाद में उद्धृत इन पंक्तियों को भी देखना चाहिए। प्रेमचन्द यहाँ घीसू की तुलना किसानों से करते हुए उसे 'किसानों से कहीं ज़्यादा विचारवान्' कहते हैं और किसानों को एक 'विचारशून्य समूह' बताते हैं, तो क्या प्रेमचन्द अमानुषीकृत घीसू का आदर्श किसानों के सामने रखकर यह कहना चाहते हैं कि हे विचारशून्य किसानों, तुम भी घीसू की तरह 'विचारवान्' बन जाओ? अथवा, जैसा कि निर्मल वर्मा हमें बताना चाहते हैं, क्या प्रेमचन्द घीसू और माधव के माध्यम से व्यक्ति की स्वतन्त्रता का चित्रण करना चाहते हैं? लेकिन 'कफ़न' की ये पंक्तियाँ एक तरफ़ प्रगतिशीलों की इस धारणा को खण्डित करती हैं कि यह अमानुषीकरण की कहानी है, तो दूसरी तरफ़ आधुनिकतावादियों की इस मान्यता का मज़ाक़ उड़ाती हैं कि यह व्यक्ति-स्वातन्त्र्य की कहानी है।

घीसू और माधव में कामचोरी और निकम्मेपन की मनोवृत्ति का पैदा हो जाना क्यों अचरज की बात नहीं है? इसलिए कि वे एक तरफ़ उन किसानों को देखते हैं जो दिन-रात मेहनत करने पर भी उनसे अच्छी हालत में नहीं हैं, दूसरी तरफ़ वे उन

सम्पन्न ज़मींदारों के देखते हैं, जो किसानों की दुर्बलताओं से लाभ उठाना जानते हैं। क्या ये सम्पन्न ज़मींदार लोग काम करते हैं? नहीं करते, लेकिन मजे में रहते हैं, क्योंकि वे किसानों की दुर्बलताओं से लाभ उठाते हैं, तो घीसू और माधव के सामने दो रास्ते हैं या तो किसानों की तरह दिन-रात मेहनत करें और दरिद्रता की वैसी ही हालत में पड़े रहें, या फिर किसानों की दुर्बलताओं से लाभ उठानेवाले ज़मींदारों की तरह निकम्मे बन जायें। यहीं पर प्रेमचन्द व्यंग्यपूर्वक कहते हैं कि घीसू किसानों से कहीं ज़्यादा विचारवान् था कि किसानों के विचारशून्य समूह में शामिल होने के बदले "बैठकबाज़ों की कुत्सित मण्डली में जा मिला था।" यह 'बैठकबाज़ों की कुत्सित मण्डली' क्या है? यह 'गाँव के सरगना और मुखिया' अर्थात् ज़मींदार लोगों की मण्डली है। घीसू इस मण्डली में कैसे जा मिला? इस तरह कि वे भी निकम्मे थे, घीसू भी निकम्मा बन गया, वे भी किसानों की दुर्बलताओं से लाभ उठाते थे, घीसू भी किसानों की दुर्बलताओं से लाभ उठाने लगा। "हाँ, उसमें यह शक्ति न थी कि बैठकबाज़ों के नियम और नीति का पालन करता" यह शक्ति उसमें कैसे होती? क्या वह ज़मींदार था? उत्पादन के साधनों का स्वामी न होने के कारण वह शोषण के नियम और दमन की नीति का पालन कैसे कर सकता था? ग़रीब किसानों का ख़ून चूसनेवाले उन निकम्मे ज़मींदारों की तरह शान-शौकत से कैसे रह सकता था? गाँव का सरगना और मुखिया कैसे बन सकता था? इसीलिए ज़मींदारों की कुत्सित मण्डली के निकम्मेपन पर कोई उँगली नहीं उठा पाता, घीसू पर सारा गाँव उँगली उठाता है। ऊपर उद्धृत पंक्तियों की व्यंजना को समझा जाये तो प्रेमचन्द का आशय स्पष्ट हो जाता है : **ज़मींदार भी निकम्मे हैं, घीसू भी निकम्मा है। दोनों का चरित्र एक है। दोनों ही किसानों की दुर्बलताओं से लाभ उठाना जानते हैं। फिर सारा गाँव घीसू पर उँगली क्यों उठाता है? नहीं उठानी चाहिए। या पहले ज़मींदारों पर उठानी चाहिए।**

ऊपर उद्धृत पंक्तियों में, जिन्हें कलावादी लोग नितान्त कलाहीन वक्तव्य मानते होंगे, प्रेमचन्द की कला देखने लायक़ है। कितनी गहरी बातें यहाँ कितने सहज ढंग से कह दी गयी हैं। घीसू "बैठकबाज़ों की कुत्सित मण्डली में जा मिला" निकम्मा बनकर, दूसरों की कमाई पर मौज़ करनेवाला बनकर, "गाँव के सरगना और मुखिया" लोगों के वर्ग की स्वाभाविक विशेषताएँ—अकर्मण्यता, अमानुषिकता, हृदयहीनता और निर्लज्जता-अपनाकर। क्या वह पूँजीवादी समाज का शोषित, अमानुषीकृत सर्वहारा है? जी नहीं, क्या वह सामन्तवादी समाज से पूँजीवादी समाज में निकलकर आया हुआ 'व्यक्ति' है, जो कफ़न के पैसों से ख़रीदी गयी शराब का कुल्हड़ मुँह से लगाकर व्यक्ति की स्वतन्त्रता का स्वाद चखता है? जी नहीं, निर्मल वर्मा घीसू और माधव के रूप में प्रेमचन्द के समाज में 'व्यक्ति' का जन्म देखते हैं और उसके जन्म पर, भले ही वह मृत्यु और श्मशान की छाया में हुआ हो, प्रसन्नता से गद्गद होकर प्रशंसात्मक स्वर में उसे "दो पियक्कड़ हिन्दुस्तानियों का मुक्ति-समारोह" कहकर सराहते हैं। लेकिन

कहानी में प्रेमचन्द का दृष्टिकोण अपने इन पात्रों के प्रति क्या है? वे स्पष्ट रूप से अपने इन पात्रों के प्रति घृणा व्यक्त करते हैं और पाठक के मन में भी उनके प्रति घृणा ही उत्पन्न करते हैं। लेकिन उनके प्रति घृणा उत्पन्न करके प्रेमचन्द वस्तुतः "बैठकबाज़ों की कुत्सित मण्डली" के प्रति, अर्थात् अकर्मण्य, अमानुषिक, हृदयहीन और निर्लज्ज ज़मींदार वर्ग के प्रति घृणा उत्पन्न करते हैं, वे उस समाज के प्रति भी घृणा उत्पन्न करते हैं, जो घीसू और माधव जैसे लोगों को पैदा करता है। जी हाँ, इस समाज में अमानुषीकरण होता है, लेकिन क्या वह आधुनिक पूँजीवादी औद्योगिक समाज का अमानुषीकरण है, जिसके आधार पर आप प्रेमचन्द को मार्क्सवादी या आधुनिकतावादी साबित कर दें? जी नहीं, वह सामन्तवादी समाज का ही अमानुषीकरण है, जो न जाने कब से निठल्ले, निकम्मे, परोपजीवी लोगों को घीसू-माधव के-से 'मुक्ति-समारोह' मनाते देखता आया है।

'कफ़न' का कथ्य अमानुषीकरण या व्यक्ति-स्वातन्त्र्य नहीं है। यह समझने के लिए अब आगे की पंक्तियों पर ग़ौर कीजियेः

"उस पर (घीसू पर) सारा गाँव उँगली उठाता था। फिर भी उसे यह तसकीन तो थी ही कि अगर वह फटेहाल है तो कम-से-कम उसे किसानों की-सी जी-तोड़ मेहनत तो नहीं करनी पड़ती है, और उसकी सरलता और निरीहता से दूसरे लोग बेजा फ़ायदा तो नहीं उठाते।"

प्रेमचन्द के सम्पूर्ण साहित्य को देखिये तो एक बात बराबर मिलेगी कि प्रेमचन्द जितना प्यार किसानों से करते हैं, जितना दुःख उन्हें किसानों की दीन दशा को देखकर होता है, उतना ही गुस्सा भी उन्हें किसानों पर आता है, वे नहीं चाहते कि ये किसान एक 'विचार-शून्य समूह' बने रहें। वे नहीं चाहते कि किसानों की दुर्बलताओं से, उनकी सरलता और निरीहता से, दूसरे लोग बेजा फ़ायदे उठायें। वे चाहते हैं कि किसान विचारवान् बनें, अपनी सरलता और निरीहता छोड़कर सचेत और शक्तिशाली बनें, ताकि अन्यायपूर्ण शोषण और दमन की व्यवस्था को बदलकर अपनी मुक्ति पा सकें। इसीलिए वे अपनी रचनाओं में किसानों को प्यार से समझाने के साथ-साथ डाँटते-फटकारते भी रहते हैं। ख़ास तौर से उन्हें किसानों की सरलता और निरीहता पर बहुत गुस्सा आता है। उदाहरण के लिए यहाँ उनकी दो अन्य कहानियों का जिक्र ही काफ़ी होगा। एक कहानी है 'समर-यात्रा', दूसरी कहानी है, 'दो बैलों की कथा।' 'समर-यात्रा' में सत्याग्रहियों के जत्थे का नायक किसानों से कहता हैः

"आप मनुष्य नहीं, देवता हैं। आपको भोग-विलास से मतलब नहीं, नशा-पानी से मतलब नहीं, अपना काम करना और अपनी दशा पर सन्तोष रखना। यह आपका आदर्श है, लेकिन आपका यही देवत्व, आपका यही सीधापन आपके हक में घातक हो रहा है। बुरा न मानियेगा, आप लोग इस संसार में रहने योग्य नहीं। आपको तो स्वर्ग में कोई स्थान पाना चाहिए था। खेतों का लगान बरसाती नाले

की तरह बढ़ता जाता है, आप चूँ नहीं करते। अमले और अहलकार आपको नोचते रहते हैं, आप जबान नहीं हिलाते। इसका यह नतीजा हो रहा है कि आपको लोग दोनों हाथों से लूट रहे हैं, पर आपको ख़बर नहीं।"

मिलाइये ज़रा, 'कफ़न' में किसानों को 'विचारशून्य समूह' कहते समय क्या प्रेमचन्द ठीक ऐसी ही झुँझलाहट प्रकट नहीं करते? 'दो बैलों की कथा' में भी उन्होंने किसानों को ही बैल की तरह सीधा कहकर फटकारा है। इस कहानी में कसाई को खदेड़कर भगा देने के बाद हीरा और मोती में जो वार्त्तालाप होता है, ध्यान देने लायक़ है:

हीरा ने कहा, "मैं डर रहा था कि कहीं तुम गुस्से में आकर मार न बैठो।"
"अगर वह मुझे पकड़ता, तो मैं बे-मारे न छोड़ता।"
"अब न आयेगा।"
"आयेगा तो दूर से ही ख़बर लूँगा, देखूँ, कैसे ले जाता है।"
"जो गोली मरवा दे?"
"मर जाऊँगा, पर उसके काम तो न आऊँगा।"
"हमारी जान को कोई जान ही नहीं समझता।"
"इसलिए कि हम इतने सीधे होते हैं।"

प्रेमचन्द की रचनाओं में उनकी यह झुँझलाहट बार-बार देखने को मिलती है कि ये किसान इतने सीधे क्यों होते हैं, ये क्यों दूसरों को अपना बेजा फ़ायदा उठाने देते हैं, सचेत होकर अन्याय और अत्याचार के विरुद्ध संघर्ष क्यों नहीं करते? किसानों में पायी जानेवाली इस नकारात्मक प्रवृत्ति का चित्रण उन्होंने बार-बार अपनी रचनाओं में किया है। 'कफ़न' भी उसका अपवाद नहीं है। अतः यह कहना ग़लत नहीं होगा कि उनकी अन्य अनेक रचनाओं की तरह ही 'कफ़न' का कथ्य भी किसानों का शोषण और उससे उनकी मुक्ति की समस्या है। भारत के सीधे-सादे किसानों को सचेत बनाने की समस्या है।

अब यह देखना चाहिए कि 'कफ़न' में आकर क्या प्रेमचन्द की विचारधारा वाक़ई बदल गयी है? प्रेमचन्द अपनी समस्त प्रतिनिधि रचनाओं में शोषक-शासक वर्ग के विरुद्ध घृणा के प्रचारक और शोषित-उत्पीड़ित जनता के पक्षधर हैं। जो लोग इस कहानी की मनचाही और मनमानी व्याख्याएँ कर रहे हैं, वे शायद यह समझते हैं कि इस कहानी में घीसू और माधव के प्रति घृणा, व्यंग्य और उपहास का रवैया अपनाकर प्रेमचन्द ने मानो जनता के प्रति अपना दृष्टिकोण बदल लिया है। वे लोग शायद यह मानकर इस कहानी की व्याख्या करते हैं कि घीसू और माधव जनता हैं और प्रेमचन्द का इस जनता से मोहभंग हो चुका है। लेकिन गह सर्वथा ग़लत और भ्रामक व्याख्या इस कहानी के कथ्य और घीसू-माधव के वास्तविक चरित्र को वास्तविक रूप में न समझ पाने के कारण की जाती है।

जैसा कि ऊपर दिखाया जा चुका है, प्रेमचन्द ने घीसू और माधव का सम्बन्ध स्पष्ट रूप से 'गाँव के बैठकबाज़ों की कुत्सित मण्डली' से अर्थात् ज़मींदार वर्ग से जोड़ा है, ये लोग आर्थिक स्थिति से दरिद्र किन्तु विचार और व्यवहार की दृष्टि से शोषक, अकर्मण्य, परजीवी ज़मींदार वर्ग की ही तरह अनैतिक, अमानुषिक और धूर्त हैं। ये भारत की जनता के प्रतीक या प्रतिनिधि हरगिज़ नहीं हैं। भारत की जनता के रूप में अभिधात्मक रूप में किसान यहाँ मौजूद हैं और प्रतीकात्मक रूप में बुधिया मौजूद है, जो मेहनत-मज़दूरी करके कमाती है, और घीसू-माधव का पेट भरती है, उनके परिवार को व्यवस्थित करती है, लेकिन घर-बाहर दोनों जगह शोषण का शिकार होती है। प्रेमचन्द की पूरी सहानुभूति बुधिया के साथ है। उसके विरुद्ध निन्दा या आलोचना का एक शब्द भी आप इस कहानी में नहीं पायेंगे। सर्वत्र प्रशंसा का ही भाव मिलेगा। जैसे–

"माधव का ब्याह पिछले साल हुआ था। जबसे यह औरत आयी थी, उसने इस खानदान में व्यवस्था की नींव डाली थी और इन दोनों बे-गैरतों का दोज़ख़ भरती थी।"

बुधिया के मर जाने पर घीसू ज़मींदार से कहता है–

"...अब कोई एक रोटी देनेवाला भी न रहा मालिक। तबाह हो गये। घर उजड़ गया..."

फिर एक जगह माधव से कहता है:

"हाँ बेटा, बैकुण्ठ में जायेगी। किसी को सताया नहीं, किसी को दबाया नहीं, मरते-मरते हमारी ज़िन्दगी की सबसे बड़ी लालसा पूरी कर गयी..."

इस प्रकार प्रेमचन्द की पक्षधरता स्पष्ट है। यह पक्षधरता उनकी विचारधारा से पैदा होती है जो यह है कि शोषण पर आधारित यह समाज बुरा है और इसको बदलना चाहिए। प्रेमचन्द की पक्षधरता 'कफ़न' में वहाँ तो बिलकुल ही स्पष्ट है, जहाँ वे शोषक वर्ग की आलोचना करते हैं। यह आलोचना ठीक ऐसी शब्दावली में है, जिसे कलावादी लोग 'प्रचार' कहते हैं। देखिये, घीसू और माधव किसी ठाकुर की बारात में भरपेट खाये गये भोजन की बात कर रहे हैं। माधव के यह कहने पर कि "अब हमें कोई ऐसा भोज नहीं खिलाता," घीसू कहता है–

"अब कोई क्या खिलायेगा? वह ज़माना दूसरा था। अब तो सबको क्रिफायत सूझती है। सादी-ब्याह में मत ख़र्च करो, क्रिया-कर्म में मत ख़र्च करो। पूछो, ग़रीबों का माल बटोर-बटोरकर कहाँ रखोगे? बटोरने में तो कमी नहीं। हाँ, ख़र्च में क्रिफायत सूझती है।"

फिर बुधिया के बैकुण्ठ जाने की बात करते हुए कहता है–

"...वह न बैकुण्ठ जायेगी तो क्या ये मोटे-मोटे लोग जायेंगे, जो ग़रीबों को दोनों हाथों से लूटते हैं, और अपने पाप को धोने के लिए गंगा में नहाते हैं और मन्दिरों में जल चढ़ाते हैं?"

क्या इस कहानी में प्रेमचन्द की विचारधारा बदल गयी है? पक्षधरता बदल गयी है? क्या उन्होंने यह कहानी अपने विचारधारात्मक ढाँचे को तोड़-छोड़कर लिखी थी?

कहने की ज़रूरत नहीं कि आधुनिकतावादी और कलावादी लोग (तथा उनसे प्रभावित प्रगतिशील और जनवादी लोग भी) इस कहानी की व्याख्या ग़लत ढंग से करते रहे हैं। कहानी कुछ और कहती है, वे कुछ और ही कहते हैं, उनकी भ्रामक व्याख्याओं से कुछ भ्रम तो अवश्य फैला है, लेकिन उनकी कहानी सम्बन्धी समझ की सीमाएँ भी सामने आयी हैं। कैसी विडम्बना है कि वे कहानी की आलोचना करते समय यह सिद्धान्त पेश करते हैं कि लेखक को कहानी पर अपनी विचारधारा आरोपित नहीं करनी चाहिए, लेकिन आलोचक के रूप में स्वयं अपनी विचारधारा का आरोपण कहानी पर ख़ूब करते हैं! कहानी की कलात्मकता के मूल्यांकन में तो ऐसे लोग और भी ज़्यादा कमाल करते हैं। उनके विचार से 'कफ़न' प्रेमचन्द की सबसे अच्छी और एकमात्र कलात्मक कहानी है, 'मार्वलस' कहानी है, लेकिन क्या उनके द्वारा किया गया यह मूल्यांकन सही है? आइये, 'कफ़न' की कलात्मकता पर भी विचार करें।

यद्यपि कुछ कलावादियों ने 'कफ़न' को प्रतीकात्मक कहानी मानकर और प्रतीकों के बहाने इसमें मनमाने अर्थ ठूँसकर इसे मनचाहे ढंग से कलात्मक सिद्ध करने की चेष्टाएँ की हैं, तथापि इसे 'मार्वलस' कहानी मानने का मुख्य कारण यही रहा है कि आधुनिकतावादी लोगों को इससे अपनी विचारधारा की पुष्टि होती हुई मालूम होती है। उनके विचार से इस कहानी की सबसे बड़ी ख़ूबी यही है कि इसमें प्रेमचन्द ने अपने उस विचारधारात्मक ढाँचे को तोड़ या छोड़ दिया है, जो उनकी अन्य कहानियों में पाया जाता है। ऊपर विस्तार से दिखाया जा चुका है कि ऐसे लोगों की यह ख़ुशफ़हमी सही नहीं है। पाठकों की आँखों में धूल झोंककर दिन को रात बनाया जाये तो बात दूसरी है, वर्ना कोई भी देख सकता है कि वास्तविकता क्या है, लेकिन इस कहानी में कहानी की कलात्मक संरचना के स्तर पर प्रेमचन्द से एक चूक अवश्य हुई है, जो आधुनिकतावादियों को ख़ुश करती है और जिससे उन्हें इस कहानी पर अपनी विचारधारा पर आरोपण करने की सुविधा मिलती है, लेकिन विडम्बना यह है कि कहानी-समीक्षा में कलात्मकता की लम्बी-चौड़ी बातें करनेवाले आधुनिकतावादी-कलावादी लोगों को यह कहानी उस कलात्मक त्रुटि के कारण ही कलात्मक लगती है।

दादी-नानी की कहानियों से लेकर विश्व-साहित्य की महानतम कथाकृतियों तक में कहानी-कला की एक तकनीक अपनायी जाती रही है, जिसे 'पोयटिक जस्टिस' कहते हैं। यह कथात्मक संरचना का एक अनिवार्य उपादान है, जिसके विचारधारात्मक आयाम प्रत्येक देशकाल के अनुसार भिन्न और परिवर्तनशील होते हैं, लेकिन कहानी को कलात्मकता प्रदान करने में इसकी उपयोगिता मानव-इतिहास में बराबर बनी रही है, और आज भी बनी हुई है। जिन्हें इस पुराने शब्द से आपत्ति हो, वे इसकी जगह एक अपेक्षाकृत नया शब्द 'डायलेक्टिक्स' ग्रहण कर सकते हैं। इसके अन्तर्गत कहानी में यदि कोई समस्या उठायी जाती है तो प्रत्यक्ष अथवा परोक्ष रूप में उसके समाधान

का संकेत भी अवश्य किया जाता है। ऐसा करने के लिए कहानी सत्य-असत्य, न्याय-अन्याय, नीति-अनीति, उचित-अनुचित, सुन्दर-असुन्दर आदि की दो परस्पर-विरोधी चीज़ों की द्वन्द्वात्मकता लिये हुए आगे बढ़ती है और अपने देश-क़ाल के अनुसार असत्य पर सत्य की, अन्याय पर न्याय की, अनीति पर नीति की, अनुचित पर उचित की, असुन्दर पर सुन्दर की विजय दिखाती है। इस द्वन्द्वात्मकता का वहन कहानी में चित्रित मानव-चरित्र करते हैं, अतः कहानी में नकारात्मक चरित्रों के विरुद्ध सकारात्मक चरित्रों की रचना की जाती है और फिर इन दोनों प्रकार के चरित्रों के बीच के अन्तर्विरोध को हल करने के लिए रचनाकार जो न्याय करता है, वही 'पोयटिक जस्टिस' है, कला का न्याय है, कला का सत्य भी यही है और यथार्थवाद की आधुनिक अवधारणा भी इसी सत्य पर आधारित है।

प्रेमचन्द ने भी कथासाहित्य की विश्व-परम्परा से इस तकनीक को ग्रहण किया है और सफलतापूर्वक अपने कथासाहित्य में अपनाया है। वे इस तकनीक का प्रयोग और विकास अपने वैचारिक उद्देश्यों की पूर्ति के लिए करते हैं और इसी को वे 'आदर्शोन्मुख यथार्थवाद' कहते हैं। जनवादी-यथार्थवादी कहानी की प्रेमचन्दोत्तर परम्परा में भी कहानी की यह तकनीक अथवा यह 'आदर्शोन्मुख यथार्थवाद' 'किसी-न-किसी रूप में हमें सर्वत्र मिलता है और वस्तुतः यही वह कसौटी है, जिस पर कहानी की श्रेष्ठता को साबित किया जा सकता है। आधुनिकतावाद, नकारवाद, संशयवाद वगैरह की भ्रामक अवधारणाओं के प्रभाववश और यथार्थवाद को प्रकृतवाद या अनुभववाद (जिसे प्रेमचन्द 'नग्न यथार्थवाद' कहते थे और त्याज्य समझते थे) मान लेने के कारण बहुत-से लोगों को प्रेमचन्द का यह 'आदर्शोन्मुख यथार्थवाद' ग़लत लगता है और वे प्रेमचन्द की ज़्यादातर रचनाओं को आदर्शवादी मानकर खारिज कर देते हैं। मगर सवाल सिर्फ़ प्रेमचन्द का नहीं है, प्रकृतवाद या अनुभववाद को ही यथार्थवाद माना जायेगा, तो विश्व के समूचे कथासाहित्य में श्रेष्ठ और महान् कहलाने लायक़ क्या रह जायेगा? स्वयं प्रेमचन्द क़े साहित्य में ऐसी कितनी कहानियाँ बचेंगी, जिनके आधार पर उन्हें महान् लेखक माना जा सके?

मेरा विचार यह है कि 'आदर्शोन्मुख यथार्थवाद' को आप उचित न समझें तो भले ही कोई दूसरा नाम दे लें (जैसा कि चन्द्रबली सिंह उसे 'क्रान्तिकारी जनवादी यथार्थवाद' और चन्द्रभूषण तिवारी 'जनवादी यथार्थवाद' कहते हैं और मैं स्वयं उसे 'समाजवादी यथार्थवाद' कहना ज़्यादा सही समझता हूँ), लेकिन प्रेमचन्द-साहित्य को, और उनकी परम्परा के बाक़ी कथासाहित्य को भी परखने की कसौटी यही है।

अब यह देखें की इस कसौटी पर 'कफ़न' कैसी उतरती है। अपनी अन्य रचनाओं की तरह प्रेमचन्द इस कहानी में शोषण और पराधीनता के शिकार भारतीय किसानों की मुक्ति की समस्या तो उठाते हैं, लेकिन उसके किसी समाधान की ओर कोई संकेत नहीं करते। उदाहरण के लिए मैंने ऊपर जिन दो कहानियों की चर्चा की है, केवल उन्हीं से 'कफ़न' की तुलना करें तो बात स्पष्ट हो जायेगी। 'समर-यात्रा' और 'दो बैलों

की कथा' में भी प्रेमचन्द की प्रमुख चिन्ता यही है कि ये किसान इतने शोषित-उत्पीड़ित होकर भी सब-कुछ सहते क्यों जाते हैं। ये इतने सीधे, सरल, निरीह और विचारशून्य क्यों हैं? सचेत और संघर्षशील बनकर अपनी मुक्ति क्यों प्राप्त नहीं करते? 'समर-यात्रा' में ऐसे किसानों को झकझोरकर जगाने के लिए प्रेमचन्द सत्तर साल की बुढ़िया नोहरी के रूप में एक सकारात्मक चरित्र की रचना करते हैं और उसके माध्यम से किसानों को फटकारते हुए मानो यह कहते हैं कि देखो, तुमसे तो यह सत्तर साल की दरिद्र बुढ़िया नोहरी ही अच्छी है। इससे कुछ सीखो। अपनी परिस्थिति को समझो। अपनी चेतना का विकास करो। अन्यायी-अत्याचारी शोषक-शासक वर्ग के विरुद्ध संघर्ष करो। 'दो बैलों की कथा' से भी प्रेमचन्द सीधे-सादे किसानों को यही सन्देश देना चाहते हैं कि देखो, आज़ादी और ग़ुलामी का फ़र्क़ तो जानवर भी समझते हैं, तुम तो निरे बैल हो, अरे, तुमसे तो ये हीरा-मोती ही अच्छे हैं। अपनी दुर्बलताओं से किसी को बेजा फ़ायदा मत उठाने दो। सचेत और संघर्षशील बनो। मरो या मारो, पर दुश्मन का मुक़ाबला ज़रूर करो। 'दो बैलों की कथा' के हीरा-मोती भी सकारात्मक चरित्र हैं, जिनसे सीधे, सरल, निरीह और विचारशून्य किसानों की तुलना की गयी है। 'कफ़न' में भी प्रेमचन्द किसानों की तुलना घीसू-माधव से करते हैं और यह कहते हुए मालूम होते हैं कि अरे, तुमसे तो ये घीसू-माधव ही अच्छे हैं। ये भी तुम्हारी तरह फटेहाल हैं, लेकिन इनकी सरलता और निरीहता से दूसरे लोग बेजा फ़ायदा तो नहीं उठा सकते। मगर 'समर-यात्रा' और 'दो बैलों की कथा' से 'कफ़न' इस रूप में भिन्न है कि जहाँ पहली दोनों कहानियों में प्रेमचन्द किसानों की तुलना सकारात्मक चरित्रों से करते हैं, वहाँ 'कफ़न' में किसानों की तुलना जिन घीसू-माधव से की गयी है, वे नकारात्मक चरित्र हैं, और यहीं पर प्रेमचन्द चूक गये हैं। इन नकारात्मक चरित्रों से किसानों की तुलना ग़लत हो गयी है, क्योंकि इस तुलना पर गाँव के सरल, निरीह और विचारशून्य किसान आत्मालोचन करने के बजाय यह कह सकते हैं कि क्या ये लम्पट घीसू-माधव हमसे अच्छे हैं? हम इनकी तरह कामचोर तो नहीं। इस प्रकार 'कफ़न' में प्रेमचन्द 'पोयटिक जस्टिस' नहीं कर पाते, कहानी की द्वन्द्वात्मकता का निर्वाह नहीं कर पाते, उनका 'आदर्शोन्मुख यथार्थवाद' यहाँ 'नग्न यथार्थवाद' की तरफ़ झुका हुआ दिखायी देने लगता है। हालाँकि यह उतना और वैसा 'नग्न यथार्थवाद' फिर भी नहीं है, जितना और जैसा आधुनिकतावादियों और कलावादियों को पसन्द है, लेकिन इसमें कोई शक नहीं कि प्रेमचन्द इस कहानी में चूके हैं और उनकी यह चूक ही वह आधार है, जिस पर आधुनिकतावादियों को ख़ुश होने का, कहानी को मनचाहे ढंग से व्याख्यायित करने का, और प्रेमचन्द को अपने पक्ष में इस्तेमाल करने का मौक़ा मिलता है।

लेकिन भूल-चूक किससे नहीं होती! फिर, महान् लोगों की तो भूलें भी महान् होती हैं। वे भी हमें बहुत-कुछ सिखाती हैं। 'कफ़न' कहानी हमें यह सिखाती है कि विचारधारा, पक्षधरता, प्रतिबद्धता और लेखकीय इरादे सब ठीक होने पर भी यदि लेखक कहानी की रचना-पद्धति में कहीं चूकता है, तो वह अपने उद्देश्य में सफल नहीं हो

सकता; क्योंकि उसकी वह चूक कहानी की कलात्मक संरचना में एक ऐसी दरार पैदा कर देती है, जिसमें से अनपेक्षित अर्थ बाहर से रिसकर आ सकते हैं।

दुनिया के किसी भी साहित्य में से कोई भी अच्छी कहानी उठाकर देख लीजिये, यदि कोई कलात्मक संरचना सही है, तो कहानी अपने द्वारा उठाये गये प्रश्नों के उत्तर स्वयं देती है, स्पष्ट रूप से नहीं, तो सांकेतिक रूप से, लेकिन प्रश्नों के उत्तर या समस्याओं के समाधान उसमें अन्तर्निहित रहते हैं। एक समय में एक प्रश्न के कई उत्तर या एक ही समस्या के कई समाधान दिखायी पड़ सकते हैं, लेकिन उनमें से सबसे सही उत्तर या सबसे सही समाधान एक ही होता है। कला उसी को पकड़कर प्रस्तुत करने का प्रयास है और महान् कला वही है, जो अपने देश-काल की समस्याओं के सबसे सही समाधानों तक पहुँचाती है। प्रेमचन्द की भी ज़्यादातर कहानियाँ ऐसी ही हैं और उन्हीं कहानियों की वजह से प्रेमचन्द महान् लेखक हैं। लेकिन 'कफ़न' के साथ दिक़्क़त यह है कि वह किसानों की मुक्ति की समस्या तो उठाती है, उसका कोई समाधान नहीं सुझाती। घीसू और माधव-जैसे नकारात्मक चरित्रों के ज़रिये वह समाधान सुझाया नहीं जा सकता और उसके लिए उपयुक्त कोई सकारात्मक चरित्र कहानी में है नहीं। अतः उठायी गयी समस्या अनसुलझी रह जाती है। किसानों की मुक्ति कैसे होगी? क्या घीसू-माधव बनकर? नहीं। तो फिर? इस प्रश्न का उत्तर कहानी नहीं देती और तमाम तरह के अर्थों-अनर्थों की गुंजाइश छोड़ देती है। ये अर्थ या अनर्थ कहानी पर बाहर से आरोपित होते हैं। कहानी-कला की दृष्टि से यह एक कमज़ोरी है और इस दृष्टि से 'कफ़न' प्रेमचन्द की एक कमज़ोर कहानी है।

आधुनिकतावादी-कलावादी लोग अच्छी कहानी उसे मानते हैं, जो केवल प्रश्न उठाये, उनके उत्तर न दें। उत्तर देनेवाली कहानी को वे सुधारवादी, आदर्शवादी, प्रचारवादी आदि कहते हैं और कलात्मक मानने से इनकार करते हैं। लेकिन कलात्मकता की उनकी यह कसौटी कला को नष्ट करनेवाली कसौटी है, क्योंकि वह रचना से पूर्णता की नहीं, उद्देश्यहीनता की माँग करती है! जिम्मेदारी की नहीं, ग़ैर-जिम्मेदारी की माँग करती है। ये लोग चाहते हैं कि हम ऐसी कहानियाँ लिखें, जिनमें ये अपने मनचाहे अर्थ मनमाने ढंग से भर सकें और इस तरह अपने उद्देश्यों के लिए हमारा और हमारी कहानी का इस्तेमाल कर सकें। प्रेमचन्द की अन्य कहानियाँ उन्हें यह मौक़ा नहीं देतीं, लेकिन 'कफ़न' यह मौक़ा देती है, इसीलिए उन्हें प्रेमचन्द की यही कहानी पसन्द है।

लेकिन उन प्रगतिशील, जनवादी और मार्क्सवादी कहलानेवाले लेखकों और आलोचकों को क्या कहा जाये, जो यथार्थवादी कहानी के अपने सौन्दर्यशास्त्र और समीक्षा-सिद्धान्त का विकास करने के बजाय कहानी-समीक्षा में आधुनिकतावादी-कलावादी लोगों की भ्रामक मान्यताओं को अपनाकर 'कफ़न' को प्रेमचन्द की सर्वश्रेष्ठ कहानी मानते हैं और उसी के आधार पर प्रेमचन्द की परम्परा को आगे बढ़ाने का उपदेश देते हैं, लेकिन क्या प्रेमचन्द की परम्परा केवल 'कफ़न' की परम्परा है?

•

'कफ़न' : एक कसौटी

रवीन्द्र वर्मा

'कफ़न' पर विभिन्न मत पढ़ते हुए अक्सर यह अहसास होता है कि यह कहानी एक कसौटी है, जिसके रू-ब-रू कोई इस कहानी को इतना नहीं खोलता जितना अपने-आपको खुलासा करता है। शायद यह बात भी इस कथाकृति की कलात्मक सफलता का एक लक्षण है कि इस पर इतने अतिवादी, परस्पर-विरोधी विचार प्रकट किये गये हैं—एक ओर एक 'जनवादी' लेखक इसे इसलिए असफल मानते हैं क्योंकि इस कहानी में केवल समस्या है, समस्या का समाधान नहीं है; दूसरी ओर निर्मल वर्मा इस कहानी में 'व्यक्ति का जन्म' देखते हैं और इसे 'दो पियक्कड़ हिन्दुस्तानियों का मुक्ति-समारोह' मानते हैं। इसमें सन्देह नहीं कि यह प्रेमचन्द की सफलतम कहानी है जो इतनी मुकम्मिल है कि जितनी खुली है, शायद उतनी ही बन्द है। सम्भवतः यह 'कफ़न' का सबसे महत्त्वपूर्ण पक्ष है कि यह कहानी अपनी व्याख्या में किसी भी प्रकार के सरलीकरण की मोहलत नहीं देती। यह कहानी इस बात को रेखांकित करती है कि जीवन के रचनात्मक अनुभव और उसके सम्प्रेषण में कोई सरलीकरण सम्भव नहीं है।

यह द्रष्टव्य है कि घीसू-माधो के 'कामचोर-दर्शन' की जड़ें सामाजिक व्यवस्था में दिखाने से पहले प्रेमचन्द उनकी प्रकृति की ओर इशारा करते हैं—

'अगर दोनों साधु होते तो उन्हें सन्तोष और धैर्य के लिए संयम और नियम की बिलकुल ज़रूरत न होती। यह तो इनकी प्रकृति थी।'

यदि 'प्रकृति' का बीज था तो व्यवस्था के खाद-पानी और हवा से कामचोर-दर्शन का अनोखा पौधा तो उगता ही—

'जिस समाज में रात-दिन मेहनत करनेवालों की हालत उनकी हालत से कुछ बहुत अच्छी न थी और किसानों के मुक़ाबले में वे लोग, जो किसान की दुर्बलताओं से लाभ उठाना जानते थे, कहीं ज़्यादा सम्पन्न थे, वहाँ इस तरह की मनोवृत्ति का पैदा हो जाना कोई अचरज की बात न थी। हम तो कहेंगे, घीसू किसानों से कहीं ज़्यादा विचारवान् था, जो किसानों के विचारशून्य समूह में शामिल होने के बदले बैठकबाज़ों की कुत्सित मण्डली में जा मिला था।'

कोई चाहे तो 'प्रकृति' और 'मनोवृत्ति' के इस समीकरण को 'जीन्स' और 'एन्वायरनमेण्ट' की अत्याधुनिक शब्दावली में बदल सकता है!

गाँव में घीसू अपनी तरह का इकलौता पात्र है, जिसकी परम्परा को आगे बढ़ाने के लिए केवल उसका बेटा है, जिसे घीसू दीक्षित करता रहता है। अतः घीसू कोई सामान्यीकृत पात्र नहीं है, कोई चारित्रिक सरलीकरण नहीं है। वह पूरे गाँव में अकेला एक विशिष्ट पात्र है जो कहानी की पूरी अन्विति में सामाजिक व्यवस्था के नैतिक आधार को लगातार चुनौती देता है।

'कफ़न' में कई स्थलों पर लेखक हिन्दू समाज की रूढ़ियों और हिन्दुओं की धर्म-भीरुता के मूल में जो जड़ता है—जो सम्भवतः हमारी सामाजिक यथास्थिति का आधार है—उस पर निर्मम चोटें करता है। अपने समाज में मानवीय मूल्यों के चरम ह्रास की सूचना हमें एक तीखी विडम्बना से मिलती है—बुधिया को जीते-जी न तन ढँकने को कपड़ा मिलता है और न मरने के पहले दवा-दारू। हाँ, मरने के बाद उसके कफ़न के लिए गाँव घीसू को पाँच रुपये देता है—घीसू कहता है, 'कैसा बुरा रिवाज है कि जिसे जीत-जी तन ढाँकने को चीथड़ा भी न मिले, उसे मरने पर नया कफ़न चाहिए।' असल में बुधिया जिस तरह तड़पती और दम तोड़ती है, वह हमारे समाज की आत्मा है!

क्या कोई संवेदनशील पाठक यह चाहेगा कि बुधिया फिर इसी तरह मरे? किन्तु बुधिया को फिर इसी तरह मरने न देना आसान नहीं है। यदि उसे बिना दवा-दारू के मरने नहीं देना है और जीते-जी भरपेट रोटी और कपड़ा-लत्ता देना है तो पूरी व्यवस्था को उलट-पलट करना होगा! 'कफ़न' की तार्किक परिणति यही है।

कदाचित् प्रेमचन्द के सम्पूर्ण कथा-लेखन में कहीं और व्यंग्य का स्वर इतना तीव्र और परिपक्व नहीं मिलेगा। कोरा व्यंग्य नहीं—ऐसा व्यंग्य जिसका आधार करुणा हो। ऐसे व्यंग्य के पीछे गहरी समझ और पीड़ा होती है—और परिवर्तन की एक चमकती हुई आकांक्षा!

जैसा कि हमने ऊपर देखा, घीसू के बारे में कोई साधारणीकरण सम्भव नहीं है। वह मूर्ख नहीं है। वह 'लुम्पेन' की परिभाषा के दायरे में भी नहीं जाता। प्रेमचन्द हमें आगाह कर देते हैं—'घीसू किसानों से कहीं ज़्यादा विचारवान् था।' यानी उसके जो भी क्रिया-कलाप हम देखते हैं, वे सब एक सन्तुलित, सूझ-बूझवाले दिमाग़ की उपज हैं। उसके चरित्र का उत्स है उसका 'कामचोर-दर्शन', जिसकी व्याख्या लेखक ने कहानी में की है। वह गाँव का सरगना होता, मुखिया होता, मगर 'उसमें यह शक्ति न थी कि बैठकबाज़ों के नियम और नीति का पालन करता।' इसीलिए वह केवल घीसू है और उसका बेटा माधो 'संसार की चिन्ताओं से मुक्त'। संसार की चिन्ताएँ मनुष्य को होती हैं, जो श्रम करता है क्योंकि संसार की चिन्ताओं के मूल में संसार के लिए जिम्मेदारी होती है। इस संसार ने घीसू के लिए कोई जिम्मेदारी नहीं दिखायी क्योंकि यहाँ की व्यवस्था में काम करने और काम न करने में कोई फ़र्क़ नहीं! ऐसे संसार के लिए भला घीसू क्यों कोई जिम्मेदारी महसूस करे? वह उससे बदला लेगा—और चूँकि वह ख़ुद संसार का हिस्सा है, इसलिए अपने से भी!

एक स्तर पर 'कफ़न' घीसू और माधो के गाँव से प्रतिशोध लेने की कहानी है। जब सुबह बुधिया अन्दर मरी मिली तो 'दोनों जोर-जोर से हाय-हाय करने और छाती पीटने लगे।' यह सियापा-दिग्दर्शन गाँववालों की सहानुभूति बटोरने के लिए है;

जिसका अन्त कफ़न के बहाने पाँच रुपये वसूलने में होता है—जिससे अन्ततः दारू और दावत का इन्तज़ाम होता है—इस भरोसे के साथ कि गाँव बुधिया को बिना कफ़न नहीं जाने देगा क्योंकि कफ़न के साथ गाँव की 'मर्यादा' जुड़ी है—अलबत्ता यह मर्यादा बुधिया को मारने में कहीं आड़े नहीं आती।

मगर कैसी विडम्बना है कि घीसू-माधो जब समाज से बदला ले रहे होते हैं तो उसी प्रक्रिया में अपने को संवेदनशून्य और संज्ञाहीन बनाते जाते हैं। जब कहानी शुरू होती है तो हम दोनों को बुधिया की चीख़ों से कलेजा थामे देखते हैं। लेकिन यह संवेदना सक्रिय नहीं है। बाद में दोनों ने अलाव के पास आलू खाये, पानी पिया और वहीं सो गये 'जैसे दो बड़े-बड़े अजगर गेंडुलियाँ मारे पड़े हों और बुधिया झोंपड़े के अन्दर वेदना से छटपटा रही है'। वे अजगर ही नहीं होते, शेर भी हो जाते हैं जब बुधिया के कफ़न के पैसे से दारू पीकर भोजन करते हैं—'दोनों इस वक़्त शान से बैठे हुए पूरियाँ खा रहे थे, जैसे जंगल में कोई शेर अपना शिकार उड़ा रहा हो।' यह घीसू-माधो का अजगर और शेर होना—जानवर होना—केवल उपमा नहीं है। प्रेमचन्द घीसू-माधो के अमानवीयकरण को रेखांकित कर रहे हैं।

घीसू और माधव एक औपनिवेशिक-सामन्ती दुश्चक्र में फँसे मनुष्य हैं जो अपने कौशल का इस्तेमाल सबको—अपने को भी—धोखा देने के लिए करते हैं। मगर अन्त में जब वे दारू पीकर नाचते और गिर जाते हैं तो हमें लगता है कि जैसे वे यह सब करने के लिए मज़बूर हों! आप उनसे घृणा नहीं कर सकते। इसलिए उस दुश्चक्र से घृणा करते हैं जिसमें वे फँसे हैं!

अब हम 'कफ़न' पर इधर की गयी कुछ टिप्पणियों की चर्चा करेंगे। एक जनवादी लेखक की यह आपत्ति कि इस कहानी में जो समस्या उठायी गयी है, उसका कहानी में समाधान नहीं है, इसलिए यह कमज़ोर कहानी है—दुर्भाग्यपूर्ण है। पहली बात तो यही है कि इस तर्क में यह सिद्धान्त निहित है कि कलाकृति में वर्ग-पहेली की तरह समाधान भी होना चाहिए! दूसरे, हमें यह याद रखना चाहिए कि ऐसे सतही भौथरे तर्क जिस मंच से आयेंगे, उस मंच की साहित्यिक निष्ठा को हानि ही होगी। फिर, जैसा कि हमने ऊपर कहानी की व्याख्या के दौरान देखा, कोई संवेदनशील पाठक परिवर्तन की उस सूक्ष्म दलील को अनदेखा नहीं कर सकता जो इस कहानी में विन्यस्त है।

यह सही है कि घीसू और माधो नकारात्मक चरित्र हैं। लेकिन नकारात्मक चरित्रों के माध्यम से सार्थक रचना विश्व कथा-साहित्य में आम है अन्यथा 'दि फ़ाल', 'हरज़ोग' और 'एकान्त के सौ वर्ष'-जैसी कृतियों का क्या होगा? क्या ये प्रतिक्रियावादी हैं?

निर्मल वर्मा की मान्यता है ('प्रेमचन्द की उपस्थिति' ढलान से उतरते हुए में संकलित) कि 'कफ़न' तक आते-आते प्रेमचन्द के पात्र 'सामाजिक मर्यादाओं और कर्त्तव्यों की कच्ची जर्जरित, तार-तार होती हुई रस्सी' को तोड़कर मुक्त हो जाते हैं।

वे कहते हैं—'जिस क्षण बाप-बेटे ने घर की औरत के कफ़न के पैसों से शराब का कुल्हड़ मुँह से लगाया था, उस क्षण पहली बार हिन्दी-साहित्य में व्यक्ति ने अपनी स्वतन्त्रता का स्वाद भी चखा था। यह क्षण वह था जब प्रेमचन्द के समाज में 'व्यक्ति' का जन्म हुआ था। यह जन्म मृत्यु और श्मशान की छाया में हुआ था—'दो पियक्कड़ हिन्दुस्तानियों का मुक्ति-समारोह।' इस 'समारोह-स्थल'—मधुशाला—के बारे में प्रेमचन्द कहते हैं—

'जीवन की बाधाएँ यहाँ खींच लाती थीं, और कुछ देर के लिए वे यह भूल जाते थे कि वे जीते हैं या मरते हैं। या न जीते हैं, न मरते हैं!'

यदि घीसू कामचोर न होता, कर्त्तव्य-चोर न होता, तो कम-से-कम बुधिया के कफ़न के पैसे जेब में डाले घीसू-माधो मधुशाला में न घुसते। जब वे मधुशाला में खिंचे चले आते हैं ते वे 'न जीते हैं, न मरते हैं!' जिसे निर्मल वर्मा 'मुक्ति-समारोह' कहते हैं, वहाँ घीसू-माधो की चेतना खो गयी है। क्या यही मुक्ति है?

सामाजिक सम्बन्धों की जिस छीजन में निर्मल वर्मा व्यक्ति का उदय देखते हैं, वही असल में (जैसा कि हमने ऊपर कहानी की व्याख्या में देखा) अमानवीयकरण की प्रक्रिया है। जिस पियक्कड़ क्षण को निर्मल वर्मा व्यक्ति के जन्म का उत्सव मान रहे हैं, उसी क्षण सामन्ती दुश्चक्र में व्यक्ति निरस्त हो जाता है। क्या कारण है कि जब प्रेमचन्द के समाज में व्यक्ति की भ्रूण-हत्या होती है, उसी के .ख़ून में निर्मल वर्मा व्यक्ति का जन्म देखते हैं? कम-से-कम प्रेमचन्द के पात्रों के लिए घर की औरत की लाश पर दारू पीना कोई स्वतन्त्रता का उद्‌घोष नहीं है—वे तो संवेदनशून्य होकर मधुशाला में अपनी 'भूख' मिटाने आते हैं, अपनी प्रेत-छायाओं की तरह। हाँ, कामू के 'अजनबी' के लिए यह ज़रूर सामान्य होता—महायुद्धोत्तर यूरोपीय व्यक्ति की 'स्वतन्त्रता का स्वाद' यही था! तो क्या अनजाने में निर्मल वर्मा प्रेमचन्द के समाज में व्यक्ति-स्वातन्त्र्य की अस्तित्ववादी अवधारणा आयातित कर रहे हैं?

यों भी प्रेमचन्द के औपनिवेशिक-सामन्ती गाँव में व्यक्ति की स्वतन्त्रता की कल्पना करना एक विडम्बना ही है। यूरोप के 'व्यक्ति-स्वातन्त्र्य' के पीछे सदियों का औद्योगीकरण, पुनर्जागरण और दो महायुद्ध हैं। प्रेमचन्द का समाज मूलतः बैलगाड़ी का समाज है जिसमें व्यक्ति को कफ़न की गारण्टी है, रोटी की नहीं। ऐसे समाज में व्यक्ति की गरिमा की कैसी कल्पना सम्भव है? हाँ, व्यक्ति के विघटन का विद्रूप स्पष्ट है—घर की औरत धूल में तड़प-तड़पकर बिना दवा-दारू के दम तोड़ेगी और 'बेग़ैरत' (प्रेमचन्द का कहानी में प्रयुक्त विशेषण) बाप-बेटे रोने-धोने का नाटक करेंगे और स्त्री की लाश को घर में छोड़ कफ़न के पैसे से दारू पियेंगे, दावत खायेंगे, गाना गायेंगे और ज़मीन पर लुढ़ककर ढेर हो जायेंगे!

पता नहीं, कब घीसू और माधो को होश आया, कब बुधिया की लाश ठिकाने लगी?

'कफ़न' को दो पियक्कड़ हिन्दुस्तानियों का मुक्ति-समारोह कहना व्यंग्य ही ज़्यादा लगता है। यह वास्तव में सामन्ती अमानवीयकरण का मर्सिया है।

मगर 'कफ़न' सिर्फ़ एक मर्सिया नहीं है। यह एक ऐसी कथाकृति है जिसमें लेखक का सोच अनुभूति के धरातल पर एक ऐसे कथा-बिम्ब की रचना करता है, जिसमें लेखक की समूची दृष्टि प्रकाशमान् होती है। 'कफ़न' अन्ततः एक अँधेरी चीख़ है—परिवर्तन के लिए!

•

'कफ़न' के बारे में कुछ और

रमेश उपाध्याय

मुझे यह लेख लिखने की ज़रूरत न पड़ती अगर 'सारिका' के फरवरी, 1987 के अंक में प्रकाशित मेरे लेख 'क्या प्रेमचन्द की परम्परा केवल 'कफ़न' से बनती है?' से उत्तेजित होकर लिखा गया रवीन्द्र वर्मा का लेख 'कफ़न : एक कसौटी' न छपा होता। यह लेख 'आलोचना' के जनवरी-मार्च अंक में छपा है, जिसके सम्पादकीय में डॉ. नामवरसिंह ने इस बीच की गयी 'कफ़न' की कुछ व्याख्याओं को 'अजीबोग़रीब' और अपने द्वारा प्रकाशित लेख को 'सुचिन्तित' बताकर अपना पक्ष स्पष्ट कर दिया है। हालाँकि उस लेख में मेरे लेख का सन्दर्भ नहीं दिया गया है और मुझे भी दो स्थलों पर केवल 'एक जनवादी लेखक' कहकर याद किया गया है, फिर भी पाठक देख सकते हैं कि वहाँ चर्चा मेरी और मेरे लेख की ही है। हो सकता है, लेखक और सम्पादक का ख़याल यह रहा हो कि सन्दर्भ देने से मेरे लेख को अनावश्यक महत्त्व मिल जायेगा, लेकिन इस प्रकार उन्होंने पाठकों के साथ, मेरे विचार से, अन्याय किया है, जिन्हें यह जानने का अधिकार है कि पचास साल पहले की एक कहानी पर नये सिरे से शुरू हुई यह बहस आख़िर कहाँ से और क्यों उठी है। यह बहस कितनी महत्त्वपूर्ण है, इसका अनुमान इसी से लगाया जा सकता है कि 'पूर्वग्रह' से शुरू होकर बरास्ता 'सारिका' यह 'आलोचना' तक आ पहुँची है और इसमें निर्मल वर्मा-जैसे महत्त्वपूर्ण लेखक से डॉ. नामवर सिंह—जैसे महत्त्वपूर्ण आलोचक तक शामिल हैं।

'पूर्वग्रह' के मार्च-जून 1984 के अंक में आधुनिकतावादी लेखक निर्मल वर्मा का एक लेख छपा था 'प्रेमचन्द की उपस्थिति' जिसमें उन्होंने प्रेमचन्द की परम्परा से ख़ुद को जोड़नेवालों का मज़ाक़ उड़ाते हुए यह सवाल उठाया था कि स्वयं प्रेमचन्द किस परम्परा में आते हैं। 'सेवासदन' की परम्परा में या 'कफ़न' की परम्परा में? इस लेख में उन्होंने 'कफ़न' की एक नयी व्याख्या भी की थी, जिसमें इस कहानी को आधुनिकतावादी सिद्ध करते हुए उन्होंने लिखा था कि 'जिस क्षण बाप-बेटे ने घर की

औरत के कफ़न के पैसों से शराब का कुल्हड़ मुँह से लगाया था, उस क्षण पहली बार हिन्दी साहित्य में व्यक्ति ने अपनी स्वतन्त्रता का स्वाद भी चखा था। यह क्षण वह था, जब प्रेमचन्द के समाज में 'व्यक्ति' का जन्म हुआ था। यह जन्म-मृत्यु और श्मशान की छाया में हुआ था—दो पियक्कड़ हिन्दुस्तानियों का मुक्ति-समारोह। अपनी अन्तिम कहानी में प्रेमचन्द पूरा एक दायरा पूरा कर गये थे।' इस प्रकार उन्होंने 'कफ़न' को प्रेमचन्द की अन्य सभी रचनाओं से भिन्न बताते हुए यह सिद्ध करने की चेष्टा की थी कि प्रेमचन्द का शेष साहित्य एक दायरे में—अर्थात् एक परम्परा में—आता है और 'कफ़न' कहानी उस दायरे को पार कर अलग से अपनी परम्परा बनाती है। उन्हें प्रेमचन्द शायद 'कफ़न' के लेखक के रूप में ही स्वीकार्य हैं, इसलिए उन्होंने अपने इस लेख में 'स्वयं प्रेमचन्द को 'प्रेमचन्द की परम्परा' से मुक्त करने' की बात भी की थी।

'पूर्वग्रह' के उसी अंक में डॉ. नामवर सिंह का एक इण्टरव्यू छपा था, जिसमें इण्टरव्यू लेनेवाले कतिपय कलावादी लेखकों ने यह कहा था कि 'कफ़न' प्रेमचन्द की 'मार्वलस' कहानी है, क्योंकि यह कहानी प्रेमचन्द ने अपने विचारधारात्मक ढाँचे को तोड़कर लिखी थी। अर्थात्, कलावादियों के अनुसार भी प्रेमचन्द अपनी अन्तिम कहानी में 'पूरा एक दायरा पूरा कर गये थे!' इस प्रकार आधुनिकतावादियों और कलावादियों के अनुसार प्रेमचन्द का शेष साहित्य एक विचारधारात्मक ढाँचे का साहित्य होने के कारण कलात्मक और महत्त्वपूर्ण नहीं, केवल 'कफ़न' ही महत्त्वपूर्ण और कलात्मक है और उसी की परम्परा को स्वीकार किया जा सकता है।

यह सब देखकर किसी के भी मन में प्रश्न उठ सकता है कि क्या प्रेमचन्द की परम्परा केवल 'कफ़न' से बनती है? मैंने अपनी 'सारिका' वाले लेख में यह दिखाने की चेष्टा की थी कि जिसे हम प्रेमचन्द की परम्परा कहते हैं, वह केवल 'कफ़न' की नहीं, प्रेमचन्द के सम्पूर्ण साहित्य की परम्परा है, जिसका विकास हो रहा है और होना चाहिए। मगर आधुनिकतावादी और कलावादी लोग उस परम्परा को नकारने के लिए प्रेमचन्द की अन्य रचनाओं को भुलाकर या उन्हें इस कहानी से हीन बताकर केवल इसी कहानी को सामने लाते हैं, मानो प्रेमचन्द की परम्परा इसी से बनती हो। जबसे प्रगतिशील और जनवादी लोगों ने प्रेमचन्द की परम्परा को समझने और आगे बढ़ाने की बात शुरू की है, तबसे यह बात ज़रा ज़्यादा ही ज़ोर देकर कही जाने लगी है कि 'कफ़न' प्रेमचन्द की सर्वश्रेष्ठ और एकमात्र कलात्मक कहानी है, क्योंकि इसमें प्रेमचन्द ने अपने पहलेवाले विचारधारात्मक ढाँचे को तोड़ या छोड़ दिया है। मेरे सामने उस लेख को लिखते समय मुख्यतः दो प्रश्न थेः

(1) क्या 'कफ़न' लिखते समय प्रेमचन्द की विचारधारा वाक़ई बदल गयी थी? अर्थात् क्या यह कहानी ऐसा कोई साक्ष्य प्रस्तुत करती है?

(2) यदि नहीं, तो इस कहानी में वह कौन-सी चीज़ है, जो आधुनिकतावादियों और कलावादियों को इसकी मनचाही व्याख्याएँ करने की ओर अन्तिम समय के

प्रेमचन्द को अपने पक्ष में खड़ा कर लेने की छूट देती है? अर्थात् क्या समीक्षा के वे प्रतिमान सचमुच इस कहानी पर लागू होते हैं, जिनके आधार पर ये लोग किसी रचना को महत्त्वपूर्ण और कलात्मक सिद्ध किया करते हैं?

पहले प्रश्न का उत्तर पाने के लिए प्रेमचन्द-साहित्य पर एक बार फिर से विचार करने और 'कफ़न' को नये सिरे से समझने के अलावा कोई चारा न था। लेकिन इस प्रक्रिया में पता चला कि आधुनिकतावादी और कलावादी लोग ही नहीं, हमारे कई प्रगतिशील और जनवादी समीक्षक भी इस कहानी की व्याख्या ग़लत ढंग से करते हैं। वे इस कहानी का कथ्य अमानुषीकरण बताया करते हैं, जो ऊपरी तौर पर और एक हद तक सही भी है, लेकिन प्रेमचन्द के शेष साहित्य को भी इस कहानी के साथ-साथ ध्यान में रखने पर—अर्थात् उनके शेष साहित्य से इसे अलग काटकर देखने के बजाय उनके सम्पूर्ण साहित्य के सन्दर्भ में इसे देखने पर—यदि इसकी व्याख्या की जाये तो पता चलता है कि अपनी अन्य अनेक रचनाओं की तरह प्रेमचन्द इस कहानी में भी भारत के किसानों की ग़ुलामी और शोषण से उनकी मुक्ति की—भारत के सीधे-सादे किसानों को अपनी मुक्ति के प्रति सचेत बनाने की समस्या से जूझते हैं।

इस प्रकार मैंने अपने लेख में विस्तार से 'कफ़न' की एक नयी व्याख्या प्रस्तुत की और कहानी में मौजूद साक्ष्यों के आधार पर यह दिखाने की कोशिश की कि यदि कहानी के कथ्य को ठीक तरह से समझा जाये तो पता चलेगा कि इसमें न तो प्रेमचन्द की विचारधारा बदली है, न पक्षधरता, न प्रतिबद्धता, और न इसे उनकी अन्य रचनाओं से काटकर अलग किया जा सकता है।

दूसरे प्रश्न से उलझते हुए मैंने यह पाया कि प्रेमचन्द के अपने साहित्य से और उसकी परम्परा को आगे बढ़ानेवाले लेखन से प्रगतिशील और जनवादी समीक्षा के कुछ प्रतिमान निकलते हैं, जो आधुनिकतावादी और कलावादी प्रतिमानों से भिन्न ही नहीं, उनके विरोधी भी हैं। और तभी यह बात मेरी समझ में आयी कि 'कफ़न' पर यह जो नये सिरे से चर्चा शुरू हुई है, दरअसल समीक्षा के भिन्न प्रतिमानों की वजह से ही हुई है। थोड़ा पीछे देखें तो मालूम होगा कि उर्दू और हिन्दी की 'नयी कहानी' के दौर में भी जब समीक्षा के कुछ नये प्रतिमान अपनाये गये थे, यही कहानी चर्चा के केन्द्र में थी। कारण यह है कि यह कहानी आधुनिकतावादी और कलावादी प्रतिमानों के लिए वाक़ई कुछ आधार प्रदान करती है।

तब यह प्रश्न उठना स्वाभाविक था कि कहानी का मूल्य और महत्त्व आँकने के लिए प्रगतिशील और जनवादी समीक्षा के प्रतिमान क्या हैं और आधुनिकतावादी तथा कलावादी समीक्षा के प्रतिमान क्या हैं। उनका फ़र्क़ स्पष्ट करने के लिए मैंने अपने लेख में प्रगतिशील और जनवादी समीक्षा की दृष्टि से अच्छी कहानी की कुछ सामान्य विशेषताओं का उल्लेख किया था, जो इस प्रकार हैं :

मनुष्य के द्वारा मनुष्य के शोषण, दमन और उत्पीड़न के विरुद्ध जनपक्षीय प्रतिबद्धता के साथ जन-जीवन का यथार्थ चित्रण। प्रत्यक्षतः या परोक्षतः ऐसी

समाज-व्यवस्था का स्वप्न, जिसमें सबको सच्ची स्वतन्त्रता, समता और बन्धुता के अवसर प्राप्त हों और सभी का व्यक्तिगत, पारिवारिक तथा सामाजिक जीवन सुखी, सुन्दर और सार्थक बने। स्वाधीनता और जनवाद के लिए किये जानेवाले जन-संघर्षों के प्रति सच्ची सहानुभूति और उनमें सहायक होने की भावना। जनविरोधी शक्तियों द्वारा जनता में फैलाये जानेवाले भ्रमों को दूर करने के लिए यथार्थवाद के संघर्ष को एक हथियार की तरह इस्तेमाल। मेहनतकश लोगों के जीवन की वास्तविकताओं, उनकी भावनाओं, उनकी आशाओं-आकांक्षाओं, उनके मन्तव्यों-अभिप्रायों और उनकी वस्तुस्थिति की प्रमुख विडम्बनाओं की अभिव्यक्ति। इतिहास के सत्य, वर्तमान की वास्तविकता और भविष्य के स्वप्न से निर्मित जनवादी सौन्दर्यदृष्टि के साथ कथ्य को ऐसा रूप देने का प्रयास कि कहानी अधिक-से-अधिक सम्प्रेषणीय, हृदयग्राही, प्रभावशाली तथा लोकप्रिय बन सके।

इसी प्रकार मैंने आधुनिकतावादी और कलावादी समीक्षा की दृष्टि से अच्छी मानी जानेवाली कहानी की कुछ सामान्य विशेषताओं की चर्चा की थी, जो इस प्रकार हैं—

कला का कोई उद्देश्य या प्रयोजन न मानने के कारण कहानी का निरुद्देश्य अथवा निष्प्रयोजन होना। कहानी को एकांगिता, संकीर्णता और प्रचारात्मकता से बचाने के लिए उसमें लेखक का पक्षधर या प्रतिबद्ध न होना। कहानी को विचारधारात्मक आरोपण से बचाने के लिए उसमें समस्याओं के समाधान प्रस्तुत न करना। उसे यान्त्रिक, सपाट, कलाहीन और फारमूलाबद्ध न होने देने के लिए उसके ज़रिये पाठकों को कोई सन्देश या शिक्षा न देना। अन्य 'वादों' की तरह यथार्थवाद से भी कहानी को बचाने के लिए व्यक्ति के स्वानुभूत सत्य से भिन्न अथवा उसकी चेतना से स्वतन्त्र वस्तुपरक यथार्थ की सत्ता को स्वीकार न करना। समाजवादी यथार्थवाद जैसे 'शुद्ध राजनीतिक प्रचार के हथकण्डे' को अपनाने की बात तो दूर, कहानी में सामाजिक यथार्थ की बात भी न करना, क्योंकि वह एक निश्चित-सी, असन्दिग्ध-सी, तयशुदा-सी चीज़ है। व्यक्ति-मन की स्थिति को सर्वथा अनिश्चित और सन्दिग्ध मानते हुए कहानी में संशयमूलक मनोवैज्ञानिक यथार्थ को प्रस्तुत करना। कहानी में कुछ भी पूर्वनिर्धारित या 'प्रेडिक्टेबल' न रखना और उसका अन्त 'बन्द' नहीं बल्कि हमेशा 'खुला हुआ' रखना।

इन दोनों प्रकार के प्रतिमानों को, जो सर्वथा भिन्न और परस्पर-विरोधी हैं, ध्यान में रखने पर हम देख सकते हैं कि प्रगतिशील और जनवादी समीक्षा के प्रतिमान तो प्रेमचन्द के सम्पूर्ण साहित्य और उनकी पूरी परम्परा पर लागू हो सकते हैं, जबकि आधुनिकतावादी और कलावादी समीक्षा के प्रतिमान उस परम्परा की 'कफ़न'-जैसी एकाध कहानी पर ही लागू हो सकते हैं। 'कफ़न' पर वे चूँकि आसानी से लागू किये जा सकते हैं—बशर्ते कि उसे प्रेमचन्द के शेष साहित्य से अलग काटकर देखा जाये और उस पर मनचाहे अर्थ आरोपित कर उसकी मनमानी व्याख्या कर ली जाये—इसलिए प्रेमचन्द की यही कहानी आधुनिकतावादी और कलावादी लोगों को सबसे अच्छी लगती है।

लेकिन मैं उन लोगों में से नहीं हूँ, जो आधुनिकतावादी और कलावादी लोगों को 'कफ़न' की प्रशंसा करते देख (हंसराज रहबर की तरह) इसे घटिया कहानी घोषित करने लगते हैं। 'कफ़न' मेरी प्रिय कहानियों में से एक है। मैं यह मानता हूँ—और मैंने लिखा भी है—कि यह एक महान् लेखक की महान् रचना है। लेकिन महान् रचनाओं के साथ अक्सर यह होता है कि परस्पर-विरोधी दृष्टियोंवाले लोग भी उनमें अपने-अपने मतलब की कुछ चीज़ें देखकर अपने-अपने ढंग से उनकी अपनी-अपनी व्याख्याएँ कर लेते हैं। ऐसा प्रायः संक्रमण के समयों में होता है, जब समीक्षा और मूल्यांकन के प्रतिमान बदल रहे होते हैं या उनको बदलने की माँग उठ रही होती है। ऐसी स्थितियों में अक्सर ही महान् रचनाओं की नयी व्याख्याएँ की जाती हैं, भले ही वे शुरू में लोगों को अजीबो-गरीब लगें। मैंने 'कफ़न' की व्याख्या करते समय पाया कि इस कहानी में एक कमज़ोरी है और विडम्बना है कि उसी कमज़ोरी के कारण यह कहानी आधुनिकतावादियों और कलावादियों को अच्छी लगती है। उसी कमज़ोरी के कारण यह उनके प्रतिमानों से 'सफल' सिद्ध होती है और उसी कमज़ोरी के कारण यह उन प्रतिमानों को किंचित् औचित्य भी प्रदान करती है, जिससे उन्हें प्रेमचन्द को अपने पक्ष में इस्तेमाल करने का मौक़ा मिलता है।

हो सकता है, प्रेमचन्द—जैसे महान् लेखक की 'कफ़न'—जैसी महान् कहानी को कमज़ोर कहना मेरे जैसे अदना लेखक के लिए छोटे मुँह बड़ी बात हो, लेकिन महान् लेखक ग़लतियाँ नहीं कर सकते या महान् रचनाओं में कमज़ोरियाँ नहीं होतीं, ऐसा कौन कह सकता है? क्या ताल्सताय के उपन्यास 'युद्ध और शान्ति' में, चेखोव की कहानी 'वार्ड नम्बर छह' में या गोर्की के उपन्यास 'माँ' में अथवा तुलसीदास के 'रामचरितमानस' में, प्रसाद की 'कामायनी' में या स्वयं प्रेमचन्द के उपन्यास 'गोदान' में कमज़ोरियाँ नहीं हैं? और फिर भी क्या ये महान् रचनाएँ नहीं हैं? फिर, सबसे बड़ी बात यह कि जब बहस दो भिन्न प्रकार के परस्पर-विरोधी प्रतिमानों के आधार पर चल रही हो, तब क्या 'कमज़ोर' और 'सफलतम'-जैसे मूल्यांकन सापेक्ष नहीं हो जाते? क्या ऐसा नहीं हो सकता कि एक समीक्षा-दृष्टि जिस चीज़ को कहानी की कमज़ोरी मानती हो, दूसरी (भिन्न और विरोधी) समीक्षा-दृष्टि उसी चीज़ को कहानी की शक्ति माने?

यह कहने की ज़रूरत इसलिए हुई कि 'कफ़न' को प्रेमचन्द की एक कमज़ोर कहानी कहना कुछ लोगों को ऐसा लगा है, जैसे यह कोई कुफ़्र या बहुत बड़ी गुस्ताख़ी हो। उन्हें ऐसा लगा है, जैसे मैंने उनके आराध्य देवता को गाली दे दी हो। 'आलोचना' में प्रकाशित रवीन्द्र वर्मा के लेख में भी कुछ इसी क़िस्म की झुँझलाहट प्रकट की गयी है। अपने देवता की मान-रक्षा में सन्नद्ध होकर उन्होंने बार-बार दोहराये जा चुके तर्कों से एक बार फिर 'कफ़न' को प्रेमचन्द की 'सफलतम' कहानी सिद्ध करने का प्रयास किया है और उसे कमज़ोर कहानी बतानेवाले देव-निन्दक का नाम लेना भी पाप समझते हुए उसे शाप दे डाला है कि जा, तेरी और जिस मंच से तू बोल रहा है, उसकी 'साहित्यिक निष्ठा को हानि ही होगी!' उन्होंने लिखा है—

'एक जनवादी लेखक की यह आपत्ति कि इस कहानी में जो समस्या उठायी गयी है, उसका कहानी में समाधान नहीं है, इसलिए यह कमज़ोर कहानी है—दुर्भाग्यपूर्ण है। पहली बात तो यह कि इस तर्क में यह सिद्धान्त निहित है कि कलाकृति में वर्ग-पहेली की तरह समाधान भी होना चाहिए! दूसरे हमें याद रखना चाहिए कि ऐसे सतही और भोंथरे तर्क जिस मंच से आयेंगे, उस मंच की साहित्यिक निष्ठा को हानि ही होगी।'

लेकिन स्वयं उनकी साहित्यिक निष्ठा का हाल यह है कि जनाब बीच बहस में कूद तो पड़े, लेकिन बहस के मुद्दों को आपने ग़ायब कर दिया! प्रेमचन्द को 'प्रेमचन्द की परम्परा' से मुक्त करने का सवाल या प्रेमचन्द की परम्परा को केवल 'कफ़न' की परम्परा मानने का सवाल आपके लिए सवाल ही नहीं रहा। उस पर आपके पूरे लेख में कहीं एक शब्द भी नहीं। फिर, जनाब के सामने 'कफ़न' की जो दो नयी व्याख्याएँ थीं, उनमें से एक (निर्मल वर्मा की) व्याख्या पर तो आपने विस्तार से विचार किया, पर उसके बाद की 'एक जनवादी लेखक' द्वारा की गयी व्याख्या का ज़िक्र तक नहीं किया, जबकि उसके एक निष्कर्ष पर आपने इतनी तीखी प्रतिक्रिया व्यक्त की। समीक्षा के परस्पर-विरोधी प्रतिमानों के झगड़े में पड़ने से आप साफ़ बच निकले, क्योंकि वैसा करने पर एक तो बहस में आपका पक्ष कुछ ज़्यादा अच्छी तरह स्पष्ट हो जाता और दूसरे, आपकी आधुनिकतावादी समीक्षा-दृष्टि की असंगतियाँ उजागर हो जातीं। आपने 'एक जनवादी लेखक' की सिर्फ़ एक बात पकड़ ली—कहानी में समस्या के साथ-साथ समाधान की बात—लेकिन उसे भी मनचाहे ढंग से तोड़-मरोड़कर, प्रसंग से काटकर पेश किया! कहा गया था कि 'प्रेमचन्द इस कहानी में शोषण और पराधीनता के शिकार भारतीय किसानों की मुक्ति की समस्या तो उठाते हैं, लेकिन उसके किसी समाधान का कोई संकेत नहीं करते।' लेकिन आपने इस बात को यों प्रस्तुत किया कि 'कहानी में जो समस्या उठायी गयी है, उसका कहानी में समाधान नहीं है।' (क्या 'समाधान का संकेत' और 'समाधान का होना' एक ही बात है?) ऊपर से आपने उपमा भी दी—'वर्ग-पहेली की तरह'! कितना अच्छा तरीक़ा है बहस चलाने का—गाली दो और गोली मार दो! तमाम तीखे-नुकीले सवालों को घिस-घिसाकर एक 'क्लिशे' में बदलो और फिर उसके साथ मनचाहा सलूक कर डालो!

कहानी में समस्या और समाधान का मसला इतना हलका-फुलका नहीं है कि उसे चुटकियों में उड़ा दिया जाये। क्या यह स्वयं सिद्ध है कि कहानी में समस्या और उसका समाधान नहीं होना चाहिए? यदि स्वयंसिद्ध नहीं है तो बौखलाने के बजाय इसे तर्कपूर्वक सिद्ध किया जाना चाहिए। 'हम ऐसा मानते हैं, इसलिए यह सही है' यह तो कोई तर्क नहीं!

मेरा कहना यह है कि प्रत्येक कहानी कोई-न-कोई समस्या उठाती है और यदि वह अच्छी कहानी है तो उस समस्या के समाधान का प्रत्यक्ष या परोक्ष संकेत भी अवश्य करती है। इसका अर्थ यह नहीं है कि उसमें समस्या और उसके समाधान को वर्ग-पहेली

की तरह रख दिया जाता है। ये दोनों चीज़ें कहानी में अथवा कई बार उससे प्राप्त होनेवाले अर्थ में अन्तर्निहित रहती हैं। उन्हें समझना और पहचानना पाठक या समीक्षक की सूझ-बूझ पर निर्भर है। परन्तु कहानी यदि वर्ग-पहेली नहीं, तो कोई अमूर्त चित्र भी नहीं है कि आपसे जो लग जाये, वही अर्थ आप लगा लें। समस्या और उसके समाधान का संकेत सूक्ष्म हो सकता है, लेकिन वह कहानी के चरित्रों और परिस्थितियों में मूर्त होता है और उसका यह मूर्तन कहानी की कलात्मक संरचना को ही नहीं, उसकी गुणवत्ता और मूल्यवत्ता को भी प्रभावित करता है। जार्ज लूकाच के शब्दों में कहूँ तो जितने प्रातिनिधिक चरित्रों और जितनी प्रातिनिधिक परिस्थितियों के चित्रण द्वारा यह मूर्तन किया जायेगा, कहानी उतनी ही महान् होगी।

यथार्थवादी कहानी सामाजिक अन्तर्विरोधों को सामने लाये बिना नहीं रहती और ये अन्तर्विरोध कहानी में सामाजिक समस्याओं के रूप में सामने आते हैं। समाज के मुख्य अन्तर्विरोध बड़ी या महान् समस्याओं के रूप में उभरते हैं और गौण अन्तर्विरोध छोटी या मामूली समस्याओं के रूप में। महान् साहित्य में महान् समस्याएँ उठायी जाती हैं। जार्ज लूकाच ने लिखा है–

'समस्त महान् साहित्य में यह चीज़ अनिवार्यतः मिलती है कि उसके चरित्र अपने सामाजिक अस्तित्व के साथ और उस अस्तित्व की महान् समस्याओं के साथ एक-दूसरे की सर्वतोमुखी पारस्परिक निर्भरता में चित्रित किये जाते हैं। जितनी गहराई से इन सम्बन्धों को समझा जायेगा, जितनी विविधता में इन अन्तःसम्बन्धों को विकसित किया जायेगा, रचना उतनी ही महान् होगी।"[1]

युग की महान् समस्याओं के चित्रण से रचना क्यों विशिष्ट बन जाती है, इस पर उन्होंने लिखा है–

'लेखक जितनी गहराई से किसी युग और उसकी महान् समस्याओं को समझेगा, उतना ही उसका चित्रण विशिष्ट स्तर का होगा। कारण यह है कि रोज़मर्रा के जीवन में बड़े-बड़े अन्तर्विरोध धुँधले हो जाते हैं। छोटी-छोटी असम्बद्ध और आकस्मिक घटनाएँ इस तरह आड़ी-तिरछी होकर उन्हें दबा देती हैं कि वे अपने वास्तविक, सच्चे और पूरे रूप में उभर ही नहीं पाते। उनका पूरी तरह से उभरना तभी सम्भव है जब प्रत्येक अन्तर्विरोध को उसकी आत्यन्तिक परिणतियों तक पहुँचा दिया जाये, जब उसमें निहित हर चीज़ प्रत्यक्ष और स्पष्ट दिखायी देने लगे। इस प्रकार महान् लेखकों द्वारा प्रातिनिधिक चरित्रों और प्रातिनिधिक परिस्थितियों के सृजन की क्षमता रोज़मर्रा के जीवन के यथातथ्य पर्यवेक्षण से कहीं आगे जाती है। जीवन का गहरा ज्ञान मामूली चीज़ों के पर्यवेक्षण तक सीमित नहीं रहता।'[2]

लूसिये गोल्डमान का भी यही कहना है कि 'घटिया लेखक केवल ऐतिहासिक काल को प्रतिबिम्बित करता है और उसकी रचना का मूल्य महज़ एक दस्तावेज़ के रूप में होता है परन्तु महान् साहित्य बड़ी समस्याएँ उठाता है और उसमें आन्तरिक

संहति इसीलिए होती है कि वास्तव में महान् लेखक अपने समय की आधारभूत सामाजिक प्रवृत्तियों से अपना तादात्म्य स्थापित करता है, जो उसे यथार्थ की सुसंगत अभिव्यक्ति करने योग्य बनाता है।'[3]

हिन्दी में मुक्तिबोध ने जोर देकर कहा है कि एक कलाकार की हैसियत से राष्ट्रीय-अन्तरराष्ट्रीय समस्याओं के सम्बन्ध में विचार करते हुए 'चेतना की समृद्धि और विस्तार, श्रेठ कला का एक लक्षण है। और, जब तक मानव-समस्याएँ हल नहीं होतीं, चाहे वे किसी भी क्षेत्र और स्तर की क्यों न हों, तब तक मानव संवेदनापूर्ण कलात्मक चेतना का यह धर्म है कि वह उन पर सोचे-विचारे और अपनी दृष्टि को कलात्मक रूप से प्रस्तुत करे।'[4]

हिन्दी कहानी में शुरू से ही अपने समय और समाज की महत्त्वपूर्ण समस्याएँ उठायी जाती रही हैं और हिन्दी के महान् कहानीकार वे ही हैं, जिन्होंने महान् समस्याएँ अपनी कहानियों में उठायी हैं। परन्तु स्वाधीनता के बाद आधुनिकतावादी और कलावादी प्रभावों के अन्तर्गत जो कला-सिद्धान्त या समीक्षा-प्रतिमान अपनाये गये, उनके चलते महान् सामाजिक समस्याओं को भुला दिया गया और छोटी-छोटी, दैनन्दिन की और अधिकतर व्यक्तिगत क़िस्म की समस्याओं को कहानी में उठाया गया। इसी का नतीजा है कि हम आज तक रोते हैं कि प्रेमचन्द के बाद प्रेमचन्द-जैसा कोई महान् कहानीकार हिन्दी में नहीं हुआ।

डॉ. नामवर सिंह—जैसे आलोचकों से उम्मीद की जाती थी कि वे कहानी-समीक्षा के सही प्रतिमान कहानीकारों के सामने रखेंगे, क्योंकि वे 'नयी कहानी' की सीमाओं को समझते थे। उन्होंने बिलकुल सही लिखा था कि नये कहानीकारों की 'सीमित समझ के फलस्वरूप इन कहानियों में वस्तु का चयन काफ़ी यादृच्छिक दिखायी पड़ता है। समस्याएँ या तो उठायी ही नहीं जातीं, या फिर उठायी जाती हैं तो ऐसी, जिनका सम्बन्ध हमारे जीवन के मुख्य संघर्ष से नहीं है।'[5] परन्तु प्रगतिशील आलोचक होने के बावजूद अपने आधुनिकतावादी रुझानों के चलते अन्ततः उन्होंने 'नयी कहानी' की इस सीमा का औचित्य ही सिद्ध किया। उन्होंने लिखा कि 'आज कहानीकार वस्तुओं को उसी रूप में नहीं देखता, जिस रूप में वे देखी जाती रही हैं। रचनात्मक दृष्टि का यह परिवर्तन कहानीकार के समूचे व्यक्तित्व के परिवर्तन का द्योतक है। इसलिए इस कथा-दृष्टि की सीमाओं पर विचार करते समय उन ऐतिहासिक तत्त्वों को ध्यान में रखना ज़रूरी है, जिनके कारण वर्तमान समाज में कहानीकार की स्थिति नियत होती है। हमारी सामाजिक परिस्थितियाँ जिस रूप में बदली हैं, उनमें अनेक साहित्यकारों के साथ कई कहानीकार भी एक विशेष स्थिति में फेंक दिये गये हैं, जो चाहे या अनचाहे एक विचित्र प्रकार के अकेलेपन की है। वास्तविकता को एक विशेष दृष्टि से देखने का कारण बहुत-कुछ यही स्थिति है।'[6]

अन्तिम वाक्य ध्यान देने योग्य है। डॉ. नामवर सिंह ने नये कहानीकारों की उस 'विशेष दृष्टि' की आलोचना नहीं की, जो उनकी समझ को सीमित करती थी; इसके विपरीत उन्होंने कहानीकारों की 'विशेष स्थिति' को ही इसके लिए जिम्मेदर ठहराया। साहित्यकार की सामाजिक स्थिति उसके व्यक्तित्व और कृतित्व को प्रभावित अवश्य करती है, किन्तु यह नहीं भूलना चाहिए कि वह भी अपने व्यक्तित्व और कृतित्व से सामाजिक स्थिति को प्रभावित कर सकता है और इसके लिए संघर्ष तथा आत्मसंघर्ष करता है। फिर, उस दौर के लेखकों की सामाजिक स्थिति ऐसी भयानक भी नहीं थी। यादृच्छिक वस्तु-चयन करने तथा मुख्य संघर्ष से सम्बन्धित समस्याओं को न उठाने का कारण उनकी सामाजिक स्थिति नहीं, वास्तव में उनकी वह 'विशेष दृष्टि' ही थी, जो प्रेमचन्द की परम्परा को छोड़कर आधुनिकतावादी कला-सिद्धान्त अपना लेने से पैदा हुई थी। आख़िर उसी सामाजिक स्थिति में मुक्तिबोध भी तो थे, जिन्होंने लिखा था–

'भारत में ऐसी कोई स्थिति नहीं है कि हमारे कवि-कलाकार उन मानव-समस्याओं से जी चुरायें। और, उनकी इस प्रकार उपेक्षा करें मानो वे हैं ही नहीं, और यदि हैं भी तो केवल कलाकार की अपनी किसी मनोग्रन्थि या व्यक्तिगत समस्या के रूप में। कम-से-कम, प्रस्तुत समय में, भारत में ऐसी कोई भयानक बाधा नहीं है जो लेखक को अपने पूर्ण और मूर्त आत्म-प्रकटीकरण अथवा जीवन-चित्रण से रोके।'[7]

फिर नये कहानीकारों के सामने क्या बाधा थी, इसका स्पष्ट उत्तर मुक्तिबोध के ही शब्दों में यह है कि 'इस प्रकार के झुकावों के पीछे कला-सम्बन्धी कुछ धारणाएँ और विचार-सरणियाँ काम कर रही हैं। वे धारणाएँ और विचार-सरणियाँ उस काल में अधिक प्रचलित और प्रचारित हुईं जिसे हम हिन्दी-क्षेत्र में शीतयुद्ध का काल कह सकते हैं।'[8]

आजकल, जबकि आधुनिकतावाद और कलावाद की बहुत-सी असंगतियाँ लोगों के सामने आ चुकी हैं, और प्रगतिशील तथा जनवादी साहित्य में पुनः एक नयी ऊर्जा दिखायी पड़ने लगी है, कहानी में सामाजिक समस्याएँ फिर से उठायी जाने लगी हैं। परन्तु अभी भी हिन्दी के कुछ कहानीकार और समीक्षक यह मानते हैं कि कहानी में समस्याएँ तो उठायी जा सकती हैं, पर उनके समाधान देना आवश्यक नहीं है। इस प्रसंग में वे अक्सर चेखोव को उद्धृत करते हैं, जिन्होंने कहीं कहा है कि कहानी प्रश्न ही उठा दे तो काफ़ी है। लेकिन मेरे विचार से यह काफ़ी नहीं है, क्योंकि एक समय में एक प्रश्न का कोई एक ही उत्तर नहीं होता, बल्कि अनेक उत्तर होते हैं। कलाकार का काम उनमें से सबसे सही उत्तर खोजकर प्रस्तुत करना है। अगर वह अपने द्वारा उठाये गये प्रश्नों के सही उत्तर नहीं देता, तो फिर उसका काम क्या है? उसकी रचना का उद्देश्य ही क्या है?

इस सन्दर्भ में यह ध्यान रखना चाहिए कि सामाजिक समस्याएँ सर्वमान्य नहीं होती हैं और सभी लोग उनके समाधानों के इच्छुक नहीं होते हैं। समाज में कुछ लोग

या वर्ग ऐसे भी हो सकते हैं, जो किसी समस्या को समस्या ही न मानते हों, या मानते भी हों तो उसका समाधान न चाहते हों। इतना ही नहीं, दूसरों को भी उसके सही समाधान तक पहुँचने से रोकने के लिए समाधान को अनावश्यक बताते हों या तरह-तरह के ग़लत समाधान सुझाते हों। शोषण पर टिकी समाज-व्यवस्था का सत्ताधारी वर्ग तो हमेशा ही यह किया करता है। अतः यह मान लेना उचित नहीं कि हमने प्रश्न उठा दिया, यही काफ़ी है। लेखक यदि प्रश्न उठाता है तो उसका उत्तर भी उसे देना चाहिए।

कुछ लोग यह भी कहते हैं कि सारी समस्याओं के समाधान सम्भव ही हों, यह ज़रूरी नहीं है। कुछ समस्याएँ ऐसी भी हो सकती हैं, जिनके समाधान हों ही नहीं। ऐसे लोगों को मार्क्स की यह बात ध्यान से सुननी चाहिए कि 'मानव जाति अपने सामने केवल ऐसी समस्याएँ रखती हैं, जिन्हें वह हल कर सकती हैं, क्योंकि ध्यान से देखें तो हम यह पायेंगे कि कोई समस्या तभी उपस्थित होती है, जब उसके समाधान के लिए आवश्यक भौतिक परिस्थितियाँ पहले से ही उपस्थित होती हैं, या कम-से-कम तैयार हो रही होती हैं।'[9]

इन सब बातों को ध्यान में रखकर ही मैंने लिखा था कि दुनिया के किसी भी साहित्य में से कोई भी अच्छी कहानी उठाकर देख लीजिये, यदि उसकी कलात्मक संरचना सही है, तो कहानी अपने द्वारा उठाये गये प्रश्नों के उत्तर स्वयं देती है। स्पष्ट रूप से नहीं, तो सांकेतिक रूप से। लेकिन प्रश्नों के उत्तर या समस्याओं के समाधान उसमें अन्तर्निहित रहते हैं। एक समय में एक प्रश्न के कई उत्तर या एक समस्या के कई समाधान दिखायी पड़ सकते हैं, लेकिन उनमें से सबसे सही उत्तर या सबसे सही समाधान एक ही होता है। कला उसी को पकड़कर प्रस्तुत करने का प्रयास है और महान् कला वही है, जो अपने देश-काल की समस्याओं को सबसे सही समाधानों तक पहुँचाती है। प्रेमचन्द की भी ज़्यादातर कहानियाँ ऐसी ही हैं और उन्हीं कहानियों की वजह से प्रेमचन्द महान् लेखक हैं। लेकिन 'कफ़न' के साथ दिक़्क़त यह है कि वह किसानों की मुक्ति की समस्या तो उठाती है, उसका कोई समाधान नहीं सुझाती। घीसू और माधव जैसे नकारात्मक चरित्रों के ज़रिये वह समाधान सुझाया नहीं जा सकता और उसके लिए उपयुक्त कोई सकारात्मक चरित्र कहानी में है नहीं। अतः उठायी गयी समस्या अनसुलझी रह जाती है। किसानों की मुक्ति कैसे होगी? क्या घीसू-माधव बनकर? नहीं। तो फिर? इस प्रश्न का उत्तर कहानी नहीं देती और तमाम तरह के अर्थों-अनर्थों की गुंजाइश छोड़ देती है। ये अर्थ या अनर्थ कहानी पर बाहर से आरोपित होते हैं। कहानी-कला की दृष्टि से यह एक कमज़ोरी है और इस दृष्टि से 'कफ़न' प्रेमचन्द की एक कमज़ोर कहानी है।

सन्दर्भ-सूची

1. जार्ज लूकाच : राइटर ऐण्ड क्रिटिक, मर्लिन प्रेस, लन्दन (1970), पृ. 150
2. वही पृ. 158
3. एलन स्विंजवुड द्वारा उद्धृत : सोश्योलोजी ऑफ लिटरेचर, पैलाडिन, लन्दन (1972), पृ. 68

4. ग. मा. मुक्तिबोध : नये साहित्य का सौन्दर्यशास्त्र, राधाकृष्ण प्रकाशन, दिल्ली (1971), पृ. 53
5. नामवर सिंह : 'आज की हिन्दी कहानी : ऐतिहासिक नवीनता और उपलब्धियाँ (लेख), कहानी, जुलाई, 1959
6. वही
7. ग. मा. मुक्तिबोध : नये साहित्य का सौन्दर्यशास्त्र, पृ. 54
8. वही, पृ. 56
9. मार्क्स-एंगेल्स : सेलेक्टेड वर्क्स (तीन खण्डों में), पहला खण्ड, प्रोग्रेस पब्लिशर्स, मास्को (1973), पृ. 503

•

सभ्यता के ख़िलाफ़ विद्रोह की कहानी

वीरभारत तलवार

कफ़न प्रेमचन्द की श्रेष्ठतम कहानी है। यह उनकी एकमात्र कहानी है, जिसमें उन्होंने हमारे सामाजिक यथार्थ के अन्तर्विरोध को बड़े ही चौंका देनेवाले रूप में व्यक्त किया है। उनकी सभी कहानियों की तुलना में इसका शिल्पविधान सबसे जटिल है। इसमें गहरे कलात्मक संयम के अन्दर आक्रामक और एक तरह से उद्धत दृष्टि झलकती है। इधर बहुत-से दलित लेखकों ने इस कहानी को दलित-विरोधी मानकर इसकी निन्दा की है। दलित-साहित्य के प्रति अपनी सारी सहानुभूति और समर्थन के बावजूद उनके इस मूल्यांकन से मैं सहमत नहीं हो पाता। किसी भी कहानी को पढ़ने के अलग-अलग ढंग हो सकते हैं। किसी भी कहानी के चरित्रों की जाति को आधार बनाकर उस कहानी से निष्कर्ष निकालना मुझे कहानी को पढ़ने का सही ढंग नहीं लगता। अगर प्रेमचन्द बुनियादी तौर पर दलित-विरोधी लेखक होते तो इस कहानी में दलित पात्रों को उस अर्थ में चित्रित कर सकते थे, जिस अर्थ में दलित आलोचकों ने उन्हें इस कहानी में देखा है, लेकिन जहाँ तक मेरी जानकारी है, दलित-प्रश्न पर अपने कई अन्तर्विरोधों के बावजूद प्रेमचन्द बुनियादी तौर पर दलित-विरोधी लेखक नहीं थे। इसके विपरीत ज़िन्दगी के आख़िरी 5-6 सालों में दलितों के प्रति उनकी सहानुभूति और संवेदना लगातार विकसित और गहरी होती जा रही थी। सिर्फ़ दलितों के प्रति ही नहीं हिन्दी प्रदेश के गाँव के पूरे यथार्थ के प्रति उनकी दृष्टि और समझ बहुत विकसित हुई थी। यथार्थ की इसी गहरी और विकसित समझ की देन है कफ़न कहानी। कफ़न दलित चेतना की कहानी नहीं है।

इसके दलित पात्रों की जाति पर अटककर उस व्यापक यथार्थबोध को नज़र-अन्दाज़ नहीं कर देना चाहिए, जिसको लेकर यह कहानी लिखी गयी है। उन दलित

चरित्रों के अमानवीय से लगनेवाले आचरण को आधार बनाकर प्रेमचन्द को दलित-विरोधी क़रार देनेवाले आज ज़्यादा ध्यान देना इसलिए सही नहीं है, क्योंकि यह कहानी दलित-जीवन या दलित-चेतना की नहीं है। वास्तव में यह कहानी हमारी सामाजिक व्यवस्था और सभ्यता की प्रेमचन्द द्वारा की गयी सबसे कड़ी आलोचना है। घीसू और माधव गाँव के दो ऐसे भूमिहीन खेत मज़दूर हैं, जिनके पास अपनी मेहनत को बेचने के अलावा आजीविका का और कोई साधन नहीं। उस मेहनत की भी क़ीमत नहीं मिलती है, उनका शोषण होता है और वे इसे समझ चुके हैं। उस गाँव में उनसे ज़्यादा मेहनत करनेवाले किसान भी उन्हीं की तरह ग़रीबी और फटेहाली में दिन गुज़ारते हैं, तो फिर मेहनत क्यों की जाये? लिहाजा मेहनत करने के बजाय वे चोरी करके खाते हैं। दूसरों की चोरी करने के नाते वे इस समाज-व्यवस्था का उल्लंघन करने के अपराधी हैं। इसलिए गाँव में जो भी सम्पत्तिशाली है, ज़मींदार है या जो भी ज़मीनवाला है, वह घीसू-माधव को सख़्त नापसन्द करता है।

ख़ुद दलित लेखकों द्वारा लिखी गयी आत्मकथाओं में चित्रित बहुत-सी उन परिस्थितियों और प्रंसगों को भुला देते हैं, जिनमें मनुष्य अपनी मानवोचित गरिमा व मर्यादा के साथ आचरण कर ही नहीं सकता। इस सन्दर्भ में ख़ासतौर पर सूरजपाल चौहान की आत्मकथा 'तिरस्कृत' देखी जा सकती है। यह सवाल ज़रूर अर्थपूर्ण है कि प्रेमचन्द ने आख़िर दलित जाति से ही पात्रों को क्यों चुना? इसका सन्तोषप्रद जवाब खोजा जाना चाहिए, लेकिन सारी कहानी के अर्थ को इसी जवाब में ढूँढ़ लेना या इसी के सहारे ढूँढ़ लेना सही न होगा। निश्चय ही प्रेमचन्द अपने पात्रों का नाम जाति, धर्म और रंग, रूप इत्यादि सोच-समझकर ही तय करते थे। क़फ़न के मुख्य चरित्रों को दलित जाति से चुनने का कारण, मेरी दृष्टि में यही हो सकता है कि ग़रीबी और भुखमरी अपने सबसे व्यापक और तीखे रूप में गाँव के दलित समाज में दिखायी देती है। फिर भी पात्रों की सिर्फ़ जाति पर अटककर रह जाना ठीक नहीं। अगर घीसू-माधव दलित जाति के न होकर किसी और जाति के होते तो...? तब भी कहानी वही रहती, क्योंकि सवाल दलित का नहीं ग़रीब आदमी का है, उसकी भयावह ग़रीबी का है।

कफ़न कहानी के पात्रों की जाति पर एक हद से उन्हें दूर से ही दुत्कारता है। एक सम्पत्तिहीन ग्रामीण सर्वहारा के प्रति सम्पत्तिशालियों का क्या कोई दूसरा नज़रिया भी हो सकता था? मार्क्स ने कहीं लिखा है कि चोरी, वर्ग-समाज में उसके ख़िलाफ़ हुआ पहला विद्रोह है। कफ़न इसी विद्रोह की कहानी है। लेकिन कहानी में यह विद्रोह सिर्फ़ इसी रूप तक सीमित नहीं है। अपने जीवन के अन्तिम वर्षों में प्रेमचन्द समाज को उसकी पूरी समग्रता में देख रहे थे। आर्थिक शोषण के अलावा समाज में शोषण के जो और विभिन्न रूप हैं, प्रेमचन्द उन सबको बहुत ग़ौर से देख और समझ रहे थे। इस जटिल और संश्लिष्ट यथार्थबोध की सबसे महत्त्वपूर्ण अभिव्यक्ति गोदान में हुई, जहाँ आर्थिक शोषण के साथ धार्मिक और सांस्कृतिक शोषण की प्रक्रियाएँ भी उतनी ही प्रमुखता के साथ चित्रित की गयी हैं। सच पूछिये तो गोदान औपनिवेशिक भारत

की ग्रामीण सभ्यता की एक सांस्कृतिक आलोचना है। 1931 में 'पूस की रात' कहानी लिखने से लेकर 'कफ़न' और 'गोदान' लिखने तक भारतीय ग्रामीण यथार्थ के हर पक्ष को देखने और समझने की जो क्षमता और दृष्टि प्रेमचन्द ने विकसित की थी उसी को इन रचनाओं में ज़्यादा-से-ज़्यादा कारगर ढंग से अभिव्यक्त करने की बेचैनी दिखायी देती है। कफ़न में यही जटिल यथार्थबोध अपने सबसे विकसित और प्रखर रूप में अभिव्यक्त हुआ है। प्रेमचन्द ने औपनिवेशिक भारत के गाँव से दो ऐसे चरित्रों को हमारे सामने पेश किया, जिनके पास जीने का कोई साधन नहीं है। वे सामाजिक दृष्टि से समाज की सबसे दबी-कुचली दलित जाति से आये हैं, जिन्हें समाज कोई सम्मानप्रद स्थान नहीं देता। इसके साथ उनके पास न ज़मीन है न कोई रोज़गार है और वे पिछले कई दिनों से भूखे हैं। बीस वर्ष पहले एक ठाकुर की बारात को छोड़कर अपने जीवन में उन्हें कभी भरपेट खाना नहीं मिला। कहानी में वे न सिर्फ़ कई दिनों से भूखे हैं बल्कि आगे भी खाना मिलने की कोई ठोस सम्भावना नहीं है। ऐसे फटेहाल और भूखे आदमी की नज़रों में इस समाज-व्यवस्था की क्या वैधता हो सकती है? इसकी सभ्यता, संस्कृति और मर्यादा का क्या मूल्य हो सकता है? कफ़न कहानी इसी समाज की सभ्यता, संस्कृति और मर्यादा के ख़िलाफ़ दो भूखे मनुष्यों के विद्रोह की कहानी है। नितान्त अमानवीय परिस्थितियों में जी रहे कई दिनों से उन भूखे मनुष्यों के आचरण को अविश्वसनीय समझना या उनसे मानवीयता की अपेक्षा करना खाये-पीये लोगों का एक अश्लील आग्रह है। ऐसा आग्रह करनेवाले वे दलित आलोचक भी इसी सफ़ेदपोश मध यवर्ग के ही अंग हैं। सभ्यता, संस्कृति, मर्यादा और माननीय मूल्य सभी कुछ बाद में आता है। सबसे पहले इन्सान को ज़िन्दा रहने के लिए भरपेट खाना चाहिए। घीसू और माधव एक-दो दिन के भूखे नहीं हैं। उनकी ज़िन्दगी ही भुखमरी में गुज़र रही है। ऐसे भूखे इन्सानों के लिए हमारी सभ्यता और संस्कृति की बातें ऐयाशी की बातें हैं। भुखमरी में ज़िन्दगी गुज़ार रहे उन दोनों को बीवी के मरने पर अप्रत्याशित रूप से पाँच रुपये हाथ लगते हैं तो उन रुपयों का वे क्या करते, क्या सबसे पहले अपनी भूख न मिटाते? अच्छे खाने की अपनी इच्छा पूरी न करते? मरे हुए आदमी को कफ़न ओढ़ाया जाता है और आदर के साथ श्मशानघाट ले जाया जाता है। यही समाज का मूल्य है, उसकी मर्यादा है, भूखे आदमी से यह उम्मीद की जाये कि वह भूखे रहकर इन मूल्यों और मर्यादाओं का निर्वाह करें? इन मूल्यों और मर्यादाओं की ऐसी-की-तैसी। समाज के मूल्यों और मर्यादाओं का निर्माण भूखे लोगों ने नहीं किया है, खाये-पीये लोगों ने किया है। जब मनुष्य की बुनियादी आवश्यकताएँ पूरी होने लगती हैं उसके बाद ही वह सभ्यता और संस्कृति का विकास करता है। हमारा समाज बड़ा सुसंस्कृत है। इसने मुर्दे को भी आदर और सम्मान देने की प्रथा बनायी है। यह मानवीय गरिमा के अनुरूप ही है। लेकिन इसी समाज ने दूसरी ओर लाखों-करोड़ों लोगों को नंगे-भूखे रखा है। यह इसका बड़ा भारी अन्तर्विरोध है। ये नंगे-भूखे लोग सबसे पहले खाना जुटाने की फ़िक्र करें या रुपये से कफ़न .खरीदकर मुर्दे को सम्मान देने की प्रथा निभायें? जिन मनुष्यों को अपने जीवन में कभी मानवीय गरिमा का एहसास न हुआ वे मुर्दे की भी गरिमा

को बनाये रखने के सांस्कृतिक मूल्य का क्या करें? कफ़न प्रेमचन्द की एकमात्र कहानी है, जो बड़े ही विद्रोहपूर्ण ढंग से इस समाज की सभ्यता और संस्कृति को मुँह चिढ़ाती है। उसे ढकोसला करार देती है और उसके बुनियादी अन्तर्विरोध पर अँगुली रखती है। कथा साहित्य में 1936 तक के यथार्थवाद की इससे गहरी समझ का मिलना मुश्किल है।

•

कफ़न : विलगाव का अनुभव

शम्भुनाथ

प्रेमचन्द की यथार्थवाद की विस्तृत विजय को रेखांकित करनेवाली कहानियाँ हैं 'सवा सेर गेहूँ', 'पूस की रात', 'कफ़न', 'मुक्तिमार्ग' और 'ईदगाह'। इनमें हिन्दुस्तान के ग्रामीण जीवन की वास्तविकता है। इन कहानियों में न केवल कथाकार की संवेदना में प्रखरता आयी है, बल्कि विचारधारात्मक स्तर पर उसके संकेत बहुत स्पष्ट हो गये हैं। कथारूप भी बदला है--यह घटनात्मकता और कौतूहलधर्मिता से मुक्त हुआ है। जीवनानुभूति की गहराई के कारण इन कहानियों में एक नयी शिल्प-चेतना भी है। इन कहानियों के शिल्प में एक कसाव है। एक-एक कथन अर्थगर्भी हो जाता है और पाठक के मन में बज उठता है। नये शिल्प पर अधिक वस्तुपरक दृष्टि का दबाव है। कथाकार में सामाजिक सचेतनता पहले भी थी, पर उपर्युक्त कहानियों में जीवन की आलोचना बहुत निर्मम ढंग से की गयी है और मानवीय संवेदना को नये स्तरों पर उद्घाटित करने का प्रयत्न किया गया है।

'सवा सेर गेहूँ' का शंकर पारिवारिक विघटन के बाद किसान से खेत मजूर हो गया था। कभी उसने गाँव के विप्र महाराज से सवा सेर गेहूँ उधार लिया था, वह भी अपने द्वार पर पधारे एक महात्मा को भोजन कराने के लिए। कितनी ही बार खलिहानी और दक्षिणा देने के बाद यह क़र्ज़ ज्यों-का-त्यों बना हुआ था और बढ़ते-बढ़ते इतना हो गया था कि साल भर हाड़-तोड़ मेहनत करने के बावजूद चुकाया नहीं जा सका था। विप्र महाराज ने ईश्वर का भय दिखाया और अन्ततः सामन्ती धार्मिक शोषण-व्यवस्था में शंकर ऐसा पिस गया कि उसे आजीवन बँधुआ मजदूर बन जाना पड़ा। स्त्री-बच्चे भी भूख से बेहाल होकर खटा करते । वह लाचारी में उन्हें चुपचाप इस हालत में देखने के अलावा कुछ कर न पाता।

'पूस की रात' में हल्कू ने कम्बल ख़रीदने के लिए किसी प्रकार तीन रुपये इकट्ठे किये थे कि दरवाज़े पर महाजन आ गया। उसकी औरत रुपये देना नहीं चाहती थी। हल्कू उदास होकर पूछता है, 'तो क्या गाली खाऊँ?' वह अपना गला छुड़ाना चाहता था। परिस्थिति की कठोरता उसकी औरत की अनुभूति में उतरने लगती है--"हल्कू के

उस वाक्य में जो कठोर सत्य था वह मानो एक भीषण जन्तु की भाँति उसे घूर रहा था।'' एक दहशत से कहानी शुरू होती है और रात की सर्दी में चुपचाप ठिठुरते हल्कू के अस्तित्व संकट के रूप में अधिक मूर्त और सजीव हो उठती है। हल्कू खेत के किनारे बाँस के खटोले पर सामान्य चादर ओढ़े ठण्ड से काँप रहा था। वह चिलम पीकर मन बदलना चाह रहा था, फिर भी बार-बार उद्विग्न हो जाता था। उसने अपने कुत्ते को शरीर से सटा लिया। ये पंक्तियाँ प्रेमचन्द के यथार्थवादी सौन्दर्यबोध के एक नये चेहरे को उजागर करती हैं, ''कुत्ते की देह से जाने कैसी दुर्गन्ध आ रही थी, पर वह उसे अपनी देह में चिपटाये हुए ऐसे सुख का अनुभव कर रहा था, जो इधर महीनों से उसे न मिला था।'' हल्कू की दशा वहाँ पहुँच गयी थी, जहाँ वह जीवन के तात्कालिक सन्दर्भों में ही जी सकता था। पूस की रात की ठण्ड उसके अस्तित्व की सबसे बड़ी समस्या थी, जो महाजनी शोषण के परिप्रेक्ष्य में कृषक जीवन के व्यापक दुःख-कष्ट की प्रतीकात्मक अभिव्यक्ति कर रही थी।

हल्कू बगीचे की पत्तियाँ सुलगाकर आग ताप रहा था और उधर जानवरों का झुण्ड उसके खेत को बरबाद कर रहा था। खेत का सर्वनाश देखकर उसकी औरत ने चिन्तित होकर कहा, ''अब मजूरी करके मालगुज़ारी भरनी होगी।'' हल्कू ने प्रसन्न मुख से कहा, ''रात को ठण्ड में यहाँ सोना तो न पड़ेगा।'' रात-दिन मेहनत करने के बावजूद कृषक जब जाड़े के दिनों के लिए साधारण कम्बल तक न खरीद सके, उसके खटने की क्या सार्थकता है? अंग्रेज़ी राज में भारतीय खेती के पतन का यह एक दर्दनाक दृश्य है। हल्कू के विलगाव में उपनिवेशवादी-महाजनी शोषण की क्रूरता स्पष्ट हो जाती है, उसकी अकर्मण्यता का तर्क मार्मिक हो उठता है।

सामन्ती समाज में कृषक को उसकी मेहनत का कोई सुख नहीं मिलता, ख़ास तौर से जब उपनिवेशवाद की छत्रच्छाया में इस समाज का पूँजीवादी रूपान्तरण हो रहा हो। उसकी मेहनत के प्रति आस्था मिट जाती है। 'कफ़न' के घीसू और माधव इसी तरह के कामचोर हैं। वे दलित कृषक हैं, जो ज़मींदार और साहूकार के शोषणतन्त्र में पिस रहे हैं। वे चमारों के बदनाम कुनबा में रहते हैं। उनकी यह दशा है, ''घर में मिट्टी के दो-चार बर्तनों के सिवा कोई सम्पत्ति नहीं थी। फटे-चीथड़ों से अपनी नग्नता को ढँके हुए जिये जाते थे। संसार की चिन्ताओं से मुक्त। कर्ज़ से लदे हुए।'' प्रेमचन्द ने समाज के सबसे ग़रीब आदमियों को अपनी कहानी का नायकत्व प्रदान किया और बतलाया कि कृषकों की यह दयनीय हालत आर्थिक शोषण की दीर्घ औपनिवेशिक-सामन्ती प्रक्रिया में हुई है। 'सवा सेर गेहूँ' और 'पूस की रात' के शंकर-हल्कू जैसे लोग ही वैचारिक संवेदना के अधिक ट्रैजिक धरातल पर घीसू और माधव बन जाते हैं। एक अन्य धरातल पर सुजान भगत और घीसू की दूरी कथादृष्टि के विकास की ओर इंगित करती है, साथ ही औपनिवेशिक शासन में किसानों की निरन्तर बढ़ती ग़रीबी के परिप्रेक्ष्य में शोषण की चरमावस्था को भी उभारती है।

'कफ़न' का आरम्भ ऐसे कथा-परिवेश से होता है, जो बुधिया की प्रसव-वेदना के सम्मुख बाप-बेटे की मर्मभेदी लाचारी और समूचे गाँव के दर्द को खोलकर रख देता है। आर्थिक विषमता और महाजनवाद के बढ़ते प्रभाव ने पारिवारिक सम्बन्धों को खोखला करना शुरू कर दिया था। घीसू और माधव बाप-बेटे न होकर अब साथ-साथ रहते दो आदमी भर थे। परस्पर अविश्वास की स्थिति के कारण दोनों में कोई भी कराहती बुधिया को देखने नहीं जाता कि कहीं आलुओं का बड़ा भाग दूसरा चट न कर जाये। बुधिया दोनों बेग़ैरतों का दोज़ख़ भरती थो, कमाकर खिलाती थी। "वही औरत आज प्रसव-वेदना से मर रही थी और ये दोनों शायद इसी इन्तज़ार में थे कि वह मर जाये, तो आराम से सोयें"—इस अमानवीयता का क्या कारण है? यह दो व्यक्तियों की निजी अमानवीयता है या पूरी समाज-व्यवस्था की? प्रेमचन्द .ख़ुद ही विश्लेषण करते हैं, "जिस समाज में रात-दिन मेहनत करनेवालों की हालत उनकी हालत से बहुत अच्छी न थी और किसानों के मुक़ाबले में वे लोग, जो किसानों की दुर्बलताओं से लाभ उठाना जानते थे, कहीं ज़्यादा सम्पन्न थे, वहाँ इस तरह की मनोवृत्ति का पैदा हो जाना अचरज की बात न थी।" अलाव से आलू निकालकर तुरन्त खाना, हलक़ और तालू के जलने के बावजूद अपनी भूख शान्त करने के लिए व्याकुल हो उठना और अभाव से लगातार जूझना उनकी ज़िन्दगी की बेचैनियों को प्रकट करता है। उसी वक़्त किसी ठाकुर की बारात में बीस साल पहले खायी पूरियों-मिठाइयों की याद ज़िन्दगी की एक बहुत बड़ी घटना की याद के रूप में उनकी जीभ पर सट जाती है। अक्सर ऐसी विसंगतियों के चित्रण का उद्देश्य रहा है हिन्दुस्तान के आदमी की .ग़रीबी को मार्मिक ढंग से उभारना और औपनिवेशिक सामन्ती मार की तीक्ष्णता का अहसास कराना।

घीसू और माधव अपने आचरण से गाँव के ज़मींदार-महाजन का मज़ाक़ उड़ाते हैं, धार्मिक पाखण्डों की भी खिल्ली उड़ाते हैं। बुधिया के मरने से पहले इलाज के लिए एक पैसा कहीं से नहीं जुटता। मरने के बाद वही शोषक वर्ग 'कफ़न' के लिए चन्दा देकर धार्मिक संस्कारों के प्रति नाटकीय आस्था व्यक्त करता है। खोखली धार्मिकता दवा से अधिक कफ़न को महत्त्व देती है। इसी बहाने शोषक वर्ग अपनी छद्म मानवता प्रदर्शित करने का अवसर भी पा जाता है। कफ़न का पैसा लेकर घीसू-माधव का शराबख़ाने में घुस जाना खोखले हो चुके धार्मिक आदर्शों पर चोट है। यह सामन्तवादी व्यवस्था का प्रतिकार है। निकम्मा रहकर वे शोषक श्रेणी को अपनी सरलता और निरीहता का बेजा फ़ायदा नहीं उठाने देते। उसी प्रकार कफ़न के पैसे से चुल्लू पीकर वे धर्माडम्बर के प्रति विद्रोह करते हैं। वे जानते हैं कि यही पाखण्डी वर्ग बुधिया के कफ़न के पैसे फिर जुटायेगा, हाँ, अबकी रुपये उनके हाथ में न देगा। घीसू और माधव व्यवस्था के विद्रोह की एक निजी शैली बनाते हैं, पर इसमें पूरे कृषक वर्ग के विक्षोभ की चेतना है। 'कफ़न' में प्रेमचन्द अपनी भौतिकवादी दृष्टि स्थापित करते हुए, खोखले होते जा रहे सामाजिक सम्बन्धों के बीच धर्म की सारहीनता की पहचान करते हैं। अपने एक पत्र में उन्होंने जैनेन्द्र कुमार को लिखा था, "मैं परमात्मा तक नहीं पहुँच सकता। मैं उतना विश्वास नहीं कर सकता। कैसे विश्वास करूँ, जब देखता हूँ बच्चा

विलख रहा है, रोगी तड़प रहा है, यहाँ भूख है, क्लेश है, ताप है।'' प्रेमचन्द नास्तिक हो गये थे। उनकी आस्था सिर्फ़ मनुष्य में थी।

बुधिया ने स्वयं मरकर घीसू-माधव को एक ट्रैजिक तृप्ति से भर दिया। उनके जीवन की सबसे बड़ी लालसा पूरी कर दी और उनमें अपूर्व मानवीय करुणा का संचार भी कर दिया। घीसू-माधव ने परम्परागत नैतिकता तथा दायित्वशीलता पर चोट की थी, उच्च वर्ग के सामाजिक मूल्यों को नकारा था। इन चीज़ों के पीछे इस युग की नयी दृष्टि सक्रिय थी। वे शराबख़ाना जाते हैं, इसलिए कि ''थोड़ी देर के लिए यह भूल जाते थे कि वे जीते हैं या मरते हैं। या न जीते हैं, न मरते हैं'' यह आदमी की एक कारुणिक स्थिति है, जिसमें वह न अच्छी तरह जी पाता है न मर पाता है। बस विलगाव के तनाव में झनझनाता रहता है। व्यर्थता का यह बोध वस्तुपरकता के नज़दीक ले जाता है। घीसू-माधव कफ़न के रूप में सामन्ती मूल्यों और जीवन के प्रति भाववादी दृष्टि की व्यर्थता का अनुभव करते हैं, जीवन की व्यर्थता का अनुभव नहीं।

कई आलोचकों ने 'कफ़न' की आलोचना अस्तित्ववादी दर्शन के आधार पर की। घीसू और माधव की संवेदना नशे में अधिक बौद्धिक होने लगती है। उनमें विलगावग्रस्त मानवीय अस्तित्व की बेचैनी पैदा होती है। कहने की ज़रूरत नहीं कि अस्तित्ववादी दार्शनिक कभी भी व्यवस्था के शोषण-तन्त्र की शिनाख़्त नहीं करते, जबकि घीसू और माधव करते हैं। खा-पीकर वे मस्ती और फक्कड़पन में बुधिया को ख़ूब याद भी करते हैं। माधव के पूछने पर घीसू कहता है, ''किसी को सताया नहीं, किसी को दबाया नहीं। मरते-मरते हमारी ज़िन्दगी की सबसे बड़ी लालसा पूरी कर गयी। वह न बैकुण्ठ जायेगी, तो क्या ये मोटे-मोटे लोग जायेंगे, जो ग़रीबों को दोनों हाथों से लूटते हैं और अपने पाप को धोने के लिए गंगा नहाते और मन्दिरों में जल चढ़ाते हैं।'' वे 'ठगिनी क्यों नैना झमकावै' गाते हुए जब गिर पड़ते हैं, ऐसा नहीं लगता कि उन्हें अपनी बहू अथवा बीवी से मतलब नहीं था। उनके पीने-नाचने-उछलने के हर अन्दाज़ के साथ यही उभरता है कि दोनों बुधिया को कितना अधिक चाहते थे। उनमें जीने की भूख थी, पर वे सामाजिक-आर्थिक विषमता की चपेट में फँसकर कामचोर बने हुए थे। वे क्यों कामचोर थे, यह समझने के लिए प्रेमचन्द की एक अन्य कहानी 'अग्नि समाधि' पढ़नी चाहिए, जिसका प्रयास दूसरे के खेतों की रखवाली करने में अपनी जान दे देता है, पर उसे ख़ुद कभी-कभी चबैना भी मयस्सर नहीं होता। आर्थिक शोषण कामचोरी सिखाता है।

'कफ़न' के घीसू और माधव के समीप आकर अगर प्रेमचन्द का यथार्थवाद अपने प्रखर आलोचनात्मक रूप में उभरता है, तो आम आदमी के स्वप्नों की झलक भी कुछ अधिक स्पष्ट हो जाती है। साफ़ हो जाता है कि वह क्या चाहता है। क्या घीसू और माधव स्तब्ध और विजड़ित संवेदना के पात्र हैं, जैसा राजेन्द्र यादव ने कहा था? क्या उनमें यथार्थ की कुरूपताएँ भरी हैं? कफ़न के पात्र विलगावग्रस्त मानव-जीवन की उस व्यापक संवेदना को व्यक्त करते हैं, जो बौद्धिकता और वर्ग जागरूकता से समन्वित हैं। उनकी अमानवीयता समाज-व्यवस्था की अमानवीयता की उपज है, जिसके कारण वे विलगाव का अनुभव करते हैं—अपने श्रम से, अपने आप से, अपने पारिवारिक और

मानवीय जीवन से। प्रकट रूप से वे किसी ज़मींदार या महाजन से प्रत्यक्ष संघर्ष करते नहीं दिखते, फिर भी वे पाठक में इस विलगाव के प्रति व्यापक राजनीतिक चेतना भर देते हैं। उसे कई स्तरों पर संवेदित करते हैं। वे .खुद नशे में रहते हैं, किन्तु बहुतों का नशा क़ाफूर कर देते हैं। यह कहानी की सफलता है कि बिना किसी अतिरिक्त प्रयत्न के भी वह प्रभाव उत्पन्न होता है जो कई वाक्युद्धों, वैचारिक उक्तियों का पैबन्द लगाने और बन्दूक़ दिखाने से भी नहीं होता। प्रेमचन्द की कथाशिल्प के प्रति सजगता एवं साफ़ दृष्टि के कारण यह सम्भव हुआ है। 'कफ़न' के अनुभवों-संवेदनों में एक औपन्यासिक गहराई है। इस कहानी का एक-एक शब्द कविता के समान गहरे अर्थ, व्यंग्य और कलात्मक सौन्दर्य से भरा हुआ है।

'कफ़न' को एक आधुनिक कहानी मानते हुए भी एक आलाचेक इन्द्रनाथ मदान को लगा था कि यह "कहानी जिस सत्य को उजागर करती है, वह जीवन के तथ्य से मेल नहीं खाता।" कोई भी आदमी, चाहे जितना .गरीब हो, अपनी बीवी या बहू के मरने पर माधव या घीसू–जैसा आचरण नहीं कर सकता। कुछ लोगों को ऐसा लगता है कि गाँव में यह सम्भव ही नहीं है। जो आलोचक कहानी को उसकी वैचारिक संवेदना से अलगाकर सिर्फ़ कथावस्तु और घटना के धरातल पर देखते हैं, उन्हें 'कफ़न' में अवास्तविकता ही नज़र आयेगी। 'कफ़न' को कहानी के पुराने प्रतिमान से नहीं परखा जा सकता, क्योंकि यह कहानी भारत के वर्गविभाजित समाज का नग्न यथार्थ एक नये कथारूप में प्रस्तुत करती है। इस कथारूप में पात्र के साथ परिवेश का और उससे टकराहट का समान महत्त्व है। कथाकार अमरकान्त ने लिखा है कि "प्रेमचन्द ने इस कहानी में सही मुहावरों की रचना की है, जो एक महान् उपलब्धि है। उन्होंने मानवीय करुणा, मानवीय गरिमा, मानवीय स्वतन्त्रता सम्बन्धी धारणाओं, मान्यताओं एवं दृष्टिकोण की नयी व्याख्या प्रस्तुत की है। प्रेमचन्द की इस कहानी से हमें संवेदना के धरातल पर अपने देश व समाज, उनके ढाँचे व इतिहास को समझने में पूरी-पूरी मदद मिलती है।" 'कफ़न' प्रेमचन्द की एक प्रखर यथार्थवादी कहानी है। यहाँ तक वह अचानक नहीं पहुँचे, उन्हें एक लम्बी कथा-यात्रा तय करनी पड़ी।

•

घीसू और माधव

प्रयागराज मेहता

प्रेम, करुणा, दया नाम की कोई वस्तु उनके लिए नहीं
जैसे उनके शरीर में पेट-ही-पेट है और कुछ नहीं।

प्रेमचन्द का एक पात्र है सुजान भगत–निःस्वार्थ, परोपकारी, पर-दुःख-कातर, दिन-रात मेहनत करके दूसरों को दान देनेवाला, कर्ण से भी बढ़कर दानी। एक मनोहर

है—भूखा किसान, जिसमें आत्मसम्मान की ज्वाला है, जो सारे अत्याचार और अपमान को भस्म कर देना चाहता है, जो अपनी औरत की मरजाद के लिए अपने को बलिदान कर देता है। एक होरी है—धर्मभीरु, आदर्शवादी। एक सूरदास है—भूखा, रास्ते का भिखारी, किन्तु सम्पूर्ण विश्व के दुःख को अपनी आत्मा में समेट लेने का प्रयत्न करनेवाला। इस तरह के अनेकों पात्र प्रेमचन्द ने दिये हैं, जिनमें मनुष्यता, सद्भावना, करुणा की एक अविरल धारा प्रवाहित हो रही है। जिनके भूखे शरीर में मनुष्य की आत्मा धक-धक कर रही है। जो अपने को मिटाकर भी मेहनत करते हैं, तन-तोड़ कठोर परिश्रम करके इस दुनिया की सारी सामग्रियाँ जुटाते हुए दिखलायी पड़ते हैं। इन सब पात्रों के बीच में घीसू और माधव, दाल-भात में मूसरचन्द की भाँति खड़े हैं—जघन्य आलसी, अकर्मण्य, कामचोर, भूख-परस्त। चार-पाँच फ़ाके हो जाने के बाद ही पेड़ से लकड़ियाँ तोड़ते हैं। उनके दिल में जैसे मनुष्यता मर चुकी है। प्रेम, दया, करुणा, आत्मसम्मान, औरत की मर्यादा आदि समस्त मानवीय गुण जैसे अफीम की पिनक में सोये पड़े हैं। झोंपड़ी के अन्दर बुधिया दम तोड़ रही है। किन्तु इनका दिल नहीं पिघलता, बड़े मजे से बैठकर गरम-गरम आलुओं को निगलते हैं। बुधिया से बढ़कर उनके लिए आलू की कीमत ज़्यादा है। अपनी पत्नी की इज़्ज़त के लिए मनोहर ने गौसखाँ की जान लेकर अपनी जान भी दे दी, लेकिन एक माधव है जिसका एकमात्र डर यही है कि अगर वह प्रसव से छटपटाती हुई पत्नी के पास चला गया तो उसका बाप उससे अधिक आलू चट कर जायेगा। दोनों यही सोचते हैं कि बुधिया कितनी जल्दी मरे ताकि वे आराम से सो सकें। ऐसा लगता है जैसे किसी ने उनके हृदय के स्थान पर एक पत्थर रख दिया है जो धड़कना नहीं जानता। प्रेम, करुणा, दया नाम की कोई वस्तु उनके लिए नहीं। जैसे उनके शरीर में पेट-ही-पेट है और कुछ नहीं। उनके लिए सम्पूर्ण विश्व का ऐश्वर्य और वैभव, सम्पूर्ण सभ्यता और संस्कृति एक सूखी रोटी बन गयी है। वे केवल इसे निगलना जानते हैं। घीसू को साठ वर्ष की लम्बी ज़िन्दगी की सबसे बड़ी और ताजी याद अगर कोई है तो वह बीस वर्ष पहिले की ठाकुर की बारात। मनुष्य के जीवन की महत्त्वपूर्ण घटना ही उसकी सबसे बड़ी याद होती है। अभी तक घीसू के नाक में पूरियों और कचौरियों की भीनी-भीनी सुगन्ध महक रही है। ज़िन्दगी में पहली बार उसको ऐसा भोजन भर-पेट मिला था। माधव बेचारा सुनकर ही आनन्द लेता है। उसे तो यह भी नसीब नहीं हुआ। भर-पेट भोजन ही उनकी सबसे अधिक सुखप्रद-स्मृति है—यही उनका स्वप्न भी। बुधिया के कफ़न की कमाई ने उनके सभी अरमान पूरे कर दिये—शराब की बोतल और भर-पेट दावत।

प्रेमचन्द ने ऐसे अकर्मण्य, पत्थर दिल, मनुष्यतारहित पात्रों से हमारा परिचय क्यों कराया? वे महान् साहित्यकार हैं और इसीलिए मनुष्य की आत्मा के शिल्पी? फिर उन्होंने हमारे सम्मुख ऐसे घिनौने, कलुषित, दूषित पात्र क्यों रखे? घीसू और माधव, प्रेमचन्द के अन्य पात्रों की ही भाँति केवल मात्र उनकी कल्पना की उपज नहीं हैं। वर्तमान समाज में हमको ऐसे पात्रों का परिचय होता है। हम इनको बड़े-बड़े शहरों

में सड़कों के किनारों पर भीख माँगते, गटरों आदि स्थानों पर कूड़ा-करकट, जूठन आदि के लिए कुत्तों से लड़ते-झगड़ते, बिखरे पड़े देख सकते हैं। गाँवों में ये ही घीसू और माधव का रूप लेते हैं। जो भूखे मरते हैं। पर काम करना नहीं चाहते और जो काम भी करते हैं फिर भी भूखों मरते हैं। उनके चरित्रों में दो प्रकार के तत्त्व हैं। एक तो अकर्मण्यता, मेहनत से चोरी। दूसरा भूखपरस्ती और भरपेट रोटी की लालसा। ये दोनों तत्त्व एक-दूसरे के विरोधी दिखते हैं। प्रेमचन्द कहते हैं कि अगर वे मेहनत करें तो गाँवों में काम की कमी नहीं (आज तो उसकी भी कमी है) किन्तु वे तो अकर्मण्य हैं। कुछ आलोचकों का कहना है कि उनकी अकर्मण्यता ही उनकी समस्त मनुष्यहीनता की जड़ है। वे भूखे इसलिए हैं कि वे अकर्मण्य हैं। यदि यह मान भी लिया जाय कि उनके काम करने से ही उनका पेट भरना सम्भव है—तो फिर वे मेहनत क्यों नहीं करते? उनमें अकर्मण्यता की मनोवृत्ति क्यों है? इस प्रश्न का ये आलोचक अमरीकी नृतत्त्व-शास्त्री अर्नेस्ट हूटन की भाँति जवाब देते हैं कि वे जन्म से ही ऐसे हैं। हूटन अपनी पुस्तक 'अमरीकन क्रिमिनल' में अमेरिका के बढ़ते हुए अपराधों की संख्या के बारे में लिखता है कि अपराधियों का तो ख़ून ही ख़राब होता है। अपराध का कारण उनके जीन्स (Genes) हैं। उनके चरित्र में ख़ून, हत्या, बलात्कार, डकैती आदि करने के चारित्रिक तत्त्व आनुवंशिक हैं। शायद इसी भाँति घीसू और माधव की पशुता भी आनुवंशिक हो! किन्तु प्रेमचन्द की दृष्टि इतनी भौंड़ी नहीं थी। उनको शोषक वर्ग के स्थिर स्वार्थों की रक्षा नहीं करनी थी। वे उनकी अकर्मण्यता का कारण अपने ही शब्दों में इस प्रकार बतलाते हैं—'जिस समाज में रात-दिन मेहनत करनेवालों की हालत उनकी हालत से कोई बहुत अच्छी नहीं थी, और किसानों के मुक़ाबले में वे लोग, जो किसानों की दुर्बलताओं से लाभ उठाना जानते थे, कहीं ज़्यादा सम्पन्न नहीं थे, वहाँ इस तरह की मनोवृत्ति का पैदा होना कोई अचरज की बात नहीं थी।' घीसू और माधव की अकर्मण्यता का कारण आनुवंशिक नहीं बल्कि सामाजिक व्यवस्था है। इस व्यवस्था में अकर्मण्यता और भूख में कोई सम्बन्ध नहीं है। उन्हीं के गाँव में उनसे बढ़कर अकर्मण्य हैं, किन्तु वे फटेहाल नहीं बल्कि गाँव के ज़मींदार हैं—मालिक हैं। जिनके पास हज़ारों की सम्पत्ति है। ये भी समाज के किसी उपयोगी कार्य में हाथ नहीं बँटाते, और घीसू-माधव की अकर्मण्यता भी किसी दूसरों को हानि नहीं पहुँचाती। लेकिन दूसरी ओर ज़मींदारों की अकर्मण्यता को जुटाने के लिए कोटि-कोटि किसानों को अथक परिश्रम करना पड़ता है। यह समाज-व्यवस्था ही कुछ ऐसी है जिसमें मेहनत करनेवाले भूखे रहते हैं और कामचोर आनन्द करते हैं। श्रम किसान करते हैं और उपज पर अधिकार ज़मींदारों का होता है। जिस समाज में श्रम का कोई पुरस्कार नहीं, श्रम के लिए कोई प्रोत्साहन नहीं, जहाँ श्रमिक अपना पेट भी नहीं भर पाते वहाँ कौन मेहनत करना चाहेगा? इस समाज के सारे गोरखधन्धे कामचोरी को ही प्रोत्साहन देते हैं। इसीलिए घीसू-माधव का अकर्मण्य हो जाना कोई आश्चर्य की बात नहीं। आश्चर्य की बात भले ही न हो किन्तु यह एक बड़े दुःख और विक्षोभ की बात अवश्य है कि घीसू

और माधव के जीवन में जहाँ अकर्मण्यता का सहज परिणाम निर्धनता है, अपमान है, प्रताड़ना है, लांछना है, फ़ाक़ामस्ती है, वहाँ इनसे भी ज़्यादा आलसी ज़मींदार, सेठ-साहूकार जो नाक पर बैठी हुई मक्खी तक को उड़ाने में अक्षम हैं—वे समाज की सम्पूर्ण सम्पत्ति के एकच्छत्र अधिकारी क्यों हैं? अकर्मण्यता चाहे घीसू और माधव के जीवन में हो, चाहे किसी भी ज़मींदार व महाजन के जीवन में—उसको एक-सा समान परिणाम घोषित करना चाहिए। परन्तु वास्तविकता यह नहीं है। प्रेमचन्द की कला ने घीसू और माधव के चरित्रों द्वारा समाज की इसी विडम्बना की ओर लक्ष्य किया है। ये दोनों चरित्र निम्न वर्ग के हैं—परन्तु इनके बहाने चरित्र-चित्रण किया गया है—उसी आभिजात्य वर्ग के व्यक्तियों का। इन्हीं के कलुषित शरीर में घीसू और माधव के दुर्गुण, कीटाणुओं की भाँति किलबिला रहे हैं।

घीसू और माधव का अभिशाप अकर्मण्यता नहीं, बल्कि उनकी भूख है। इस तरह के व्यक्तियों की सबसे बड़ी पूँजी, इनकी दरिद्रता है। अकर्मण्यता आनुवंशिक नहीं, किन्तु भुखमरी उनकी आनुवंशिक सम्पत्ति अवश्य है और पीढ़ियों की फ़ाक़ामस्ती, शताब्दियों की ग़रीबी व अभाव इनकी बपौती। युगों के शोषण के शिकञ्जे ने इनको निचोड़कर इधर-उधर गन्दगी के ढेरों में बिलबिलाने के लिए छोड़ दिया है। व्यक्तिगत स्वतन्त्रता, व्यक्ति को ब्रह्म का अंश व धर्म और दर्शन की बड़ी-बड़ी बातें करनेवाले समाज ने इनको जानवर से भी बदतर बना दिया है। ये लोग 'पेवलोव' के उस कुत्ते की भाँति हो गये हैं जो बिजली के करेण्ट का भी लार पटककर पूँछ हिलाकर स्वागत करते हैं। करेण्ट के झटके पर भूख विजय पाती है। उसी भाँति माधव और घीसू में भूख और भर-पेट दावत की लालसा उनकी मनुष्यता पर विजय पाती है। पेवलोव ने यह सिद्ध कर दिया और उसके बाद मिचुरिन और लाइजेन्को के जीव विज्ञान के सिद्धान्तों ने उसकी और भी अधिक पुष्टि कर दी है कि जीव का व्यवहार उनके जीवन की स्थितियों द्वारा नियत होता है। कुछ मूल-प्रवृत्तियाँ जन्मजात होती हैं, किन्तु मनुष्य की समस्त मानसिक क्रियाएँ तथा भावनाएँ तो सम्पूर्णतया जीवन की भौतिक स्थितियों द्वारा नियत, निर्धारित व परिवर्तित होती हैं। घीसू और माधव के जीवन की स्थितियाँ ही उनको मनुष्यता से वञ्चित कर रही हैं। युगों के शोषण, युगों की भुखमरी और शताब्दियों के दारिद्र्य ने इनके दिलों की कोमल धड़कन को दबा दिया है। प्रेम, दया, करुणा, आत्मसम्मान, भ्रातृत्व आदि समस्त मानवीय गुण इनकी दोज़ख़ की आग में भस्म होते जा रहे हैं। सामाजिक व्यवस्था ने घीसू और माधव से इनकी मनुष्यता को छीनकर, इन्हें पशु से भी बदतर बना दिया है। शोषक ज़मींदारों और पूँजीपतियों को इनसे कोई ख़तरा नहीं, इनको तो ख़तरा मनुष्यता से है—मनोहर, होरी, सूरदास आदि से, जिनका गला इन्होंने घीसू और माधव के रूप में घोंट दिया है।

शोषण का वीभत्स रूप और उसका अमानुषिक परिणाम घीसू और माधव में प्रतिबिम्बित होता है। उस व्यवस्था को एक दिन के लिए भी जीने का अधिकार नहीं जो मनुष्य को मनुष्यता से गिरा दे। घीसू और माधव की जीवन-कहानी में प्रेमचन्द यही

दिखाना चाहते हैं। और यही दिखाने के लिए उनको इस तरह के पात्रों का चित्रण करना पड़ा जो एक ओर वर्ग-विभाजित समाज की उपज हैं और दूसरी ओर घीसू और माधव के सभी अवगुणों से दूषित उन लूटेरों के प्रतीक—जो सभी प्रकार के साधनों से सम्पन्न हैं। 'कफ़न' कहानी के घीसू और माधव न तो हमारे क्रोध के पात्र हैं और न घृणा के। इन पर तो हमें दया आती है कि शोषण ने इनको कितना वीभत्स बना दिया है। पर समाज के घीसू और माधव (बड़े-बड़े ज़मींदार और सेठ-साहूकार आदि) जो परले दरजे के अकर्मण्य और आलसी होने पर भी सभी प्रकार के साधनों से युक्त हैं—उनके प्रति, क्रोध, घृणा और प्रतिहिंसा की भावना स्वयमेव भभक उठती है। ये दोहरे नियम अब ज़्यादा दिन तक चल नहीं सकते। यह व्यवस्था इस हद तक सड़ गयी है कि अपने अस्तित्व को बचाने के लिए उसे मनुष्यता का नाश करना पड़ता है। परन्तु फिर भी इस संघर्ष में व्यवस्था ही को मिटना पड़ता है...क्योंकि मनुष्यता कभी भी नष्ट नहीं हो सकती। और जब कभी भी अनुरूप व्यवस्था का सहयोग पाकर अपनी सम्पूर्णता के साथ वह निखरेगी तब सभी घीसू और सभी माधव अपने पाशविक धरातल से ऊपर उठकर मनुष्यता के 'यथार्थ रूप' को पा लेंगे—जो प्रतिकूल परिस्थितियों के कारण कुछ समय के लिए उनसे बिछुड़ गया था। उनके अन्तर में प्रेम, दया, करुणा, ममता, त्याग, भ्रातृत्व आदि सभी मानवीय भावनाएँ एक साथ धड़ल्ले के साथ प्रवेश कर जायेंगी।

चॉसर के चरित्र एक-दूसरे से तो काफ़ी भिन्न हैं लेकिन उनमें स्वयं बहुत कम विभिन्नता है—लगभग एक ही धारणा से युक्त हैं। वह अपने-आप में अनुकूल होते हुए भी एक रूप हैं। आरम्भ से अन्त तक न हम उनके प्रति कोई विचार ही बना पाते हैं न उन्हें विभिन्न अवस्थाओं में ही रखा गया है और न उसके चरित्र के गौण तत्त्वों को ही भिन्न परिस्थितियों में परखा गया है। ये चरित्र किसी आदमी के चित्र या शारीरिक बनावट के अध्ययन के सदृश हैं, जिनमें कल्पनातीत सच्चाई और स्पष्टता के साथ विभिन्न लक्षणों को चित्रित किया गया है लेकिन उनमें भी वही अपरिवर्तित भावना और स्थिति बनी रहती है। शेक्सपियर के चरित्र भी ऐतिहासिक हैं, उतने ही सच्चे और सही, लेकिन उन्हें घटनाओं के बीच में रखा गया है। जहाँ शरीर का प्रत्येक अंग अपने सम्पूर्ण संघर्ष व विरोध के साथ और हर पहलू की सूक्ष्मतम व्यञ्जना के साथ दूसरों से द्वन्द्व करता हुआ प्रतीत होता है। चॉसर के चरित्र कथात्मक हैं। शेक्सपियर के नाटकीय। और मिल्टन के चरित्र महा-काव्य के पात्र हैं। अर्थात् चॉसर उतनी ही कहानी कहता है, जितनी किसी विशेष उद्देश्य को पूरा करने के लिए ज़रूरी होती है। वह स्वयं अपने चरित्रों के प्रति उत्तर देता है। शेक्सपियर के पात्रों में रंगमंच पर आ जाने के बाद, हर प्रकार से प्रश्न पूछे जा सकते हैं और उन्हें स्वयं ही उनका उत्तर देना पड़ता है। चॉसर में हमें चरित्र का निश्चित तत्त्व मिलता है। शेक्सपियर में चरित्रों की भावनाओं का सतत ह्रास और विकास होता है। सिद्धान्तों के साथ चरित्र का सम्बन्ध स्थापित होते ही अनुराग और विराग के पारस्परिक द्वन्द्व के कारण सारी समस्या

के अणु-अणु में एक प्रकार का उद्वेलन पैदा हो जाता है। जब तक प्रयोग चलता है हम परिणाम नहीं जान पाते हैं कि नयी परिस्थितियों में चरित्र कौन-सा नया मुड़ाव लेगा। —विलियम हेजलिट।

•

कफ़न का सच

वेद रमण

प्रेमचन्द ने हिन्दू समाज में ब्राह्मणों के बरक्स दलितों की स्थिति दिखाने के लिए 'सद्‌गति' कहानी लिखी। इसमें दलित के प्रति पुरोहित का शोषक रवैया, अमानवीय सलूक और घृणित नज़रिया दिमाग़ को सन्न कर देता है, पर विचार-सुन्न नहीं। जहाँ दलितों की नज़र में ब्राह्मण देवतुल्य, दिव्यशक्ति से सम्पन्न (जिसे चाहे बना दें, जिसे चाहे बिगाड़ दें), पवित्र, समझदार और श्रेष्ठ होता है तथा ब्राह्मण स्वयं भी श्रेष्ठता-बोध से दिपदिपाता रहता है; वहीं ब्राह्मणों की नज़र में दलित अछूत, घृणित, अघोरी, भ्रष्ट, कामचोर, लतख़ोर और मूर्ख होता है तथा दलित स्वयं भी हीनताबोध से ग्रस्त रहता है। अपवाद हो सकता है। मसलन इसी कहानी का चिखुरी गोंड़, जिसकी नज़र में 'घासीराम पण्डित होंगे, तो अपने घर के', उसके लिए तो ग़रीब दुःखी की जान लेनेवाले हत्यारे हैं, जिसकी तहक़ीक़ात पुलिस करेगी।

इसी हिन्दू समाज में एक ओर पण्डित घासीराम कोई श्रम नहीं करते, बल्कि चन्दन घिसते, तिलक लगाते, फूल चढ़ाते, घण्टी बजाते, भाँग छानते, पान खाते, सोते, साइत-सगुन विचारते दिन बिताते हैं, सो भरी देह, फूले गाल, चमकती आँखों से तेजस्वी लगते हैं; दूसरी ओर दुखी चमार की सुबह श्रम से शुरू होती है तथा साइत-सगुन के पेंच में पण्डित घासीराम के हुक्म की तामील चिलकती गर्मी में भूखे-प्यासे चिलम के दम पर करने की कोशिश में उसकी देह और साँस टूट जाती है। पण्डित का काम तो प्रायः .ख़त्म हो जाता है, किन्तु दुखी का काम भी तमाम हो जाता है। दलित यजमान की वजह से पुरोहित ताब से जीता है, पुरोहित की वज़ह से दलित बेमौत मर जाता है।

दुखी अपनी बिटिया की सगाई के लिए साइत-सगुन निकलवाने हेतु पण्डित को बुलाने गया था, लेकिन घासीराम ने इसी साइत के फन्दे से दुखी को लकड़ी की गाँठ फाड़ने के लिए ऐसे कसा कि वह चक्कर खाकर मर गया। नामवर जी के अनुसार यह लकड़ी की गाँठ 'हिन्दू धर्म की ज़हरीली जाति-व्यवस्था की गाँठ' है, जिसे तोड़ने की कोशिश में गाँधी जी शहीद हो गये, अम्बेडकर भी क़ामयाब नहीं हुए और दुखी भी मर गया। अगर यह जाति-व्यवस्था की गाँठ होती, तो इसे तोड़ने के लिए पण्डित घासीराम दुखी को न तो उकसाते, न बढ़ावा देते और न ही उस पर जानलेवा दबाव बनाते। कहना न होगा नामवर जी के सोच की संगति क़हानी से नहीं बैठती।

हिन्दू समाज में पुरोहित और दलित के बीच की असमानता को देखते और दिखाते हुए प्रेमचन्द तटस्थ नहीं रहते। उनकी पक्षधरता व्यंग्य में निहित होती है। प्रेमचन्द का व्यंग्य कि 'ईशोपासन' ही पण्डित घासीराम की 'खेती' है, पुरोहित वर्ग के प्रति उनके नज़रिये और भाव को व्यक्त कर देता है। दुखी की औचक मौत पर उसकी पत्नी-बेटी तथा अन्य दलित स्त्रियों के आधी रात तक रोने-पीटने से भी ब्राह्मणों में सहानुभूति और संवेदना नहीं जगी। हाँ, वे नींद से ज़रूर जगे रहे, जिस पर प्रेमचन्द व्यंग्य करते हैं कि 'देवताओं का सोना मुश्किल हो गया।' यह एक वाक्य ही ब्राह्मणों की दलितों के प्रति अमानवीयता को उजागर करने के लिए काफ़ी है।

प्रेमचन्द पात्रों के नाम और संवाद से उनके चरित्र का चित्रण कर देते हैं। 'घासी' नाम ही पण्डित के मुफ़्तख़ोर और कसाई होने का संकेतक है, जबकि 'दुखी' नाम उस दलित की पारिवारिक-सामाजिक-आर्थिक स्थिति को इंगित करता है।

जिनमें धार्मिक- अन्धविश्वास और ब्राह्मणों के प्रति अन्धआस्था होगी, उनकी गति भी, प्रेमचन्द की व्यंजना में कहें, तो 'सद्‌गति', दुखी जैसी होगी।

'कफ़न' प्रेमचन्द के 'सवा सेर गेहूँ', 'पूस की रात', 'सद्‌गति' और 'विध्वंस' की अनिवार्य फलश्रुति है। वह इन कहानियों का विलोम रचती अलग और आगे की कहानी है। 'सवा सेर गेहूँ' के शंकर कुरमी और 'सद्‌गति' के दुखी चमार की मृत्यु से 'कफ़न' के घीसू-माधव का जन्म हुआ।

प्रेमचन्द देख-लिख चुके थे कि 'सवा सेर गेहूँ' का क़र्ज़ शंकर अपार कष्ट और विप्र जी की उम्र भर ग़ुलामी के बाद भी न चुका पाया, जीते-जी पत्नी को अवांछित काम करते और बच्चों को दानों के लिए तरसते देखा और मरने के बाद इसी क़र्ज़ को चुकाने के लिए उसके बेटे को भी विप्र जी की ग़ुलामी करनी पड़ी; 'पूस की रात' के हल्कू का मर-मरकर काम करना, उपज हो तो ज़मींदार का बक़ाया चुकाना, पेट भरने के लिए मजूरी करना, पेट काटकर कम्बल के लिए पैसे बचाना और बचे तीन रुपये भी ज़मींदार के सहना को ऐसे देना कि जैसे हृदय से निकालकर देना तथा 'पूस की रात' में खेत के किनारे ठण्ड से ठिठुरना; 'सद्‌गति' के दुखी का साइत-सगुन दिखाने के लिए चिलकती गर्मी में भूखे पेट पण्डित घासीराम का बेग़ार निपटाते-निपटाते .ख़ुद निपट जाना; 'विध्वंस' की भुनगी गोंड़िन का एकादशी या पूर्णमासी को ज़मींदार पण्डित उदयभान पाण्डे के दाने मुफ़्त में भूनना और भूखे रहना, भाड़ बन्द कर उनके घर पानी भरना और विवश भूखे सोना, अन्ततः उदयभान के अत्याचार की आग में निराश-हताश होकर आत्मदाह कर लेना।

फलतः प्रेमचन्द शंकर को जी-तोड़ परिश्रम और पीड़ा के बावजूद सवा सेर गेहूँ का क़र्ज़ न चुका पाने पर हतोत्साह होते, मेहनत से घृणा करते, निराश होते, गाँजा-चरस पीते, काम न करने का बहाना खोजते; हल्कू को 'अकर्मण्यता' में जकड़ते, मुन्नी से पेट दरद का झूठ बोलते, नीलगायों द्वारा रौंदे खेत को देख दुःखी होने की जगह प्रसन्न

होते भी देख रहे थे। इन्हें घीसू भी देख रहा था और अपनी आँखों से माधव को भी दिखा रहा था।

इसीलिए प्रेमचन्द के विचार से शंकर और हल्कू-जैसे 'किसानों से कहीं ज़्यादा विचारवान् था' घीसू; क्योंकि वह ऐसे 'किसानों के विचारशून्य समूह में शामिल होने के बदले' पुरोहित पण्डित घासीराम, ज़मींदार पण्डित उदयभान, महाजन विप्र जी-जैसे 'बैठकबाज़ों की कुत्सित मण्डली में जा मिला था।' परन्तु उसमें पुरोहित का 'नियम', ज़मींदार की 'शक्ति' और महाजन की 'नीति' न थी। उसके सामने बिना श्रम के पण्डित घासी भाँग छानते हैं, विप्र जी महाजन बन गये हैं और पण्डित उदयभान की तरह ही 'गाँव के सरगना और मुखिया बने हुए हैं, जबकि 'उस पर सारा गाँव उँगली उठाता' है। ये पुरोहित, ज़मींदार, महाजन धर्म, धरती और धन के बल पर बिना श्रम किये मज़े का जीवन जी रहे हैं, जबकि दिन-रात मेहनत करने के बाद भी शंकर हल्कू -जैसे किसानों पर 'न जाने कितनी बाक़ी है, जो किसी तरह चुकने में ही नहीं आती।'

शंकर और हल्कू दोनों किसान से मजूर हो गये। किसी किसान का मजूर हो जाना, कहलाना कितना अपमानजनक होता है, इसका बयान प्रेमचन्द की कहानी 'सभ्यता का रहस्य' में दमड़ी करता है। वह कहता है कि 'बैलों को बेचकर बिरादरी में कहीं मुँह दिखाने लायक़ न रहूँगा। लड़की की सगाई न हो पायेगी, टाट बाहर कर दिया जाऊँगा।' शंकर-हल्कू 'मान' भी नहीं बचा पाये, क़र्ज़ भी नहीं चुका पाये। दरअसल यह क़र्ज़ नहीं, समाज का मर्ज़ था जिसकी चपेट में सिर्फ़ ग़रीब किसान-मज़ूर ही आते थे। इस भयानक मर्ज़ की वजह थे पुरोहित-ज़मींदार-महाजन, लेकिन इन बेबस शोषितों को लगता कि यह भाग्य का फल है। 'पूस की रात' में ठिठुरता हल्कू कहता है—'तक़दीर की बखूबी है! मजूरी हम करें, मज़ा दूसरे लूटें।'

घीसू हल्कू की तरह 'विचारशून्य' और सीधा नहीं है। उसे मालूम है कि इस ग़रीबी की वजह ईश्वर, भाग्य, पूर्वजन्म का कोई कर्म नहीं बल्कि 'ये मोटे-मोटे लोग हैं, जो ग़रीबों को दोनों हाथों से लूटते हैं।' ऐसे शोषक समाज के प्रति घीसू-माधव के भीतर भरा गहरा असन्तोष बाहर खाली सन्तोष की तरह दिखता था। वे दीन-हीन फटेहाल थे, इसलिए अपना विरोध खुलकर नहीं जताते थे, लेकिन अपनी 'निरीहता' का 'बेजा फ़ायदा' भी दूसरों को नहीं उठाने देते थे। वे यथायोग्य कामचोरी, फ़सलचोरी, क़र्ज़खोरी, वायदा ख़िलाफ़ी करते थे। उनमें 'इस तरह की मनोवृत्ति का पैदा हो जाना कोई अचरज की बात न थी' प्रेमचन्द के लिए। उन जैसे कमज़ोरों के यही हथियार और विरोध के नायाब परोक्ष तरीक़े थे। 'कफ़न' शोषण के ख़िलाफ़ विद्रोह की कहानी है।

जिस समाज में किसानी-मजूरी दोनों करने के बाद भी किसी का पेट न भरे और कपड़ा न मिले, 'सवा सेर गेहूँ' का क़र्ज़ कोई जीवन भर की गुलामी के बाद भी न चुका पाये, साइत-सगुन निकलवाने में किसी की जान ही निकल जाये, बेगार करने के बाद भी लाचार होकर किसी को आत्मदाह करना पड़े, उसमें काम की कमी न होने और दीन

होने पर भी किसी का निकम्मा, कामचोर, आलसी, आरामतलब, अकड़ू हो जाना सहज-सम्भाव्य है। भले फटेहाल रहे, किन्तु किसानी तो दूर मजूरी भी न करना चाहे। अगर मज़बूरी में मजूरी करनी भी पड़े तो दो मिलकर एक के बराबर काम करें पर दुगुनी मजूरी माँगें। दिनों भूखे रहें, पर तस्कीन हो कि जी-तोड़ मेहनत करनेवाले किसानों के मुक़ाबले अच्छे हैं! मेहनत का ऐसा अवमूल्यन! जहाँ मेहनतकशों का भीषण शोषण होगा, मेहनत का मूल्य न होगा, वहाँ एक से बढ़कर एक निकम्मे पैदा होंगे। माधव घीसू से भी आगे है। माधव के ज़माने में शोषण बढ़ा है, दरियादिली घटी है।

'पूस की रात'। धधकती शीत में बुझते हुए अलाव के पास बैठा हल्कू। उसकी हरी-भरी खेती को उजाड़तीं नीलगायें। अकर्मण्यता में जकड़ी देह। अलाव के पास गर्म ज़मीन पर चादर ओढ़कर सो गया। जबरा का प्रयास, किन्तु खेत का सर्वनाश। 'कफ़न' में भी जाड़े की रात। सन्नाटे में डूबी प्रकृति। अन्धकार में लय सारा गाँव। बुझे हुए अलाव के सामने चुपचाप बैठे घीसू-माधव। ज़िन्दगी भी इनकी बुझती-सी। अलाव और ज़िन्दगी में बची थोड़ी-सी आग किसी झोंके से कभी जग जाती। प्रसव-वेदना से पछाड़ खाती माधव की जवान बीवी बुधिया। बचाने का कोई प्रयास नहीं। 'अलाव के सामने अपनी धोतियाँ ओढ़कर, पाँव पेट में देकर' दोनों सो गये। गर्भस्थ शिशु सहित बुधिया की तड़पकर मौत। निश्चेष्ट अच्छी फ़सल को उजड़ने देने, 'बेग़ैरतों का दोज़ख़' भरनेवाली युवा स्त्री को मरने देने के लिए ज़िम्मेवार वह समाज-व्यवस्था है, जिसने हल्कू-घीसू-माधव को वहाँ पहुँचा दिया, जहाँ इच्छाशक्ति और संवेदना की लौ बुझ जाती है। 'जिसके आगे राह नहीं।'

घीसू-माधव में 'लोक को न डर, परलोक को न सोच' है। उन्हें न क़र्ज़ चुकाने की चिन्ता थी, न मार या गाली खाने का गम, 'न जवाबदेही का .खौफ़ था, न बदनामी की फ़िक्र', जबकि हल्कू और भुनगी को ज़मींदार के सहना की गालियों का, दुखी को साइत-सगुन का, शंकर को भगवान् व नरक का डर था, जिसका बेजा फ़ायदा ज़मींदार-पुरोहित-महाजन ने उठाया।

घीसू-माधव अपनी कमज़ोरी का फ़ायदा ज़मींदार-महाजन को नहीं उठाने देते, उलटे उनकी कमज़ोरी को भुना लेते हैं। वे काइयाँ हैं। अपनी दीनता और दुःख को भी भुनाते हैं। ज़मींदार के बुलावे पर भी नहीं जाते, वायदे पर काम नहीं करते। ज़मींदार इन दोनों की सूरत से नफ़रत करते थे। इन्हें कई बार पीट चुके थे। फिर भी दोनों .खुद को उनका ग़ुलाम बता, उनसे दवा-दारू का झूठ बोल, उनकी .खुशामद कर उनसे 'कफ़न' के रुपये ले लेते हैं। इतना ही नहीं, इन रुपयों का हवाला देकर, बनिये-महाजनों से भी वसूल लेते हैं। पुरोहित-ज़मींदार-महाजन द्वारा शोषण के बड़े तरीक़े के बरक्स घीसू-माधव का यह छोटा तरीक़ा था।

रुपये से 'कफ़न' खरीदने के बजाय दोनों शराब पीते हैं, मछलियाँ चखते हैं, चटनी-अचार के साथ पूरियाँ-कलेजियाँ ऐसे खाते हैं 'जैसे जंगल में कोई शेर अपना

शिकार उड़ा रहा हो।' शंकर, हल्कू, दुखी, भुनगी शिकार बन गये थे, घीसू-माधव शिकार कर रहे हैं। भरपेट खाने के बाद पूरियाँ एक भिखारी को इस भाव से देते हैं मानो पण्डित घासी और पण्डित उदयभान-जैसे कंजूसों का, जो दुखी और भुनगी से बेग़ार लेते हैं, पर खाने को कुछ नहीं देते, उपहास कर रहे हों, कि देखो, ग़रीब को 'देने' का 'गौरव', 'आनन्द और उल्लास'! अन्ततः शराब के नशे में घीसू बामनों, ज़मींदारों, साहूकारों की करतूतों की धज्जी उड़ा देता है और उनके मन्सूबों पर सरेआम 'कफ़न' डाल जाता है।

घीसू, समाज और लोगों की नब्ज़ जानता है। आखिर उसने साठ साल दुनिया में घास नहीं खोदी है! उसके सामने माधव अभी कच्चा है। वैसे घीसू-माधव दोनों 'संसार की चिन्ताओं से मुक्त हैं।' फिर भी माधव को चिन्ता हुई कि अगर बच्चा हुआ तो सोंठ, गुड़, तेल कहाँ से आयेगा? उसे यह नयी चिन्ता, ज़िम्मेवारी नागवार लगी। इस वजह से भी माधव, झोंपड़ी में तड़पती पत्नी को देखने नहीं गया, किन्तु घीसू निश्चिन्त है। उसे मालूम है कि एक पैसा न देनेवाले लोग ही बच्चा होने पर 'बुलाकर रुपये देंगे।' 'कफ़न' के पैसे से शराब पीने और पूड़ी खाने के बाद माधव को लगा कि बुधिया को अब 'कफ़न' नहीं मिलेगा, लेकिन घीसू उसे आश्वस्त करता है कि 'उसको कफ़न मिलेगा और इससे बहुत अच्छा मिलेगा।' माधव को विश्वास नहीं होता। पूछता है कि कौन देगा? घीसू कहता है—'वही लोग देंगे, जिन्होंने कि अबकी दिया। हाँ, अबकी रुपये हमारे हाथ न आयेंगे।' माधव यह कहते हुए कि बुधिया ने 'ज़िन्दगी में बड़ा दुःख भोगा', 'चीखें मारकर' रोने लगा। घीसू बेटे को समझाता है कि 'ख़ुश हो कि वह मायाजाल से मुक्त हो गयी। जंजाल से छूट गयी।' शोषकों का संसार रहने लायक़ नहीं है। इनके बन्धन से, जो जितना जल्द मुक्त हो जाये, वह उतना ही भाग्यवान् है। घीसू की नज़र में बुधिया 'बड़ी भाग्यवान् थी।'

प्रेमचन्द ने 'महाजनी सभ्यता' में लिखा कि "मनुष्य-समाज दो भागों में बँट गया है। बड़ा हिस्सा तो मरने और खपनेवालों का है, और बहुत ही छोटा हिस्सा उन लोगों का, जो अपनी शक्ति और प्रभाव से बड़े समुदाय को अपने बस में किये हुए हैं। इन्हें इस बड़े भाग के साथ किसी तरह की हमदर्दी नहीं, ज़रा भी रू-रिआयत नहीं। उसका अस्तित्व केवल इसलिए है कि अपने मालिकों के लिए पसीना बहाये, ख़ून गिराये और एक दिन चुपचाप इस दुनिया से विदा हो जाये।" इसी वैचारिक आधार पर प्रेमचन्द ने 'सवा सेर गेहूँ', 'पूस की रात', 'सद्गति', 'विध्वंस' और 'कफ़न' जैसी कहानियाँ लिखीं।

'गोदान' की विडम्बना कि जिस होरी की जीते-जी गाय रखने की आकांक्षा पूरी नहीं हुई, उसी होरी की मृत्यु पर 'गोदान' के लिए कहा गया। 'कफ़न' की विडम्बना कि 'जिसे जीते-जी तन ढाँकने को चीथड़ा भी न मिले, उसे मरने पर नया कफ़न चाहिए।'

•

'कफ़न' : स्त्री-पक्षीय दृष्टि से

सुधा. बी

'कफ़न' प्रेमचन्द की एक चर्चित कहानी है। दलित-शोषण, दलित-चेतना, पर्यावरण आदि कई दृष्टियों से इस पर विचार हुआ है। बावजूद इसके 'कफ़न' के पुनर्पाठ का उद्देश्य उपेक्षित-अपमानित बुधिया के चरित्र को परिधि से केन्द्र में लाना है। पूरी कहानी में बुधिया की भूमिका भले ही सीमित हो, लेकिन अपनी छोटी-सी भूमिका से वह कहानी को एक वृहत् आयाम प्रदान करने में सफल हुई है। बुधिया के कारण ही 'कफ़न' कहानी मार्मिक और संवेदनापूर्ण बन पड़ी है। अपनी छोटी-सी भूमिका को लेकर वह सम्पूर्ण कहानी में छायी हुई है। पूरी कहानी में आच्छादित अमानवीयता की परत को उकेरकर सारे पाठकों के हृदय में मानवता की भावना को अमृत करने में वह सक्षम हुई है।

कहानी का प्रारम्भ घीसू-माधव के संवेदनशून्य वार्त्तालाप से होता है। यह संवेदनहीनता पूरी कहानी में व्याप्त है, जो पाठक को बुरी तरह हॉण्ट करती है। प्रेमचन्द की अन्य कहानियों से यह नितान्त भिन्न है, क्योंकि इसमें परम्परानुवर्तिता नहीं के बराबर है और इसी वजह से प्रेमचन्द की यह कहानी अन्यतम प्रतीत होती है।

हमारे समाज में स्त्री की कराह को कोई सुनता नहीं, यदि वह स्त्री दलित हो, तो पूछो ही नहीं...'दरी और दारा को झाड़ते रहो तभी वे साफ़ होंगे'—यह उक्ति प्राचीनकाल से चली आ रही है। आज इक्कीसवीं सदी में भी इस उक्ति की सार्थकता धूमिल नहीं होने दी गयी है। हमारे पितृसत्तात्मक समाज ने सदैव यह स्थापित किया है कि स्त्रियाँ, विशेषकर दलित स्त्रियाँ पुरुषों की अंकशायिनी होती हैं। हर कोई उनके साथ मनमानी कर सकता है। अंग्रेज़ी और मलयालम की मशहूर लेखिका कमलादास ने कहा है—"हमारे समय में स्त्रियों का बड़ा शोषण होता था। सामन्त मनमानी करते थे। ख़ूबसूरत जवान लड़कियाँ उनकी कमज़ोरी होती थीं। वे उन्हें ज़बरदस्ती उठाकर ले जाते थे और उनकी इज़्ज़त के साथ खिलवाड़ करते थे। जब ये लड़कियाँ गर्भवती होती थीं, तो इन्हें मारकर किसी कुएँ में धकेल दिया जाता था।" कोई भी इस अन्याय के विरुद्ध आवाज़ बुलन्द करने की हिम्मत नहीं करता था, क्योंकि उस समय समाज में सामन्तों का ही अधिकार चलता था। अतः सामन्ती-युग में भी स्त्रियाँ इस्तेमाल होती थीं और आज के कम्प्यूटर-युग में भी स्त्रियाँ इस्तेमाल हो रही हैं। शोषण में कोई अन्तर नहीं है, स्वरूप ज़रूर बदला है। इस सन्दर्भ में चित्रा मुद्गल का यह कथन बहुत ही सार्थक लगता है—"पुरुष की कण्डीशनिंग हुई है—स्त्री को जिस्म के रूप में लेने की। हमारा देश खेतिहर देश है। गाँव में आज भी यह परम्परा है कि पुरुष या पति मिलेगा, तो दिन में नहीं, रात में, जब सब सो जायेंगे, तब कहीं अटारी में एक कमरा है, वहीं... तो औरत उसके लिए वही रात है। वह रात उसकी मानसिकता से कभी नहीं बीतती। इसलिए, वह स्त्री को सिर्फ़ जिस्म के रूप में ही देखता है।"

बुधिया का गर्भ भी स्त्री को एक जिस्म के रूप में देखने का परिणाम है। इसी वजह से प्रसव की पीड़ा में तड़पती बुधिया की वेदना को अनदेखा कर निष्ठुर बाप-बेटे आलू भूनकर खाने में लगे रहते हैं। घीसू-माधव के अन्दर निःसंगता-बोध परिस्थितिजन्य होते हुए भी स्वार्थ भरा हुआ है। घीसू से ज़्यादा दुष्ट और क्रूर माधव है। बुधिया माधव की पत्नी है। जब से वह आयी, खानदान में व्यवस्था की बुनियाद डाली। पिसाई करके, घास छीलकर, वह सेर भर आटे का इन्तज़ाम करती थी और इन दोनों बेग़ैरतों का दोज़ख़ भरती रहती थी। जब से वो आयी, ये दोनों और भी आरामतलब और आलसी हो गये, बल्कि कुछ अकड़ने भी लगे थे। वही औरत आज सुबह से दर्द-ज़ह से मर रही थी और ये दोनों शायद इसी इन्तज़ार में थे कि कब वह मर जाये, तो आराम से सोयें। घीसू और माधव क्रूरता की पराकाष्ठा तक पहुँचे हैं। 'पिता रक्षति कौमारे' वाली उक्ति यहाँ ख़ारिज होती है!

पश्चिम की नारीवादी लेखिका शूलापिथ फ़ायरस्टोन ने अपनी पुस्तक 'द डायलेक्टिस ऑफ़ सेक्स' में कहा है कि "स्त्री और पुरुष के बीच विभाजन का मूल कारण आर्थिक नहीं शारीरिक है। इसमें कोई शक नहीं है कि अपनी शरीर-रचना के कारण ही स्त्री हमेशा पुरुष के अधीन रही है और इसी कारण पुरुष दाता और स्त्री गृहीता बनी है।" पुरुष उसे सन्तान देता है, स्त्री उसे अपने गर्भ में सुरक्षित रखती है। स्त्री के इस सृजन-कार्य को कोई अनदेखा नहीं कर सकता। पुरुष इस सत्य को भूल जाता है और प्रकृति से स्त्री को प्राप्त इस अनमोल वरदान को वह समय और सन्दर्भ के अनुसार अपमानित करता रहता है।

स्त्री के इस अनमोल वरदान की उपेक्षा प्रेमचन्द की कहानी 'कफ़न' में हुई है। 'कफ़न' कहानी में घीसू-माधव सबकी संवेदना के पात्र हैं। घीसू-माधव के निःसंग भाव को देखकर आलोचकों ने इन पर कई तरह की आलोचनात्मक टिप्पणियाँ भी की हैं–कि घीसू-माधव शोषित-पीड़ित किसान हैं, समाज द्वारा सताये गये कि घीसू-माधव की निष्क्रियता परिवेशजन्य है। घीसू-माधव को आलसी और कामचोर बनाने के पीछे समाज का हाथ है, आदि-आदि...। यहाँ ध्यान देने की बात यह है कि घीसू-माधव से ज़्यादा पीड़ित और शोषित बुधिया है। घीसू-माधव समाज द्वारा अपमानित हैं, तो बुधिया अपनों द्वारा अवहेलित है। कहानी का दर्दनाक प्रसंग बुधिया की प्रसव-वेदना से जुड़ा है। बुधिया की कराह को सुनकर माधव का हृदय पसीजता नहीं है और न ही वह व्याकुल होता है, बल्कि वितृष्णा से उत्पन्न माधव के ये वाक्य मृत्यु और जीवन के बीच की टकराहट को उजागर करते हैं–"मालूम होता है बचेगी नहीं... मरना है, तो जल्दी मर क्यों नहीं जाती? देखकर क्या करें?" माधव के इस क्रूर कथन के सामने पिता घीसू की यह सहानुभूति थोथी और अर्थहीन लगती है–"तू तो बड़ा बेदर्द है बे! साल भर जिसके साथ ज़िन्दगानी का सुख भोगा, उसी के साथ इतनी बेवफ़ाई।" घीसू की झूठी सहानुभूति के उस छोर पर पछाड़ खाती हुई बुधिया है। माधव और घीसू के अमानवीय व्यवहार में आधुनिक ग्लोबल युग की 'यूज़ एण्ड थ्रो' वाली नीति है। घीसू-माधव आज के उपभोक्ता-संस्कृति के स्वार्थी पुरुषों के समान हैं, जो निजी स्वार्थों

के लिए सम्बन्धों को तोड़कर फेंकने में तनिक भी हिचकते नहीं हैं। इसीलिए प्रसव-वेदना में तड़पती पत्नी की चीख़ भी उन्हें सुनायी नहीं पड़ती। कितना निश्चिन्त है माधव-बुधिया के प्रति, वही बुधिया, जो एक अवैतनिक दासी के रूप में दोनों की सेवा करती रही। उसने इस ख़ानदान में व्यवस्था की नींव डाली थी। घीसू-माधव की प्रवृत्ति निन्दनीय है। गर्भवती बुधिया की अवहेलना स्त्रीत्व और मातृत्व का अपमान है। जानवरों की तरह काम-क्रीड़ा कर स्त्री को नाचीज़ मानकर छोड़ देना पशु सुलभ प्रवृत्ति नहीं तो और क्या है? यह मात्र स्त्रीत्व का अपमान नहीं है, बल्कि मानवता का हनन भी है।

बुधिया की मृत्यु कहानी का मूल बिन्दु है। इसे एक साधारण-सी घटना मानकर इस पर पर्दा नहीं डाल सकते। बुधिया मरती नहीं है, बल्कि वह अपने पति और ससुर के हाथों मारी जाती है। बुधिया की मृत्यु के उत्तरदायी घीसू और माधव ही हैं। दोनों उसकी मृत्यु का इन्तज़ार करते हैं कि कब वो मर जाये, ताकि वे आराम की नींद सो सकें। बुधिया के मृत शरीर पर दया की भीख माँगकर कफ़न ख़रीदने के लिए घीसू-माधव पाँच रुपये जमा करते हैं। पाँच रुपये देखकर दोनों की आँखें चौंधिया जाती हैं, मति भ्रष्ट हो जाती है और कहते हैं कि कैसा बुरा रिवाज़ है कि जिसे जीते-जी तन ढाँकने को चीथड़ा भी न मिले, उसे मरने पर नया कफ़न चाहिए। कफ़न लाश के साथ जल ही तो जाता है। उन्हें दैवी प्रेरणा से यह नया दर्शन मिल जाता है। नाम के वास्ते यहाँ-वहाँ पूछकर शाम को दोनों ताड़ी की दुकान में पहुँच जाते हैं और पाँच रुपये की शराब पीकर और स्वादिष्ट भोजन खाकर बाक़ी सब-कुछ दान में दे देते हैं। ऐसा लगता है कि घीसू-माधव बुधिया की मृत्यु का जश्न मना रहे हैं। माधव कहता है—"बड़ी अच्छी थी बेचारी। मरी भी, तो ख़ूब खिला-पिलाकर।" माधव के ये विचार निर्मम ही नहीं, बल्कि क्रूर और विकृत भी हैं। भले ही समाज के आघात से वे संवेदनशील हो गये हैं, लेकिन अपनों के प्रति ऐसी संवेदनहीनता पशुता की निशानी है, जो वर्तमान सन्दर्भ में ही सार्थक लगती है। घीसू-माधव की ऐसी पशुता-भरी प्रवृत्ति के कारण दो-दो जानें जाती हैं। असह्य वेदना से उठे किंचित् तनाव मृत्यु के बाद भी बुधिया के चेहरे पर अंकित है—"सुबह को माधव ने कोठरी में जाकर देखा, तो बुधिया ठण्डी हो गयी थी। उसके मुख पर मक्खियाँ भिनक रही थीं। पथरायी-सी आँखें ऊपर टँगी हुई थीं। सारा जिस्म .ख़ाक से लथपथ हो रहा था। उसके पेट में बच्चा मर गया था..."

बुधिया की मृत्यु दैन्य की द्रावक तस्वीर प्रस्तुत करती है। अपनों के होते हुए एक गर्भवती स्त्री का प्रसव-वेदना में तड़पकर मरना एक लज्जाजनक हादसा है। कहानी की परिवेशगत स्वायविकता के साथ एक गर्भवती स्त्री के नाचीज़ होने का नितान्त सहज निदर्शन कहानी का सबसे बड़ा क्रूर यथार्थ है।

•

प्रेमचन्द की कहानी 'कफ़न' : एक पुनर्मूल्यांकन

ओम प्रकाश वाल्मीकि

प्रेमचन्द की कहानियों में 'कफ़न' सबसे ज़्यादा चर्चित, लोकप्रिय एवं विवादास्पद रही है। इस कहानी को जहाँ एक ओर आलोचक कथ्य और शिल्प की दृष्टि से हिन्दी की श्रेष्ठ कहानी कहते हैं, वहीं दूसरी ओर एक ऐसा समूह भी है जो इसे श्रेष्ठ मानने से इन्कार करता है।

प्रेमचन्द की यह अन्तिम कहानी है, जो 'जातीआ' (उर्दू) के दिसम्बर, 1935 अंक में पहली बार प्रकाशित हुई थी। कहा जाता है कि 'जातीआ' के सम्पादक प्रो. मो. आकिल जो जामिया मिलिया इस्लामिया, दिल्ली में थे, उनके आग्रह पर प्रेमचन्द ने यह कहानी लिखी थी। प्रेमचन्द की मृत्यु 1936 में होने के बाद 'चाँद' पत्रिका ने इसे हिन्दी में छापा था।

तब से लेकर आज तक लगभग 73-74 वर्ष के लम्बे समय-काल में यह हिन्दी की सर्वकालिक श्रेष्ठ कहानी के तौर पर जानी जाती रही है। इतना ही नहीं इसे दलित पक्षधरता की कहानी कहकर सिर्फ़ प्रचारित ही नहीं किया गया बल्कि पाठ्यक्रमों में भी इस कहानी को भावविभोर होकर पढ़ाया जाता रहा है। यह वह समय था जब हिन्दी में कुछ ख़ास प्रवृत्ति और संस्कारों के लेखकों, आलोचकों का साहित्य में वर्चस्व बना हुआ था। लेकिन गत शताब्दी में दलित साहित्य के उद्भव के साथ ही इस कहानी की संवेदनशीलता और श्रेष्ठता पर सवाल उठने लगे थे। क्योंकि पारम्परिक स्थापित साहित्य जो कि अपने आरम्भिक दौर से ही सनातनी मूल्यों का ध्वजवाहक रहा है, के अनुसार यह कहानी कलात्मक और संवेदनशील हो सकती है। लेकिन जब दलित चेतना और अस्मिता के साथ इसे जोड़कर देखने के प्रयास किये जाते हैं, तब 'आशय' की पर्तें उधड़ने लगती हैं। क्योंकि समूचे भारतीय समाज में हज़ारों साल से शूद्र, अन्त्यज, अस्पृश्यों, डोम, चाण्डाल आदि के प्रति घृणा की भावना को आदर्श रूप में नैसर्गिकता के साथ स्वीकार किया जाता रहा है। जिसके कारण एक दलित की छवि नकारात्मकता के साथ साहित्य में चित्रित होती रही है। एक हिन्दू की दृष्टि में आज भी एक दलित नकारा, निकम्मा, कामचोर, असभ्य, स्वार्थी, चोर, अमानवीय आदि होता है और यह कहानी इन तमाम तत्त्वों के साथ एक दलित को इसी रूप में चित्रित करती है। यानी हिन्दू समाज में मौजूद पूर्वाग्रहों को और ज़्यादा सुदृढ़ करती है। लेकिन जब इन मापदण्डों पर एक दलित इस कहानी को पढ़ता है तो उसे यह कहानी वैसी ही नहीं लगती जैसी नामवर सिंह, परमानन्द श्रीवास्तव, काशीनाथ सिंह, विश्वनाथ त्रिपाठी, राजेन्द्र यादव, पी. एन. सिंह, बच्चन सिंह आदि को लगती है।

दलित रचनाकारों के आक्षेपों से विचलित होकर डॉ. पी. एन. सिंह कहते हैं— 'आशय यह है कि पारम्परिक व्याख्यानों में प्रेमचन्द को कभी दलित-विरोधी कथाकार

के रूप में नहीं देखा-सोचा गया था, बल्कि उन्हें ब्राह्मण-विरोधी, वर्ण-विरोधी, सामन्त-विरोधी एवं पूँजीवाद-विरोधी, राष्ट्रवादी कथाकार के रूप में व्याख्यायित किया जाता है। लेकिन दलित रचनाकारों ने एक स्वर से प्रेमचन्द के ही सामाजिक मन्तव्य को प्रश्नांकित करना आरम्भ किया है।'[1]

डॉ. पी. एन. सिंह अकेले नहीं हैं जो इस तरह सोचते हैं। दलितों के दृष्टिकोण को समझना ज़रूरी नहीं लगता है। मूलचन्द सोनकर इसी सन्दर्भ में कहते हैं—'...यह सही है कि स्वयं लेखकों की आँखों पर जातीय अहम्मन्यता का चश्मा लगा है। वह किसी भी साहित्य को दलितों के दृष्टिकोण से देखकर उन्हें परखने नहीं देता, बल्कि अपने हठ से वह इस सीमा तक चला जाता है कि जिस साहित्य को चाहे दलितों का हितैषी घोषित कर देता है, जैसा कि वागर्थ के जून, 2004 के अंक में श्री भगवान सिंह ने दलितों द्वारा वेद, उपनिषद्, महाभारत, रामायण को खारिज करने की प्रवृत्ति की आलोचना की है।'[2]

श्री भगवान सिंह के इस उवाच पर अपनी टिप्पणी देते हुए मनोज सोनकर आगे लिखते हैं—'अब उन्हें कौन समझाये कि उनके कहने का सीधा-सीधा अर्थ हुआ कि किसी आततायी द्वारा किये गये अत्याचार को दलित न केवल सहर्ष स्वीकार कर लें अपितु मुक्त कण्ठ से उसकी प्रशंसा के गीत भी गायें। श्री भगवान सिंह के कथन को सवर्णों के प्रतिनिधि कथन के रूप में लेना चाहिए जो साहित्यिक घालमेल की बेईमानी से हमेशा भ्रम का वातावरण बनाये रखना चाहते हैं।[3]

डॉ. बच्चन सिंह की भी मान्यता है— 'यह कहानी जीवन का ही कफ़न नहीं सिद्ध होती बल्कि संचित आदर्शों, मूल्यों, आस्थाओं और विश्वासों का भी कफ़न सिद्ध होती है।'[4]

हिन्दी के अनेक स्वनामधन्य आलोचक कहते हैं कि 'कफ़न' कहानी में घीसू और माधव, काहिल, चोर और अमानुषिक इसलिए हो गये क्योंकि उनको अपनी मेहनत के मुताबिक़ श्रम-मूल्य नहीं मिला। इसके विरोध में इन दोनों ने अपने को श्रम की प्रक्रिया से अलग कर लिया। वे इधर-उधर से चोरी-छिपे कुछ उखाड़-पुखाड़कर अपना पेट भर लेते थे। आलोचकों का मानना है कि श्रम का उचित मूल्य न मिलने से मनुष्य अमानवीय हो जाता है। यानी जिन्हें श्रम का उचित मूल्य नहीं मिलता वे सब घीसू और माधव हो जाते हैं। यहाँ मेरा यह कहना है कि दलितों को कभी भी उनके श्रम का उचित मूल्य नहीं मिला। तब तो वे सब घीसू-माधव बन गये हैं। लेकिन क्या यह वास्तविकता है? मेरे विचार में यह सामाजिक विद्रूपता है। जो हज़ारों साल से भारतीय समाज-व्यवस्था में व्याप्त है और दलितों के प्रति एक नकारात्मक सोच का निर्माण करती है और इसी सोच ने भारतीय समाज को हमेशा विखण्डित करके रखा है और विघटन की स्थितियाँ निर्मित करने में अहम् भूमिका निभायी है। इसी पूर्वाग्रही मानसिकता के दबाव में प्रेमचन्द-जैसे महान् रचनाकार 'कफ़न'-जैसी कहानी लिखते हैं और समूचा हिन्दी समाज उसकी प्रशंसा में तालियाँ बजाता है। यह स्थिति आज

भी बनी हुई है। कोई भी यहाँ क्यों नहीं जानना चाहता है कि इस कहानी को पढ़कर एक दलित किस तरह रिऐक्ट करेगा? क्या यह जानना साहित्य कर्म से जुड़े लोगों के लिए ज़रूरी नहीं है?

'लगभग आधी सदी तक यह कहानी सर्वोच्च शिखर पर रही तो इसका एकमात्र कारण यही था कि इसे चुनौती देनेवाला कोई नहीं था। शोषक ही शोषितों के प्रवक्ता की भूमिका में थे।'[5] जिस तरह से प्रेमचन्द 'कफ़न' कहानी में घीसू-माधव के चरित्रों को प्रस्तुत करते हैं और उनका अमानवीयकरण दिखाते हैं, उसके पीछे कहीं-न-कहीं संस्कारों में रची-बसी मानसिकता की प्रतिछाया दिखायी पड़ती है। जो आलोचना के तमाम तर्कों, स्थापनाओं, सैद्धान्तिकताओं, कला-मूल्यों और मान्यताओं के खोखलेपन को उजागर कर देती है। जिसे शब्दों के आडम्बर से जितना ढँकने की कोशिश करते हैं वह उतनी ही उघड़ती जाती है और अपनी नग्नता को छिपा पाने में असफल होती है।

हिन्दी के एक आलोचक परमानन्द श्रीवास्तव लिखते हैं—'जो प्रेमचन्द की कलात्मक युक्ति है, डिवाइस है, उससे बेख़बर दलित लेखक प्रेमचन्द को ख़ारिज करते फिरते हैं।'[6] यहाँ अपनी बात रखने से पूर्व मैं प्रो. सूर्यप्रसाद दीक्षित के विचार भी उद्धृत करना चाहता हूँ—...'अवध की ग्रामीण व्यवस्था में कोई स्त्री एकाकी प्रसव नहीं करती। मृतक के घरवाले स्वयं कफ़न ख़रीदने नहीं जाते। कितना भी पतित क्यों न हो कफ़न के पैसे से शराब-कबाब यानी मौज़मस्ती मारते हज़ारों-लाखों में शायद कोई एक आध नर-पशु देखा गया हो। कहानी सर्वसामान्य चरित्रों को लेकर बनती है, अपवादों को लेकर नहीं। प्रेमचन्द ने इस कहानी में अतिरंजित यथार्थ प्रस्तुत किया है। इसमें कोई समाधान नहीं है। यदि है तो हताशा का सन्देश, जो प्रेमचन्द के आदर्शोन्मुख यथार्थ के नितान्त विपरीत है...।'[7] उपर्युक्त उद्धरण से परमानन्द श्रीवास्तव के कथन का कोई अर्थ ही नहीं रह जाता है।

परमानन्द श्रीवास्तव जिस तरह दलित लेखकों को बेखबर दलित लेखक कहकर अपना तर्क देते हैं वह हिन्दी में नया नहीं है। विरोधी विचार को इसी तरह कमतर आँकने की यहाँ परम्परा रही है। जिसका निर्वाह विद्वान् समीक्षक ने किया है।

डॉ. पी. एन. सिंह भी इसी तरह दलित चेतना की समझ पर शंका जाहिर करते हुए कहते हैं—'...कफ़न को लेकर दलितवादी चेतना ने जो हल्ला मचाया था, वह निराधार नहीं था। लेकिन उसमें भी कहानी के निहितार्थ को समझने का प्रयास नहीं था। दलित चेतना ने इसमें अपना अपमान देखा। लेकिन पारम्परिक व्याख्याओं में इसे ग़रीबी और आत्मनिर्वासन से उपजे अमानवीयकरण के रूप में पढ़ा गया था, वर्णवादी समाज पर क्रूर टिप्पणी के रूप में।'[8]

डॉ. पी. एन. सिंह ही नहीं नामवर जी को भी इस कहानी में जो दिखायी देता है वह दलित लेखकों को दिखायी नहीं देता है। पूरी कहानी में ऐसा कोई संकेत नहीं है

जो वर्ण-व्यवस्था पर किसी टिप्पणी के रूप में रेखांकित किया जा सके, लेकिन विद्वान् आलोचकों ने इसमें वर्ण के ख़िलाफ़ सूत्र ढूँढ़ निकाले हैं, वैसे ही जैसे दलित धर्मात्मा डॉ. धर्मवीर ने बुधिया के गर्भस्थ सन्तान को जार कर्म से जोड़कर देखा था। सन्दर्भ के लिए देखें–'सामन्त का मुन्शी।'

कई हिन्दी विद्वान् आलोचक 'कफ़न' कहानी के कथ्य से उत्पन्न विवाद के चलते यह मानने की ओर एक क़दम बढ़ाने की कोशिश करते दिखायी देते हैं। लेकिन दूसरे ही पल वे सचेत हो जाते हैं। उनका भावुक मन यह मानने से इन्कार करने लगता है कि प्रेमचन्द जिसे वर्षों से दलित पीड़ा को समझनेवाला मानते रहे हैं उसे यह कैसे माने कि प्रेमचन्द के भीतर एक संस्कारशील आदर्शवादी आर्यसमाजी बैठा था। जो यदा-कदा अपनी नैसर्गिक आदर्शवादिता को पूरी छूट देकर, धर्म और राष्ट्र को एक-दूसरे का पर्याय मानने लगता था।

डॉ. पी. एन. सिंह की इस टिप्पणी से इस तथ्य को ठीक से समझा जा सकता है। वे कहते हैं–'...'कफ़न' के सम्बन्ध में एक समझ यह भी हो सकती है कि यह एक फैण्टेसी है जो निहायत खिलन्दड़ाना मूड में रची गयी है। कहानी का आरम्भ ही हास-परिहास के मूड में होता है, जो अन्त तक क़ायम रहता है। अलाव में भूने जो आलू खाने की व्यग्रता, बाप-बेटे के बीच अनकही स्पर्द्धा का सन्दर्भ भूख नहीं है। उस क्षण भी एक हल्के मूड का बहाव है जो बुधिया की पीड़ा के प्रति उन्हें उदासीन बनाता है। गाँव के सवर्ण कौड़ों में भूने जाते आलू को लेकर मैंने ऐसा ही मूड देखा है–परस्पर अविश्वास, कुछ अधिक हथिया लेने की चेष्टा। दरअसल, बुधिया की करुण स्थिति के चलते यह अनकही स्पर्द्धा खटकती है। जो प्रेमचन्द की कलात्मक लापरवाही की ओर संकेत करती है, न कि उनके दलित-विरोधी स्वर को। पात्रों के दलित होने मात्र से यह कहानी विवाद का विषय बनी है। दरअसल, एक सीमा के बाद कथाकार यह भूल- सा जाता है कि कहानी का कथ्य क्या है? या इसका कोई कथ्य भी है। वह अपने पात्रों में रमा है और उन्हीं के साथ अठखेलियाँ कर रहा है। प्रेमचन्द की दलित-केन्द्रित सोच के चलते कहानी निश्चय ही दलित-यथार्थ के साथ आरम्भ होती है। लेकिन भूने आलू के लिए स्पर्द्धा और फिर घीसू और माधव दोनों का कफ़न के लिए साथ-साथ बाज़ार जाना उसी खिलन्दड़पन के चलते है। कथाकार का अपने मूल मन्तव्य से भटकाव होता है। क्योंकि कथा-सूत्र हाथ से छूट जाता है। कहानी एक प्ले फुल फैण्टेसी का रूप पाती है जिसका समापन भी 'निर्गुन' की फैण्टेसी में होता है। बुधिया की पीड़ा और वर्णवादी समाज की विषम स्थितियाँ तब भी याद आती हैं। लेकिन व्याप्त खिलन्दड़ी मूड के चलते नेपथ्य में रह जाती हैं। एक कलात्मक विफलता के बावजूद कहानी दलित-विरोधी नहीं है और न ही किसी ने इस रूप में इसके बारे में सोचा था।'[9]

उपर्युक्त लम्बे उद्धरण से साफ़ ज़ाहिर है कि डॉ. पी. एन. सिंह स्वीकार करते हैं कि यह कहानी प्रेमचन्द की कलात्मक विफलता है। लेकिन दलित-विरोधी नहीं है। इतना सब होने के बाद भी यह कहानी दलित-विरोधी क्यों नहीं है? क्योंकि दिल नहीं

मानता है। आलोचना में जब तर्क की जगह भावुकता ले ले तब समझ लीजिये कहने को कुछ नहीं बचा है।

भारतीय समाज-व्यवस्था ने दलितों के प्रति जो साजिशें रचीं, शोषण के जो हथकण्डे इस्तेमाल किये, उसने हज़ारों साल में दलितों को जर्जर कर दिया। उनकी दीनहीन स्थितियों की निर्मिति इसी व्यवस्था की देन है। लेकिन इस व्यवस्था के समर्थक आज भी इसका जिम्मेदार दलितों को ही मानते हैं। उनके भीतर जो हीनताबोधा भरा हुआ है, वह एक दिन में पैदा नहीं हुआ है। कोई भी धर्मशास्त्र उठाकर देख लीजिये, कोई भी स्मृति, संहिता, पुराण उठाकर देखिये दलितों के प्रति दुर्भावनाओं, घृणा, प्रताड़ना के तमाम तत्त्व वहाँ मौजूद मिलेंगे। लेकिन घीसू-माधव की स्थिति के लिए उस गाँव की सामाजिक व्यवस्थाएँ ज़िम्मेदार हैं, इसका कहीं उल्लेख तो छोड़िये, संकेत तक दिखायी नहीं पड़ता। प्रेमचन्द के अनुसार अपनी दुर्दशा के लिए वे स्वयं जिम्मेदार हैं। क्योंकि वे कामचोर और निठल्ले हैं। सारा दोष घीसू-माधव की सोच और स्वनिर्मित स्थितियों का है जिसे प्रेमचन्द बेहद कुशलता के साथ कहानी के कथ्य में मोतियों की तरह पिरो देते हैं। जिसे पढ़कर संस्कारी पाठक भावविभोर हो उठता है। क्योंकि उसकी चेतना में जो छवि एक दलित की धर्मशास्त्रों ने पुख्ता की है प्रेमचन्द उसे और अधिक गहरे तक उतार देते हैं। यही वह बिन्दु है जो एक ग़ैर दलित पाठक की पारम्परिक मान्यताओं को सुदृढ़ करने के साथ-साथ उसकी संवेदनाओं को भी उसी ओर बहा ले जाती है। पं. रामचन्द्र शुक्ल के साधारणीकरण के सिद्धान्त पर भी खरी उतरती है। जिसे ग़ैर दलित पाठक कहानी-कला का चरमोत्कर्ष बिन्दु मान लेता है।

कहानी के प्रारम्भ में ही प्रेमचन्द घीसू-माधव को कामचोर कहते हैं। घीसू एक दिन काम करता तो तीन दिन आराम। माधव आधा घण्टा काम करता तो घण्टे-भर चिलम पीता। दोनों अपनी कामचोरी के लिए सारे गाँव में बदनाम थे। इन वाक्यों के द्वारा प्रेमचन्द पाठकों के मन में घीसू-माधव की छवि निर्मित कर देने में सफल होते हैं।

कहानी के प्रारम्भ में ही प्रेमचन्द लिखते हैं–'चमारों का कुनबा है।' यहाँ यह सवाल भी स्वाभाविक रूप से उठता है कि जब 'कुनबा' है तो बुधिया के प्रसव के समय कुनबे की स्त्रियाँ कहाँ चली गयीं। बुधिया को प्रेमचन्द अकेला क्यों कर देते हैं। जबकि दलितों में यह सम्भव ही नहीं है कि कुनबे की कोई स्त्री प्रसव-वेदना के समय नितान्त अकेली हो। लेकिन मृत्यु के बाद कुनबे की स्त्रियों की प्रतिक्रिया से प्रेमचन्द पाठकों को परिचित करना नहीं भूलते– 'गाँव की नम्र दिल स्त्रियाँ आकर लाश देखतीं और उसकी बेबसी पर दो बँद आँसू गिराकर चली जाती थीं।' जिस कहानी की संरचना में गाँव, कुनबा, असंवेदनशीलता का नमूना बनकर उभरता है, वहाँ प्रेमचन्द का यह लिखना– 'ज़मींदार साहब दयालु थे। मगर घीसू पर दया करना काले कम्बल पर रंग चढ़ाना था।' यानी सीधा-सीधा यह अर्थ हुआ कि घीसू-माधव का ही सारा दोष था। सामाजिक-व्यवस्था की कोई भूमिका या कोई प्रभाव वहाँ दिखायी नहीं देता। यदि प्रेमचन्द ऐसा न करते तो ऐसी कलात्मक कहानी बनती कैसे?

'चमारों का कुनबा' कहने की ज़रूरत प्रेमचन्द-जैसे युगीन कथाकार को क्यों पड़ी? सिर्फ़ यह भी कह सकते थे कि घीसू-माधव का कुनबा था। लेकिन प्रेमचन्द 'चमार' जाति वाचक संज्ञा जोड़ते हैं। तो ज़रूर उन्हें इसकी ज़रूरत महसूस हुई होगी। कहानी के चितेरे प्रेमचन्द किसी भी अनावश्यक शब्द का प्रयोग क्यों करेंगे। क्या आलोचकों के सामने कभी यह प्रश्न आया? भारतीय समाज-व्यवस्था में समाज, परिवार, कुनबे ही नहीं साहित्यकार भी बँटे हुए हैं, जो एक सच्चाई है। जिससे चाहे जितना भागने की कोशिश करें, लेकिन जो वास्तविकता है उसे अनदेखा कर देने से उसका अस्तित्व मिट नहीं सकता। भारतीय समाज का आधार जाति पर टिका हुआ है। गत सत्तर वर्षों में इस कहानी के साथ भी यही हुआ है।

कान्ति मोहन का मानना है कि 'कफ़न' कहानी का अछूत समस्या से दूर का भी सम्बन्ध नहीं है।'[10] कान्ति मोहन कहते हैं–'...वे (घीसू-माधव) ग्रामीण सर्वहारा के उस तबक़े के प्रतिनिधि हैं जिसे 'लुम्पन सर्वहारा' कहा जाता है और जो भारत पर 1929 की भीषण विश्व मन्दी के प्रभाव के फलस्वरूप हमारे देश में जन्म ले रहा था। यह तबक़ा भारतीय ग्रामों की विशिष्ट परिस्थितियों की ही उपज था।'[11] कान्ति मोहन अछूत समस्या को मार्क्स की थ्योरी पर रखकर विश्लेषित करा रहे हैं। जबकि दलित समस्या की जड़ें सिर्फ़ आर्थिक नहीं हैं। इस समस्या की जड़ों में धार्मिक, सामाजिक कारण ज़्यादा गहरे हैं। जब तक इन कारणों पर चर्चा नहीं होगी, दलित समस्या का निदान सम्भव ही नहीं है। कान्ति मोहन जिस 'लुम्पन सर्वहारा' की बात कर रहे हैं उससे एक दलित के लिए सहमत न होने के ऐतिहासिक कारण मौजूद हैं। जिनका विवेचन ज़रूरी लगता है। क्योंकि मार्क्स की थ्योरी में उन धर्मशास्त्रों का कहीं उल्लेख नहीं है जिन्होंने भारतीय समाज को टुकड़ों में विभाजित करके मनुष्य के भीतर भेदभाव की जड़ें गहरी की और शूद्रों, अन्त्यजों, दलितों, स्त्रियों के अस्तित्व को ही नकार दिया। उनसे मानवीय हक़ों को सिर्फ़ छीना ही नहीं, उनके विकास की तमाम सम्भावनाएँ समाप्त कर दी थीं। उनसे सम्पत्ति एकत्र करने का अधिकार छीना, शिक्षा ग्रहण करने, पेशा बदलने, गाँव के बीच रहने, नये वस्त्र पहनने आदि के तमाम अधिकार छीनकर उन्हें दीन-हीन कर देने के प्रपंच रचे गये और यह सब धर्म के नाम पर वर्ण-विशेष के हितों की रक्षा करने के कारण हुआ। धर्मशास्त्रों के साथ साहित्य की भूमिका भी वर्चस्व स्थापित करने में साथ खड़ी दिखायी देती है। आज भी साहित्य के ऐसे अनेक अग्रणी लेखक, आलोचक मौजूद हैं जो वर्णवादी साहित्य को सिर आँखों पर बैठाये हुए हैं। कहने को वे प्रगतिशीलता, जनवाद, मार्क्सवाद के अलमबरदार हैं, लेकिन...तुलसी-भक्त हैं... तुलसी के मानस में उन्हें वर्ण के समर्थन की पक्षधरता दिखायी नहीं देती। 'चाबुक' निबन्ध-संग्रह में निराला का वर्ण-समर्थक होने को वे अनदेखा करने के लिए अभिशप्त हैं। 'राम की शक्ति-पूजा' में शास्त्रीयता के आवरण में ढका कर्मकाण्ड देखना वे भूल जाते हैं। प्रेमचन्द के 'गोदान' में सिलिया प्रसंग में–...'जो अपना धरम पाले, वही ब्राह्मण है, जो धरम से मुँह मोड़े वही चमार है।'-जैसे वाक्य को पढ़ना भूल जाते हैं और

बहुत जोश-ख़रोश के साथ इस प्रकरण को दलित साहित्य के समक्ष एक दीवार की तरह खड़ा करके अपनी पीठ थपथपाते हैं।

कान्ति मोहन कहते हैं—'लुम्पन सर्वहारा' की ये दो विशेषताएँ घीसू और माधव में भरपूर मात्रा में हैं और उनके चरित्र को समझने की कुंजी हैं। इस कुंजी के बिना 'कफ़न' का ताला नहीं खुल सकता।'[12] कान्ति मोहन की इस कुंजी के बाद तो दलित लेखकों को 'कफ़न' विरोध बन्द कर देना चाहिए था। लेकिन ऐसा नहीं हुआ। क्या साहित्य आलोचना इसी तरह दिग्भ्रमित करते रहने को अभिशप्त है, जो जीवन की सच्चाइयों से मुँह मोड़कर शब्दों के ऐसे अर्थ खोजते रहने के लिए सिर्फ़ बुद्धि-विलास बनकर ही रह जायेगी, ऐसे न जाने कितने प्रश्न सामने खड़े हैं। जिन पर गम्भीरता से विचार करने की आवश्यकता है। दलित की पीड़ा और उसकी अन्तर्वेदना से इतना निरपेक्ष भाव क्या साहित्य की भूमिका को सन्दिग्ध नहीं बनाता?

प्रेमचन्द की कथा संवेदना ही उनकी शक्ति कही जाती है। लेकिन 'कफ़न' में इस संवेदना का अर्थ और धरातल दोनों ही बदल जाते हैं। यथार्थ के प्रति प्रेमचन्द की दुविधा जगज़ाहिर है। प्रेमचन्द लिखते हैं—'मैं यथार्थवादी नहीं हूँ। कहानी में वस्तु ज्यों-की-त्यों रखी जाये तो वह जीवन-चरित्र हो जायेगी। शिल्पकार की तरह कहानीकार का यथार्थवादी होना आवश्यक नहीं है। वह हो भी नहीं सकता। साहित्य की सृष्टि मानव-समुदाय को आगे बढ़ाने, उठाने के लिए होती है। आदर्श अवश्य हों, पर यथार्थवाद अस्वाभाविकता के प्रतिकूल न हो, उसी तरह यथार्थवादी भी आदर्शवाद को न भूले, तो वह श्रेष्ठ है। हमें तो सुन्दर आदर्श भावनाओं को चित्रित करके मानव-हृदय को ऊपर की ओर उठाना है। नहीं तो साहित्य की महत्ता और आवश्यकता क्या रह जायेगी?'[13] प्रेमचन्द की इस स्वीकारोक्ति के बावजूद भी आलोचक इस कहानी को यथार्थवादी कहते रहे हैं। अब ऐसे आलोचकों से क्या कहा जाये?

डॉ. शम्भुनाथ भी 'कफ़न' कहानी के प्रशंसक हैं। वे कहते हैं—'...'कफ़न' के अनुभवों-संवेदना में औपन्यासिक गहराई है। इस कहानी का एक-एक शब्द कविता के समान गहरे अर्थ, व्यंग्य और कलात्मक सौन्दर्य से भरा है। घीसू और माधव की अमानवीयता समाज-व्यवस्था की अमानवीयता की उपज बन जाती है।'[14] डॉ. शम्भुनाथ भी इस कहानी की कलात्मक अभिव्यक्ति से अभिभूत हैं। कहानी का प्रभाव इतना अधिक है कि 'आशय' कहीं पीछे छूट जाता है।

विद्वान् समीक्षक डॉ. शिवकुमार मिश्र भी दलित लेखकों से शिकायती लहज़े में कहते हैं—'दलित लेखक प्रेमचन्द को अपने मार्गदर्शक के रूप में न देखकर प्रतिस्पर्द्धी के रूप में देख रहे हैं। प्रेमचन्द से उन्हें शिकायत है कि उन्होंने दलित पात्रों को निरीह रूप में, दया के पात्र के रूप में, अपनी कहानियों और उपन्यासों में पेश किया है। वे यह भी कहते हैं कि उनके यहाँ दलित महज़ करुणा है, उनके अपने स्वत्व-संघर्ष के चित्र नहीं हैं। 'कफ़न' कहानी को तो वे दलित-विरोधी कहानी तक कहते हैं, इस नाते

कि उसमें दलितों को अमानवीय दिखाया गया है।'[15] प्रेमचन्दरूपी लाठी का इस्तेमाल भी तो विद्वान् आलोचक ही दलितों की साहित्य में होनेवाली घुसपैठ को रोकने के लिए करते रहे हैं। क्या यह नहीं किया गया? फिर शिकायत क्यों?

'कफ़न' कहानी की घटना और पात्र मुझे बिलकुल अविश्वसनीय जान पड़ते हैं– कल्पना से गढ़े गये कथ्य और चरित्र। मेरी जानकारी के तहत चरम ग़रीबी के बावजूद भी भारतीय समाज में यह सम्भव ही नहीं है कि घर में प्रसव से मर रही स्त्री के प्रति उसका पति और ससुर इस तरह संवेदनहीन हो जायें कि न तो स्वयं देखने जायें या किसी तरह का सहयोग करें और न उसकी सहायता के लिए टोला-पड़ोस की औरतों को ही बुलायें, बल्कि उलटे उसके मर जाने पर उसके नाम प्राप्त कफ़न की रक़म से मौज-मस्ती करने लगें। ये कहीं से भी भारतीय समाज के वास्तविक पात्र नहीं हो सकते।[16]

प्रेमचन्द इस कहानी के माध्यम से क्या कहना चाहते हैं, इस बिन्दु की भी पड़ताल ज़रूरी लगती है। हो सकता है 'कफ़न' कहानी के ज़रिये प्रेमचन्द यह कहना चाहते हों कि सामाजिक विषमताओं के चलते भूमिहीन मजदूर विपन्नता की निम्नतम स्थिति में पहुँचकर अपनी पारिवारिक ज़िम्मेदारियों से अमानवीयता की अन्तिम सीमा तक संवेदनहीन हो जाते हों। लेकिन यदि ऐसा है तो, यह कहानी घीसू-माधव की संवेदनहीनता को केवल अपने परिवार तक ही सीमित रखती है। समाज के प्रति नहीं।

'कफ़न' कहानी के पात्र और घटनाएँ, यहाँ तक कि कहानी का शिल्पविधान भी प्रेमचन्द की वैचारिक अभिव्यक्ति है। जो कहानी के इस अंश के द्वारा ठीक से समझी जा सकती है–

'जिस समाज में रात-दिन मेहनत करनेवालों की हालत उनकी हालत से कुछ अच्छी न थी और किसानों के मुक़ाबले वे लोग, जो किसानों की दुर्बलताओं से लाभ उठाना चाहते थे, कहीं ज़्यादा सम्पन्न थे, वहाँ इस तरह की मनोवृत्ति का पैदा हो जाना कोई अचरज की बात न थी।'[17]

'कफ़न' कहानी के उपर्युक्त अंश से यह ज़ाहिर होता है कि 'कफ़न' के पात्र और घटनाएँ कल्पना आधारित हैं। यथार्थ जीवन से उनका कोई लेना-देना नहीं है। सिर्फ़ वैचारिक अभिव्यक्ति के लिए इनकी संरचना की गयी है। इसीलिए उपर्युक्त उद्धरण में अलग से व्याख्या की आवश्यकता पड़ी। पात्रों के मनोभावों का चित्रण करने के साथ-साथ अपने विचार भी प्रेमचन्द प्रस्तुत करते हुए चलते हैं।

स्वयं प्रेमचन्द ने माना है...'रियलिस्टिक' हममें से कोई नहीं है। कोई भी जीवन को उसके यथार्थ रूप में नहीं दिखाता, बल्कि उसके वांछित रूप में ही दिखाता है।[18]

कई आलोचक 'कफ़न' कहानी की वस्तुनिष्ठता और आदर्शोन्मुख यथार्थ को कलात्मक मानते हैं। तो कई इसे नकारात्मक स्थापनाओं की कहानी भी कहते हैं। एक आलोचक लिखते हैं–'...'कफ़न' के बारे में यह ज्ञात है कि इसमें यथार्थ का वर्णन

अत्यन्त निर्दयता एवं निष्ठुरता से किया गया है। लेकिन जो व्यक्ति इस कहानी को सांकेतिक स्तर पर समझाने की चेष्टा करते हैं अर्थात् प्रसव से तात्पर्य आनेवाली पीढ़ी या काल से लगाते हैं, प्रसव-पीड़ा से कराहती हुई स्त्री या अफ्रीकी एशियाई समाज से जोड़ते हैं या ताड़ी के नशे को क्रान्ति का उन्माद बताते हैं, तो ऐसी आलोचना से अधिक-से-अधिक यह सहानुभूति की जा सकती है कि इसे अज्ञानपूर्ण भोली कोशिश समझकर इसकी उपेक्षा कर दी जाये। ये लोग यह नहीं जानते कि पूरी कहानी की जान परिस्थिति की विडम्बना है, जिसने मनुष्य को मनुष्य नहीं रहने दिया और उसे अस्तित्वहीन और अमानवीय कर दिया।'[19]

यहाँ 'कफ़न' कहानी के एक और बिन्दु पर ध्यान जाता है। जैसा कि ग़ैर दलित आलोचक, विशेष रूप से प्रगतिशील और जनवादी खेमे के आलोचक कहते हैं—पूँजीवादी वर्ग शोषित मनुष्य को अमानवीयता के नरक में ढकेलने का काम करता है और उसकी संवेदनाओं को समाप्त कर देता है। इसीलिए प्रेमचन्द ने घीसू-माधव को पशु के स्तर पर जीवित रहने के लिए विवश कर दिया। यदि प्रेमचन्द का उद्देश्य इसी तरह की तस्वीर प्रस्तुत करना था, तो इस कहानी को व्यंग्यात्मक शैली में लिखने की ज़रूरत क्यों पड़ी और यदि इस व्यंग्य के केन्द्र में घीसू-माधव हैं या परिस्थितियों से उपजी व्यवस्था, जिसे जानना ज़रूरी है। पूरी कहानी के केन्द्र में घीसू-माधव हैं और उनके चरित्र की पराकाष्ठा को चित्रित करने में कबीर के शब्दों को जिस तरह कहानी के अन्त में प्रेमचन्द इस्तेमाल करते हैं 'ठगिनी क्यों नैना झमकावै...' वहाँ कोई सन्देह नहीं रह जाता है कि व्यंग्य के केन्द्र में सिर्फ़ घीसू-माधव हैं। क्योंकि घीसू-माधव के चरित्र और उनकी मानसिकता को अभिव्यक्त करते हुए जिस तरह के शब्दों और वाक्यों का प्रयोग प्रेमचन्द करते हैं, यह कहानी के व्यंग्य के विरुद्ध लगता है।

यहाँ यह कहना भी ज़रूरी लगता है कि—'ग़ैर प्रगतिशील आलोचकों ने प्रेमचन्द को दोयम दर्जे का कलाविहीन लेखक क़रार देने में कोई कसर नहीं छोड़ी। उन्होंने आरोप लगाया कि प्रेमचन्द के साहित्य में समाज की प्रमुखता है और व्यक्ति की उपेक्षा है। व्यापकता है, लेकिन गहराई नहीं है। मनुष्य के बाहरी जीवन के चित्रण पर ही बल है, आन्तरिकता अनुपस्थित है और उनके पात्रों में सामान्यता और प्रातिनिधिकता तो व्यक्त होती है, लेकिन वैयक्तिक विशिष्टता नहीं दिखायी देती है। इस तरह के इन लेखकों और आलोचकों ने अपने को प्रेमचन्द की परम्परा से अलगाने की कोशिश की।'[20]

प्रो. रामेश्वर शर्मा लिखते हैं— 'घीसू और माधव प्रेमचन्दीय ब्राह्मण हैं। महाब्राह्मण का मृतक से रागात्मक सम्बन्ध नहीं होता, यहाँ तो मानवीय राग चेतना के सम्पूर्ण मूल्य को ध्वस्त कर प्रेमचन्द घीसू-माधव का समर्थन करते नज़र आते हैं और उस पर तुर्रा प्रगतिशीलता का। इस कहानी में प्रेमचन्द का पतन मरणोन्मुख प्रेमचन्द की बुद्धि का विनष्ट हो जाना है।'[21]

विचारक और विद्वान् समीक्षक मुद्राराक्षस की मान्यता है, 'प्रेमचन्द ने अपनी रचनाओं में शूद्र जाति के अनेक चरित्रों को लिया है और उनकी दर्दनाक गाथाएँ कही हैं। यह अलग बात है कि कफ़न तक पहुँचकर उन्होंने उनके प्रति ज़रूरत से ज़्यादा अनुकम्पा कर दी। डॉ. रामविलास शर्मा के अनुसार 'दरिद्र शूद्र ही नहीं ब्राह्मण भी होता है।' क्या स्थिति बनती अगर कफ़न के पैसे से दारू और पूड़ी खाने-पीनेवाले शूद्र नहीं, ब्राह्मण बाप-बेटे होते? यह स्थिति प्रेमचन्द को स्वीकार नहीं हो सकती थी। बहू के कफ़न की दारू वे ब्राह्मण बाप को नहीं पिला सकते थे, क्योंकि प्रेमचन्द की मानसिकता के अनुसार हिन्दू दो तरह के रहे हैं। 'शुद्ध पवित्र सवर्ण और अशुद्ध गन्दे शूद्र।'[22]

यानी सिर्फ़ दलित लेखक ही नहीं, ऐसे और भी लेखक और आलोचक हैं जिन्होंने प्रेमचन्द से असहमति व्यक्त की है। एक ऐसा भी दौर आया था जब प्रेमचन्द के साहित्य को आलोचक .खारिज कर रहे थे। लेकिन दलित साहित्य के उभार के साथ-साथ आलोचकों द्वारा प्रेमचन्द की प्रासंगिकता को फिर से केन्द्र में लाने की कोशिशें की गयीं। 'कफ़न' कहानी को लेकर जो सवाल मैंने नागपुर में आयोजित दलित लेखक साहित्य सम्मेलन, 20-21 अक्टूबर, 1993 के अपने अध्यक्षीय भाषण में उठाये थे उन पर पूरे हिन्दी-जगत् में खुलकर बहस हुई थी। मेरा यह मानना था कि 'कफ़न' कहानी में अतिरंजित यथार्थ के साथ प्रेमचन्द ने हज़ारों साल की हिन्दू मानसिकता को ही स्थापित किया है, जिसमें एक दलित के प्रति पूर्वग्रह ही सुदृढ़ हुआ है। यह कहानी प्रेमचन्द के आदर्शोन्मुख यथार्थ के विपरीत है। इसीलिए यह एक विवादास्पद कहानी का रूप ले लेती है।

'कफ़न' कहानी एक अस्वाभाविक घटना पर आधारित है, जिसे चित्रित करने में प्रेमचन्द ने सनसनी पैदा करने की तकनीक का इस्तेमाल किया। प्रगतिशील और जनवादी आलोचकों ने अपने सांस्कारिक पूर्वग्रहों के कारण इस कहानी की आन्तरिकता को समझने के बजाय इसकी कलात्मकता, शब्द चातुर्य, व्यंग्यात्मक शैली की अभिव्यंजना को ही तरहीज देते हुए इसे सर्वश्रेष्ठ कहानी के सिंहासन पर बैठा दिया। साथ ही पाठ्यक्रमों में भी अन्य श्रेष्ठ कहानियों, जैसे 'ठाकुर का कुँआ' आदि को अनदेखा कर दिया। एक दलित के लिए सिर्फ़ शंकाएँ ही पैदा नहीं करते, उसके सीने में शूल की तरह चुभते हैं। उसे सोचने के लिए बाध्य करते हैं, क्योंकि ऐसा सोचने के लिए उनके पास ऐतिहासिक कारण मौजूद हैं। इन कारणों को जाने बग़ैर 'कफ़न' के 'आशय' को समझना कठिन है।

सन्दर्भ-सूची

1. डॉ. पी. एन. सिंह—क्या रंगभूमि-जैसे उपन्यास को जलाया जाना कृतघ्नता नहीं है? साखी, अंक-11, अप्रैल-जून, 2005, पृ. 72.
2. मूलचन्द सोनकर—नये तरह के ब्राह्मणवाद की आहट, साखी, अंक-11, अप्रैल-जून, 2005, पृ. 62.

3. मनोज सोनकर—अपेक्षा, अंक-27, अप्रैल-जून, 2009, नयी दिल्ली, पृ. 21.
4. डॉ. बच्चन सिंह, संकल्प, प्रेमचन्द विशेषांक, जनवरी-मार्च, 2006, हिन्दी अकादमी, हैदराबाद, पृ. 84.
5. मनोज सोनकर—अपेक्षा, अंक-27, अप्रैल-जून, 2009, नयी दिल्ली, पृ. 27.
6. परमानन्द श्रीवास्तव—स्वाधीनता-संघर्ष और प्रेमचन्द, प्रेमचन्द का रचना-संसार (पुनर्मूल्यांकन)-सम्पादक-डॉ. सुशीला गुप्ता, हिन्दुस्तानी प्रचार सभा, मुम्बई, 2004, पृ. 76.
7. प्रो. सूर्यप्रसाद दीक्षित-हिन्दी कथा-साहित्य में प्रेमचन्द का योगदान, प्रेमचन्द का रचना-संसार (पुनर्मूल्यांकन)-सम्पादक-डॉ. सुशीला गुप्ता, हिन्दुस्तानी प्रचार सभा, मुम्बई, 2004, पृ. 62.
8. डॉ. पी. एन. सिंह—क्या रंगभूमि-जैसे उपन्यास को जलाया जाना कृतघ्नता नहीं है? साखी, अंक-11, अप्रैल-जून, 2005, पृ. 71.
9. डॉ. पी. एन. सिंह—क्या रंगभूमि-जैसे उपन्यास को जलाया जाना कृतघ्नता नहीं है? साखी, अंक-11, अप्रैल-जून, 2005, पृ. 71-72.
10. कान्ति मोहन—प्रेमचन्द और अछूत समस्या, जनसुलभ साहित्य प्रकाशन, दिल्ली, 1982, पृ. 170.
11. कान्ति मोहन—प्रेमचन्द और अछूत समस्या, जनसुलभ साहित्य प्रकाशन, दिल्ली, 1982, पृ. 171.
12. कान्ति मोहन—प्रेमचन्द और अछूत समस्या, जनसुलभ साहित्य प्रकाशन, दिल्ली, 1982, पृ. 171.
13. प्रो. सूर्यप्रसाद दीक्षित—हिन्दी कथा-साहित्य में प्रेमचन्द का योगदान, प्रेमचन्द का रचना-संसार (पुनर्मूल्यांकन)-सम्पादक- डॉ. सुशीला गुप्ता, हिन्दुस्तानी प्रचार सभा, मुम्बई, 2004, पृ. 57.
14. डॉ. शम्भुनाथ—प्रेमचन्द का रचना-संसार, सम्पादक- डॉ. सुशीला गुप्ता, हिन्दुस्तानी प्रचार सभा, मुम्बई, 2004, पृ. 45.
15. डॉ. शिवकुमार मिश्र, नयी सदी में प्रेमचन्द, प्रेमचन्द का रचना-संसार (पुनर्मूल्यांकन)-सम्पादक-डॉ. सुशीला गुप्ता, हिन्दुस्तानी प्रचार सभा, मुम्बई, 2004, पृ. 36.
16. मिथिलेश्वर-विचार का पक्ष और संवेदना का सच, परिषद् साक्ष्यः प्रेमचन्दः पाठ-पुनर्पाठ, सम्पादक-प्रेम कुमार मणि, बिहार विधान परिषद्, सचिवालय पटना, अंक-मार्च, 2007, पृ. 68.
17. प्रेमचन्द—कफ़न, संस्करण-1959, पृ. 7.
18. प्रेमचन्द—रचना संचयन, साहित्य अकादमी, पृ. 947.
19. गोपीचन्द नारंग—कहानीकार प्रेमचन्द : तकनीक में आयरनी का प्रयोग, परिषद् साक्ष्य, मार्च 2007, पटना, सम्पादक-प्रेम कुमार मणि, पृ. 19.
20. जवरीमल्ल पारख—प्रेमचन्द की परम्परा, वर्तमान साहित्य, जुलाई 2009, पृ. 13.
21. प्रो. रामेश्वर शर्मा—आधुनिक हिन्दी : कालजयी साहित्य, सारिका अंक-अक्टूबर, 1986, पृ. 67.
22. मुद्राराक्षस—प्रेमचन्द पुनर्पाठ क्यों नहीं? राष्ट्रीय सहारा, 8 अगस्त, 2004.